国家社会科学基金“三权分置改革中宅基地使用权经营性流转增值收益分配研究”（编号：20BJY120）
国家社会科学基金“基于微观退地主体的宅基地退出增值收益分享研究”（编号：14CJY043）
国家自然科学基金“西南地区农村闲置宅基地市场化风险识别、影响机制与配置路径研究”（编号：42271280）

三权分置改革中农户宅基地使用权流转行为研究

王兆林　欧　玲　骆东奇　王　敏　鄂施璇　著

中国农业出版社
北　京

内容简介

本书聚焦宅基地三权分置改革中农户宅基地流转行为，结合全国10处宅基地试点改革地区调研数据与2020年西南财经大学中国家庭金融调查与研究中心在全国范围内开展的中国家庭金融调查（CHFS）数据库，展开以下研究：一是从可持续生计理论、地租地价理论、农户行为理论、分布式认知理论与感知价值理论等方面构建宅基地使用权流转对农户可持续生计的影响的理论体系；二是探讨农民使用权流转决策行为倾向，并分析农民宅基地使用权流转的影响因素；三是探讨了三权分置改革中宅基地流转对农户生计行为的影响；四是探讨了三权分置改革中宅基地流转对农户风险行为的影响；五是剖析了农户宅基地市场化流转风险感知及其影响因素；六是深入分析了宅基地使用权流转对农户财产性收入的影响，并挖掘出该影响在不同收入群体中的差异性；七是基于宅基地三权分置制度改革视角进行宅基地使用权流转路径与对策研究，并从农户生计策略优化角度提出了对策建议。本书能够丰富农户行为研究的理论体系，能够丰富宅基地三权分置的理论框架及研究方法，也可以为宅基地三权分置改革措施的优化提供重要的决策参考。本书可为高校师生及研究院所的相关人员提供借鉴，也可为从事农村宅基地管理的工作人员提供参考。

前言

党的二十大报告指出“推进乡村振兴，建设宜居宜业和美乡村”“深化农村土地制度改革，赋予农民更加充分的财产权益”。宅基地三权分置制度改革作为农村土地制度改革的一部分，被视为推进乡村振兴和建设宜居宜业和美乡村的关键措施之一。宅基地使用权流转则是宅基地制度改革的关键探索，在乡村振兴战略中扮演着至关重要的角色。长久以来的城乡二元经济结构加剧了农村人地分离，农民长年外出务工滋生了“空心村”“老年村”，导致农村大量宅基地闲置、废弃。如何解决农村宅基地资源浪费问题、满足产业发展用地诉求、提高农民财产性收入，是我国当前宅基地使用权流转探索实践亟待回答的问题。党的十八大以来，我国始终关注农村宅基地制度改革。2013 年，党的十八届三中全会提出“保障农户宅基地用益物权，改革完善农村宅基地制度”，为宅基地制度改革奠定了政策基础。2015 年 1 月，国务院办公厅、中共中央办公厅《关于农村土地征收、集体经营性建设用地入市、宅基地制度改革试点工作的意见》强调推进宅基地制度改革试点。同年 3 月，国土资源部在全国选取 15 个县（市、区）进行宅基地制度改革试点。2017 年 11 月，中共中央、国务院关于深化农村宅基地制度改革全面推开的意见指出，要“进一步扩大宅基地制度改革试点”“明确宅基地的所有权、资格权、使用权分置原则”。2018 年 10 月，中共中央、国务院印发的《关于推进农村土地制度改革试点工作的意见》提出，“探索宅基地的所有权、资格权、使用权‘三权分置’”“强调完善农民闲置宅基地和闲置农房政策”，为宅基地探索实践明确了方向。2019 年 12 月，首轮33个试点的宅基地制度改革完成，并在宅基地退出、有偿使用等方面取得了突破性的成果，这些成果成为2021年修订的《土地管理法》的重要组成部分。尽管如此，由于实践探索的时间比较短，很多重要问题没有解决，因而农村宅基地三权分置依然没有纳入《土地管理法》修订内容。为此，2020年6月中央通过《深化农村宅基地制度改革试点方案》，批准全国104个县（市、区）以及3个地级市启动实施新一轮农村宅基地制度改革试点，围绕宅基地三权分置，探索落实宅基地集体所有权，保障宅基地农户资格权和农民房屋财产权，适度放活宅基地和农民房屋使用权的具体路径和办法，以期总结一批可复制、能推广、惠民生、利修法的制度创新成果，为乡村振兴提供土地等要素保障。2023年，中央1号文件提出，“要赋予农民更加充分的财产权益”“稳步推进赋权、有序实现活权，让农民更多分享改革红利”“稳慎推进农村宅基地制度改革试点，切实摸清底数，加快房地一体宅基地确权登记颁证，加强规范管理，妥善化解历史遗留问题，探索宅基地‘三权分置’有效实现形式”。2023年6月，自然资源部《关于持续推进农村房地一体宅基地确权登记颁证工作》提出“持续推进全国农村房地一体宅基地确权登记颁证工作”，为依法保护农民财产权益、夯实农村宅基地制度改革基础，推进宜居宜业、和美乡村建设具有十分重要的意义。上述政策文件系统阐明了落实所有权、保障资格权和放活使用权的宅基地三权分置改革，为我国未来宅基地制度改革指明了方向。实际上，在推进宅基地三权分置改革过程中，农户为了改善生计资本，增加家庭收入，规避流转风险，采取了一系列的理性行为。而这些行为又会进一步影响未来宅基地改革的深度和广度。通过梳理文献发现，目前尚未系统开展三权分置改革中农户流转行为的理论研究。鉴于此，本书构建了理论分析框架，基于全国典型宅基地改革试点的调查，采用多种计量分析方法，从农户宅基地流转决策行为、农户宅基地流转生计行为、农户宅基地流转风险规避行为等方面进行分析，进而构建三权分置改革中农户宅基地流转行为优化策略。

围绕现行试点改革地区宅基地使用权流转现状，以及对农户流转行为产生的影响机制，本书主要研究内容如下。一是引入研究主题。从宅基地三权分置制度改革背景出发，结合实践深入阐释了宅基地使用权流转的理论及实践价值，以及对农民增收、乡村产业振兴可能产生的重要影响，并对“宅基地使用权流转”和“农户宅基地流转行为”进行了研究界定，将推进乡村振兴战略、实现城乡协同发展作为研究视角，以此来明确本书的主要议题和研究方向。二是进行文献回顾。从宅基地三权分置、宅基地使用权流转行为与流转决策、流转对农户财产性收入的影响、流转与农户生计等方面进行了文献综述，深入分析了现行研究方法、内容、理论架构及研究出发点，以期找出不足之处，并加以改进。三是构建本书理论框架。从农户行为理论、可持续生计理论、地租地价理论、分布式认知理论与感知价值理论等方面总结理论要点与指导借鉴意义，并构建了基于三权分置制度改革的宅基地使用权流转对农户流转行为的理论分析框架。四是研究三权分置改革中宅基地使用权流转行为倾向及风险。基于全国7个典型宅基地改革试点省市24个村的1 773份抽样数据，运用结构方程模型（SEM），构建分布式认知理论和感知价值理论框架，实证探讨价值认知差异对农户宅基地流转行为的影响因素和内在机理，并以此分析宅基地使用权流转行为倾向与农户可能感知的风险。五是研究三权分置改革中宅基地流转对农户生计行为的影响及机制。基于全国10处宅基地试点改革地区2 165份实地调研数据，运用多种实证方法分析了宅基地使用权流转对于农户人力资本、自然资本、物质资本、社会资本、金融资本、心理资本产生的影响及作用路径。六是研究三权分置改革中宅基地流转对农户风险的影响。基于全国10处宅基地试点改革地区2 165份实地调研数据，运用中介效应分析了宅基地使用权流转作用于农户人力风险、自然风险、物质风险、社会风险、金融风险、认知风险的具体机制。七是三权分置改革中农户宅基地市场化流转风险感知及其影响因素分析。以成渝典型宅基地改革试点地区调查数据为基础，通过构建以计划行为理论（TPB）和风险感知理论（RP）为基础的分析框架，运用结构方程模型探究农户闲置宅基地市场化风险感知及影响因素，以辨别农户在入市过程中各因素对其风险感知的影响程度。八是研究三权分置改革中宅基地流转对农户财产性收入的影响。基于2020年西南财经大学中国家庭金融调查与研究中心在全国范围内开展的中国家庭金融调查（CHFS）数据库的样本数据，运用倾向得分匹配（PSM）模型，实证分析了宅基地使用权流转对农户财产性收入的影响，最后进行三权分置改革中宅基地流转与农户生计策略优化研究。基于前述理论分析、实证研究结果以及当前宅基地使用权流转与农户生计系统中存在的结构性问题，结合先进经验，本书将从宅基地使用权确权登记、完善产权权能；加强综合整治、提高整体规划；完善配套措施、健全流转体系；搭建流转机制、规范流转秩序；加强体制建设、健全保障体系；提高能力素养、拓宽融资渠道；增强乡村内生发展动力、深度挖掘宅基地财产功能七个方面对宅基地使用权流转中的农户生计改善提出具体建议。

本书的价值主要体现在以下四个方面。一是系统研究了三权分置中宅基地使用权流转对农户流转行为决策、流转生计行为、流转风险规避行为和财产性收入增长的影响机制及作用路径。一方面能够丰富宅基地三权分置制度改革理论研究体系；另一方面还能为宅基地使用权流转实践提供参考与借鉴，为农户通过流转改善收入结构、发挥流转增收效应、提高财产性收入提供理论依据。二是对农户可持续生计理论框架进行了丰富和补充，在参考借鉴现有农户可持续生计分析框架的基础上，以“宅基地使用权流转”为研究对象，构造农户心理认知视角下的生计行为、风险规避行为，为现有研究内容、指标体系提供了新思路。三是从理论与实践两个角度阐释了宅基地使用权流转对农户财产性收入的影响路径，构造中介效应机制，分别从直接路径、间接路径去考察流转对财产性收入的综合效应，并结合实际提出宅基地使用权流转与农民财产性收入增加的可行路径，为研究宅基地制度改革背景下农户可持续生计发展提供参考。四是基于实证分析与实地调研数据，提出优化农户生计策略、促进宅基地使用权流转的相关建议，为相关政策出台提供理论借鉴。

本书是作者基于广泛农村田野调查、实证研究对宅基地使用权流转与农户可持续生计问题作出的系统性总结，部分章节已在重要学术期刊上发表。本书在成稿过程中，得到多位硕博研究生在资料收集、统计分析等方面的大力支持。研究生周欣悦、吴月、王洁仪等均参与了相关章节的调研或者研究。本书在调研阶段也得到全国多个区县宅基地行政管理部门的支持。此外，一些行业专家也对本书内容提出很多建设性的修改意见，在此一并表示感谢！尽管如此，由于作者水平有限，难免存在疏忽之处，敬请各位专家与读者指正！

著 者

2024年1月

目录

第一章 绪论

一、研究背景

我国农村宅基地制度是一项兼顾政治稳定、社会福利和经济功能的基本制度，长久以来，对保障农民基本居住需求、维持农村社会整体和谐稳定起着重要作用（韩俊，2014；陈锡文，2016）。从新中国成立初期到现如今新发展阶段，宅基地制度经历了数次改革，其产权结构也进行了相应的拆分演化，从“农民私有”到“两权分离”，再到三权分置，体现了不同时期我国经济社会发展对于宅基地配置的不同需求。现行农村宅基地集体所有制为稳定城乡关系、保障农民居住权做出巨大贡献。但随着经济社会转型、产业结构升级、乡村振兴战略逐步推进，宅基地“两权分离”制度已无法满足我国农村社会发展需要。尤其自21世纪以来，我国城市经济飞速发展，工农业巨额剪刀差致使劳动力流动加快，大量农民进城务工，导致农田荒废、宅基地被闲置，“空心村”“老年村”相继出现，引发宅基地制度改革讨论热潮，对现行农村基本土地制度提出巨大挑战。

2018年，中央1号文件《中共中央国务院关于实施乡村振兴战略的意见》正式提出宅基地三权分置，要求“完善农民闲置宅基地与闲置农房政策，探索宅基地所有权、资格权、使用权‘三权分置’，落实宅基地集体所有权，保障宅基地农户资格权和农民房屋财产权，适度放活宅基地和农民房屋使用权，不得违法违规买卖宅基地，严格实行土地用途管制等”，旨在通过宅基地所有权、资格权、使用权三权分置，适度引入市场机制配置宅基地资源，在保障农民居住权的基础上探索宅基地财产属性，以达到增加农民收入的目的，并尝试探索农村宅基地管理体制机制创新，在摆脱传统路径依赖基础上，鼓励挖掘重塑城乡土地关系的现实路径。

当前，全面建设社会主义现代化国家、实现全体人民共同富裕，最艰巨、最繁重的任务仍然在农村。党和政府历来重视农村工作，无论是在革命年代，还是在为实现中国式现代化奋斗的进程中，始终把农民对美好幸福生活的向往作为奋斗目标，坚持以人民为中心的发展思想，在高质量发展中促进共同富裕。1984—2024年26个有关解决“三农”问题的系列中央1号文件充分说明了这一点，同时充分强调了“三农”问题在中国社会主义现代化时期的重要地位。党的二十大报告指出，“要全面推进乡村振兴，着力促进全体人民共同富裕，实现乡村振兴和共同富裕是中国式现代化的重要内容和本质要求，中国式现代化是全体人民共同富裕的现代化”。要将乡村振兴作为实现共同富裕的战略手段，在发展中逐渐消除贫困、改善民生，逐步实现全体人民共同富裕。农村宅基地三权分置制度改革能促进乡村人口、土地、产业、资金等要素的有效配置与组合，是乡村振兴战略的强力抓手。宅基地三权分置改革新举措的出现不仅兼顾了农民的居住和社会保障需求，也为村庄治理和土地管理提供了良好契机，更为增加农民收入水平、提高农民生活保障、实现城乡共同富裕提供了新方向。

2020年底，我国已顺利完成新时代脱贫攻坚目标任务，深刻改变了贫困地区落后面貌，有力推动了中国农村整体发展。但农户作为贫困的基本单位，在消除绝对贫困后仍面临着家庭资本存量低、增长难、可持续生计难实现等发展陷阱（汤青，2015；何仁伟，2013；李少博等，2020；范乔希等，2021）。为巩固现有胜利成果，防止农户因病、因灾返贫，实现其稳定生计输出。2021年中央1号文件提出，“要全面推进乡村振兴，让农民过上美好生活”。但长期以来的城乡二元结构深化了工业与农业间的收益失衡，加剧了市民与农户在收入、医疗、就业与教育资源方面的不平等，致使农户长期处于生计资本匮乏状态（曲福田，2011；Wu，2019；马国璇，2022；王兆林，2018）。根据《2022中国农业农村发展趋势报告》，工资性收入与经营净收入是农户收入主要来源，财产性收入仅占总收入的2.6%，而优质的财产性收入是农户生计资本结构合理的体现，是农户抵御环境脆弱性、增强自身发展稳定性的保障，更是农业社会经济发展的重要基础。与市民相比，农民财产性收入增长困难的根源是农民拥有更少的物质财产。此外，粗放的耕作方式与用地理念、分散的耕作面积、乡村薄弱的人际纽带（魏后凯，2021；孙鹏飞，2020；洪德和，2019；张汇明，2021）等问题也极大地阻碍了农户进行生计资本积累，使其抗风险能力严重不足。《中国乡村振兴综合调查研究报告2021》指出，目前农村家庭人力资本水平仍然不高，留守农户年龄偏大，教育程度偏低，表明乡村振兴缺乏有力主体（赵立娟，2019），提高乡村生计资本的任务迫在眉睫。

改革开放以来，在农业社会向工业社会转型、传统社会向现代社会转型的影响下，城市经济快速发展，工业收益远高于农业报酬，农村向城市流动的人口不断增加，大量农民放弃农耕生活，选择进城定居谋生。国家统计局数据显示，2019 年末中国城镇常住人口 84 843 万人，比上年末增加 1 706 万人；乡村常住人口 55 162 万人，减少 1 239 万人；城镇化率达到 60.6%。大量农民向城市迁移并定居，导致宅基地闲置和农房空置等低效利用问题严重，造成土地资源的严重浪费。而宅基地作为独特的土地资源，是农户家庭重要物质资产，承载着家庭养育与养老保障功能，既能满足农户家庭居住保障需求，又能为乡村产业发展提供空间载体，满足乡村产业发展用地诉求。

当前我国“人—地”矛盾一方面表现在城市土地紧缺、耕地红线预警，而农村宅基地却面临闲置废弃，成为无效资产；另一方面表现在城市土地昂贵、住房价格高涨，与农村闲置宅基地形成鲜明对比，变现受限制的宅基地无法支撑进城农民定居城镇，农户生计策略受到极大制约。为提高农民生计资本，改善农民生产生活条件，国家提出实现乡村全面振兴、提高乡村治理水平的重要战略构想。2023 年中央 1 号文件强调：“全面建设社会主义现代化国家，最艰巨、最繁重的任务仍然在农村”。全面推进乡村振兴，实现农村共同富裕。最根本的是要盘活农村资产，增加农民财产性收入，使更多农村居民勤劳致富。在传统宅基地“两权分离”制度安排下，宅基地问题已成为制约农村产业发展的关键问题，其主要原因在于现代农户生计策略发生巨大转变的同时，乡村土地制度与管理模式仍落后于经济形态，难以支撑经济发展新阶段的土地诉求。

因此，针对宅基地利用与整治困境，国家先后推出宅基地试点改革政策，尝试以三权分置改革盘活闲置农村宅基地，实现农村人地关系协调发展。同时，放活宅基地使用权更是提升农户生计水平的切入点，是增加农民收入的重大尝试，探索宅基地资源对于巩固现有脱贫攻坚胜利成果的作用，不仅能够解决农村土地资源浪费的问题，实现城乡生产要素双向流动，更有助于提升乡村发展内生动力、促进农民家庭收入提升，提高农户家庭生计可持续能力，帮助其抵御脆弱环境导致的生计风险与压力，促使农户家庭积极响应乡村振兴战略与乡村高质量发展的政策号召，进而实现乡村全面振兴、城乡共同富裕（汤青，2015；肖轶，2021；周强，2020）。

基于当前理论界相关研究的不足与现实需求，本书从宅基地流转农户视角出发，结合全国实地调研数据，在新时代实现全体人民共同富裕的新征程上，系统研究农户宅基地流转意愿与生计发展变化趋势，并进一步探究宅基地使用权流转对农户财产性收入增长的影响，以期补充现有研究的不足，并为其他开展类似宅基地改革工作的地方政府出台“以人为本”的宅基地流转措施、乡村产业扶持政策提供参考依据。

二、研究意义

宅基地使用权流转是盘活农村闲置宅基地、提高宅基地资源利用效率的重要途径，也是促进农民增收、提高农民非农收入的重要办法。研究农民宅基地使用权流转与生计资本，对于巩固脱贫成果、实现乡村振兴、促进全体人民共同富裕具有重要意义：第一，宅基地作为农民重要生计资本，是其家庭生产生活的关键资源，通过流转宅基地使用权能够帮助农户开拓其他收入渠道、解决农户生计资本结构升级困境；第二，宅基地使用权流转能够缓解乡村产业用地困境，激发集体经济发展活力，推动农村高质量发展；第三，宅基地使用权流转能够为农村注入新的生产要素，是促进乡村经济发展的内源动力。因此，对宅基地使用权流转引发农户生计变化的作用机制以及与农户财产性收入增长之间的关系进行深入研究，对于实施乡村振兴战略具有重要的理论意义与实践意义。

（一）理论意义

研究乡村振兴战略背景下宅基地使用权流转对农户生计影响机制和农户财产性收入增长之间的关系，不仅能丰富宅基地三权分置改革理论研究体系，为宅基地使用权流转实现路径提供理论支撑；还能增加农户生计可持续框架理论研究内容，提供多角度农户生计决策研究视角，为推进乡村产业发展、提高农户生计能力、降低生计风险、增加财产性收入提供理论依据。本书在创新农户生计资本角度，引入政策冲击下的宅基地制度改革，重点探讨宅基地使用权流转对于农户生计资本、生计风险、农村财产性收入的影响，旨在为农户生计资本提升路径、风险规避机制和农户可持续生计理论研究提供新思路。

本书理论贡献主要在于：从农户的角度，对生计资本进行测量解读，结合理论模型分析宅基地使用权流转对农户生计资本的影响；创新三权分置制度改革下农户风险指标体系，探索生计风险传导机制；从理论与实证两方面解释宅基地使用权流转对农民财产性收入的影响，并建立中介效应机制，从宅基地流转的直接影响和间接影响方面考察其对农民财产性收入的综合效应，从数理角度解释宅基地使用权流转引发的收入改善效果；结合实际提出农户生计资本提升路径和宅基地使用权流转的可行路径，为研究宅基地功能变迁下农户可持续发展理论提供参考。

（二）实践意义

从各试点地区宅基地制度改革实践来看，宅基地使用权流转过程中的突出问题是农户宅基地流转意愿、宅基地流转用途和由此引发的农户生计影响。本书在实现乡村振兴、促进全体人民共同富裕的宏观背景下，获取实地调研的微观数据后，以宅基地制度改革试点地区和宅基地使用权流转较为典型的地区为例，采用定量分析与定性分析相结合的方法，从农民视角出发探讨农户宅基地使用权流转行为及其引发的农户生计效果。

本书主要的实践意义在于：通过在农户认知层面纳入更全面的影响因素，提出了能较好解释三权分置改革中农户流转意愿形成内在逻辑机理及影响因素的分析框架，有利于化解宅基地流转过程中引发的人地矛盾，引导宅基地合理流转，为农村产业发展提供建设用地；通过理论和实证分析宅基地使用权流转对农户生计资本和生计风险的影响和作用机制，为农户提高其财产性收入、改善其生计结构、缓解其生计风险提供思路启发；以促进土地财产性收入为切入点，研究宅基地流转前后农民财产性收入的变化，为地方政府提高农户幸福感、制定相关惠农政策提供参考与借鉴，有助于推进宅基地制度改革进程，改善民生，推动实施乡村振兴战略。

三、研究内容

（一）三权分置改革中农户宅基地使用权流转决策行为研究

在收集不同经济发展水平、不同地貌类型的 7 个试点地区 24 个村庄相关数据的基础上，基于分布式认知理论和感知价值理论，利用结构方程模型（SEM），对全国 1 773 份抽样数据进行实证分析，探讨宅基地三权分置改革中农户形成宅基地流转意愿的内在机理和影响因素。

首先，根据分布式认知理论，提出个人力、地域力、文化力显著影响农户宅基地使用权流转感知价值的研究假设；根据感知价值理论提出农户感知价值和感知意愿受感知利益的正向影响，受感知风险的负向影响，而感知价值正向影响农户流转意愿的研究假设，构建农户宅基地使用权流转意愿及影响因素的分析框架；再依据前文理论分析并借鉴已有研究成果，采取 Likert 五点量表对模型变量进行量表设计。其次，根据个人力、地域力、文化力、农户感知利益、农户感知风险，农户感知价值和农户流转意愿 7 个潜在变量和 33 个观测变量，设定观测方程和结构方程，度量潜在变量与测量变量之间的关系。最后，为检验数据的可靠性和正确性，运用 SPSS26.0 软件对数据进行信度、效度检验；为检验模型适配度，基于现有理论框架，运用 AMO26.0 软件拟合农户宅基地使用权流转意愿及影响因素的初始结构方程模型，评估模型外在质量。并根据修正模型拟合结果汇总各潜在变量对农户感知价值和农户流转意愿的标准化路径系数。全面分析宅基地三权分置改革中农户形成宅基地流转意愿的内在机理和影响因素。

（二）三权分置改革中宅基地使用权流转对农户生计行为的影响分析

宅基地是农户依据集体成员身份无偿向国家取得的居住性保障用地，农户只拥有宅基地的使用权。因此，在其流转后会产生以下三种生计结果：①宅基地使用权流转后能够为农户带来流转收入，改善农户生计收入情况，提高农户的金融资本总量；宅基地使用权流转后进行农村产业开发可以改善相应区域内农户就业情况，有助于提高农户的社会资本、人力资本。②宅基地是农户赖以生存的住房保障，流转后将会影响农户生计资本中的物质资本，缺乏住房保障的农户很有可能因此改变生计策略，导致生计风险增加。③宅基地使用权流转后，将对该区域内的生态环境、农业生产、道路交通等产生影响。随着旅游资源的不断开发，宅基地所处环境面临经济、地理方面的改善，农户的人力资本水平也会有相应改善。

农业边际报酬远低于城市工业，且农户相较于城市居民而言，物质资本占有量极低，财产性收入占总收入比重极低。因此，宅基地作为农户进城失败的退路，承担着家庭生计保障的作用。进行宅基地使用权流转势必对农户个人、家庭、社会环境与产业发展产生各种影响。其中，最为关键的是流转后农户风险变化机制。结合以上讨论，为了剖析宅基地使用权流转对农户生计的影响机理，尝试在可持续生计框架的理论基础上，构建宅基地流转对农户生计资本、生计风险影响分析框架。详细路径如下：**首先**，拟从脆弱性环境、生计资本、转化结构与过程、生计策略及生计输出等方面分析宅基地在农户生计中所起的作用。**其次**，创造性地将农户生计资本划分为人力资本、自然资本、物质资本、金融资本、社会资本与认知资本；将农户风险划分为人力风险、物质风险、金融风险、养老风险、社会风险、信息风险。**最后**，厘清宅基地使用权流转对农户生计资本、生计风险的传导路径，寻求宅基地资源有效配置路径，找到最优生计输出的平衡点，从而形成最高效的农户生计策略，与可持续生计发展框架高度契合。

（三）三权分置改革中宅基地使用权流转对农户风险行为影响研究

农村宅基地由于其特殊的保障性质，对于农户生计而言尤为重要，这也决定了宅基地制度改革的风险性。因此，如何使宅基地使用权流转风险最小化、利益最大化是宅基地制度改革的关键。本书从农户生计角度出发，运用熵权法对生计风险指标进行加权测算，利用中介效应模型研究宅基地使用权流转对农户风险的传导途径，为提高农户生计可持续性、降低农户风险提供实证参考。

首先，农户风险并非来自家庭内部或外部的单一风险。本书在借鉴其他学者研究成果的基础上，从农户家庭风险暴露度、敏感性与风险恢复能力方面选取详细指标形成综合评价指标（包含农户人力风险、物质风险、金融风险、养老风险、社会风险、信息风险），增加了宅基地管理不善容易引发的养老风险与政策解读不到位容易引发的信息风险，以便精准度量宅基地制度改革背景下，农户面临政策冲击时所受的各类风险。其次，宅基地使用权流转是否对农户风险产生影响需要实证结果支撑。因此，本书选用最小二乘法（OLS）来测算宅基地使用权流转对于农户风险的影响。再次，明确宅基地使用权流转对农户风险存在影响后，解读风险来源与传导机制成为本书研究重点。宅基地使用权流转作用于农户生计的风险传导机制较为复杂，并非由单一因素影响，而是通过宅基地使用权流转影响农户心理预期、价格偏好、收入状况、物质资产状况等中间变量，进而影响农户风险水平。最后，本书选取中介效应模型以探寻宅基地使用权流转产生农户风险的作用路径。

（四）三权分置改革中农户宅基地市场化流转风险感知及其影响因素分析

本部分构建了分析框架，阐述了农村闲置宅基地市场化配置的基本原理，基于计划行为理论（TPB）和风险感知理论（RP），提出了主观规范对农户闲置宅基地市场化风险感知具有显著负向影响、知觉行为控制对农户闲置宅基地市场化风险感知具有显著负向影响、行为态度对农户闲置宅基地市场化风险感知具有显著负向影响、主观规范对农户行为态度有显著正向影响、知觉行为控制对农户行为态度有显著正向影响、行为态度在主观规范与风险感知间存在中介作用、行为态度在知觉行为控制与风险感知间存在中介作用等研究假设，并利用成渝典型宅基地改革试点地区 1 208 份农户问卷数据，借助结构方程模型（SEM）分析宅基地不同市场化配置模式下农户风险感知及其影响因素。并提出：**一是**政府或集体可多渠道宣传宅基地市场化配置相关政策，保障农民宅基地处置知情权、参与权等基本权益，缓解市场化交易过程中的信息不对称，进而降低农户入市行为的风险感知程度；**二是**为入市农户职业转化提供技术支持，增强其生存发展能力，同时对自主创业的农户在政策、资金上予以支持，提高农户非农收入，进而促进宅基地流转；**三是**建立并完善闲置宅基地交易市场，健全相关保障措施与纠纷解决办法，建立城乡统筹的包括医疗、养老、失业、最低生活保障在内的社会保障体系，从根本上解决农户宅基地流转的后顾之忧，增强农户对政策制度的信任，弱化农户入市的风险感知；**四是**因地制宜选择入市模式，根据不同区域发展状况、区位差异、区域内人群不同特征等，制定相应的入市政策，同时关注不同类型农户对于宅基地资产功能及社会保障功能的异质性需求，并据此为农户提供多种选择空间，有效提升其流转意愿等建议。

（五）三权分置改革中宅基地使用权流转对农户财产性收入影响分析

在实地走访宅基地试点改革地区，收集相关农户数据的基础上，基于可持续生计理论构建宅基地使用权流转对农户生计资本影响的框架，通过构建实证模型，对模型进行拟合回归分析，量化宅基地使用权流转对农户生计资本的影响。

选取农民财产性收入、农民是否拥有财产性收入作为被解释变量。在参照前人研究成果的基础上，选取了户主特征、家庭财产总量、地区虚拟变量作为控制变量。其中，户主特征包含户主的学历、性别、年龄、自评健康状况以及政治面貌；家庭财产总量包含农村样本家庭的金融性财产和非金融性财产；地区虚拟变量分为城中村地区、城边村地区、远郊村地区。因为不同区县的宅基地流转情况存在差异，平均土地流转率越高，农村家庭参与宅基地流转的可能性越高。而土地流转率显然与影响微观农村家庭财产性收入概率的其他遗漏变量之间的相关性较弱，所以采用区县平均土地流转率（排除受访户主家庭）作为核心解释变量的工具变量。采用 OLS 模型描述变量对被解释变量的解释关系，并在此基础上，分别采用 Probit、Iv—Probit 模型以验证各变量对被解释变量的解释作用。使用基于 Logit 模型的倾向得分匹配，根据倾向得分值划分处理组与控制组，得到宅基地使用权流转的影响因素，并对其进行深入分析，得出宅基地使用权流转对于农户财产性收入的影响关系，从数理角度解释宅基地使用权流转引发的收入改善效果。

（六）三权分置改革中宅基地流转政策优化研究

在宅基地使用权流转过程中，农户生计策略是否合理是能否实现生计持续的关键。农户基于自身拥有的生计资本质量和数量进行生计决策选择，在了解宅基地预期流转收益、合理抵御生计脆弱性的基础上做出宅基地使用权流转决策。因此，本书结合先进经验从宅基地使用权确权登记、完善产权权能，加强综合整治、提高整体规划，完善配套措施、健全流转体系，搭建流转机制、规范流转秩序，加强体制建设、健全保障体系，提高能力素养、拓宽融资渠道六个方面对宅基地使用权流转与农户生计改善提出建议。

四、研究方法

（一）文献归纳分析法

首先，通过查阅文献，广泛阅读宅基地使用权流转与农户可持续生计相关文献。其次，整理收集与本书研究相关的地租地价理论、理性经济人假设与农户可持续生计分析框架理论，归纳总结出对本书有指导与借鉴作用的研究结论。再次，通过熟练掌握国内外关于农户生计研究的方法与思想脉络，搭建适合本书研究的方法体系。最后，通过文献梳理，厘清当前宅基地使用权流转与农户可持续生计研究中的研究对象、内容与方法、主要成果、不足之处与未来研究趋势。

（二）问卷调查法

问卷调查法是社会调查中较为广泛使用的一种方法。笔者从农户个体因素、宅基地与农房基本特征、社会环境、宅基地流转因素及障碍、宅基地流转基本情况、宅基地使用权流转收益分配、宅基地使用权流转后农户生计资本变化七个方面设计了调查问卷，包含近百个详细问题，能够完整地描述调研区域宅基地使用权流转现状与农户生计资本存量，也能够取得本书所需的基本数据。

（三）定性定量结合法

在获取实地调研数据后，本书采用定量分析与定性分析相结合的方法，分析宅基地使用权流转与农户可持续生计的关系。先利用定性方法分析宅基地使用权流转对农户生计效益的影响，基于农户可持续生计发展分析框架、敏感度—暴露度—适应力模型与分布式认知理论、感知价值理论，重点阐述宅基地使用权流转对农户生计资本的影响与产生的风险。再用定量分析方法对农户宅基地流转后生计资本变化特征进行具体分析，运用结构方程模型、倾向得分匹配估计（PSM）与中介效应模型，借助Stata15.0对调研数据进行拟合分析，以期实现宅基地流转对农户生计资本、生计风险、财产性收入的影响的量化分析。

五、技术路线

本书的研究思路是通过层次化分析构造出三权分置制度改革背景下农户宅基地流转意愿框架与宅基地使用权流转对农户生计资本、生计风险、财产性收入影响的理论模型。

针对农户宅基地流转意愿，本书基于分布式认知理论和感知价值理论，利用结构方程模型（SEM），探讨三权分置制度改革背景下农户形成宅基地流转意愿的内在机理和影响因素。针对农户生计资本问题，本书运用熵权法改进TOPSIS法和倾向得分匹配估计（PSM），对数据进行量化分析，以厘清宅基地使用权流转对农户生计资本的影响机制。针对农户生计风险问题，本书利用熵权法评估农户具体生计风险现状，并构建多重复合中介效应模型，探寻宅基地使用权流转对农户生计风险的作用机理与传导机制，警惕农户陷入生计危机。针对农户宅基地市场化流转风险感知及影响因素，本书借助结构方程模型（SEM）分析宅基地不同市场化配置模式下农户风险感知及其影响因素，并提出针对性建议。针对宅基地使用权流转对农户财产性收入的影响，本书基于可持续生计理论，利用工具变量法和倾向得分匹配（PSM）对数据进行拟合回归分析，量化宅基地使用权流转对于农户财产性收入的影响，从数理角度解释宅基地使用权流转引发的收入改善效果。针对宅基地使用权流转与农户生计改善的对策建议，本书拟对调研数据进行归纳分析，在广泛阅读文献的基础上结合实证分析结果提出促进宅基地使用权流转和农户生计改善的可行路径（图1-1）。

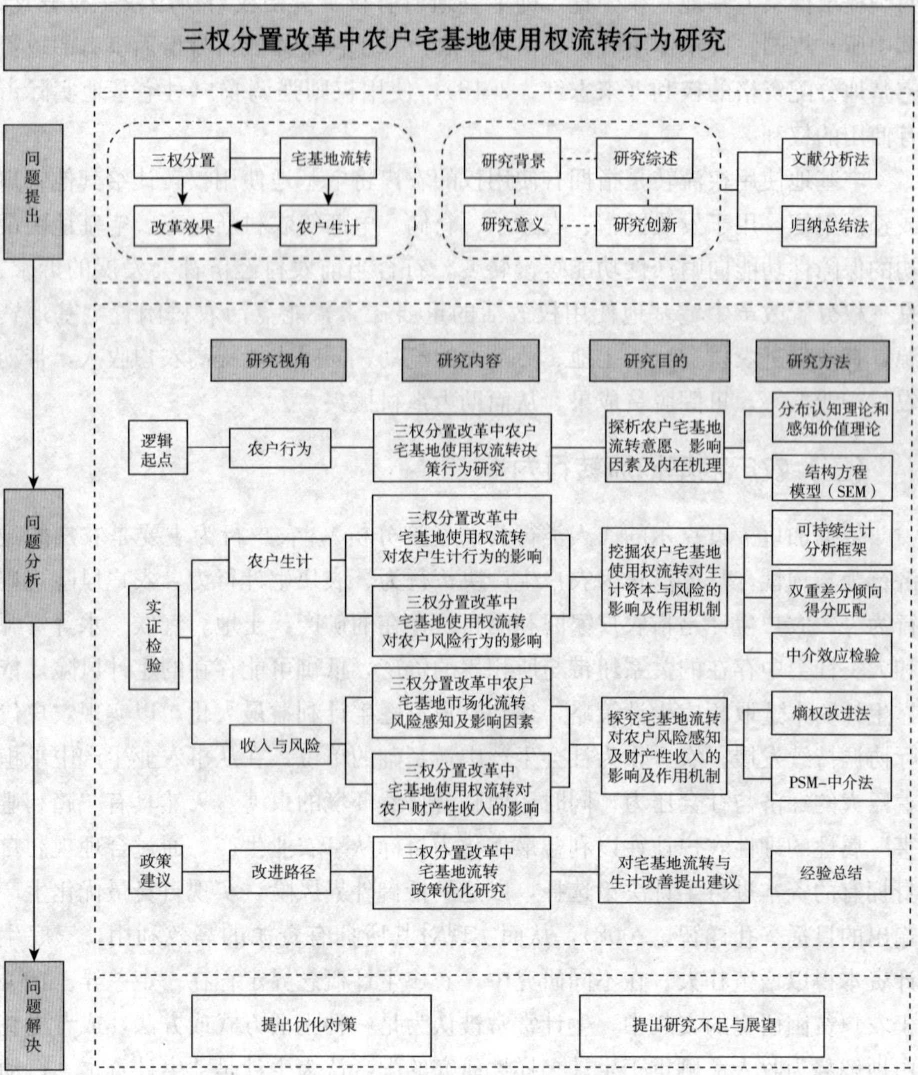

图 1-1　研究技术路线图

六、研究界定

（一）宅基地使用权流转

2018 年，中央 1 号文件《中共中央国务院关于实施乡村振兴战略的意见》

明确提出探索宅基地三权分置，即宅基地所有权、资格权与使用权三权分置。其中所有权归农民集体所有，资格权是农户基于村集体成员身份而享有的取得宅基地分配资格的权利（宋志红，2018），使用权则强调农户对宅基地实际占有使用的权利。

宅基地使用权流转是指拥有使用权的农户将宅基地使用权转让给其他农户或经济组织，用于发展民宿、农家乐、仓储、电商等农村新业态。宅基地由最初的保障性功能向财产性功能缓慢转变，符合当前农村经济社会发展的诉求，是三权分置改革中宅基地使用权放活的重要探索，能盘活农村闲置宅基地资源，有效促进农村资金、土地、劳动力的流动，同时也能提高农户收入，带动农村产业振兴，巩固脱贫成果，从而助力乡村振兴。

（二）农户宅基地流转行为

依据加里·贝克尔的《人类行为的经济分析》，农户行为主要是农户的经济行为与理性，具体泛化为农户生产决策行为、农户生计行为、农户风险规避行为等。农户生计是指农户家庭利用自然存在的矿产、土地、气候、水等资源和人类社会中存在的关系纽带与所积累的资产，抵御可能存在的生计风险，依靠生计资本选取相应生计策略，达到农户家庭生计利益最大化，以实现农户代际协调持续发展。农户作为社会生产中最基础的单位，在从事农业生产中承担着巨大的经济与社会压力，同时还面临着自然环境的束缚。天然具有“趋利避害”属性的理性农户往往以利益最大化为目标从事农业生产，通过合理规制自身拥有的资本进行生计决策选择，以达到抵御外界风险，实现自身最优化生产输出的目标（孔祥智，2008），从而实现对其所拥有资源的高效利用，家庭生计资本得以增殖壮大。在不同研究中，农户生计概念界定存在一定差异。在关于农户贫困研究的文献中，生计常常被认为是一种生活方式或方法，或者更直白地解释为收入。侧重于生计多样性研究的学者认为生计是“生计资本、行动与途径的综合”；侧重于生计可持续研究的学者认为生计是农户基于已有能力、生计资本，在活动的基础上进行谋生的一种方式，与此同时通过应对压力、维持或提高已有资产来达到生态环境与家庭代际可持续发展，后者在学界得到广泛认同（孔祥智，2008；苏芳，2009）。当前学界对于农户生计的研究主要基于可持续生计分析框架展开。可持续生计分析框架由脆弱性背景、生计资本、生计策略、生计输出、结构和制度的转变组成（张峻豪，2014；王静，2018；Martha，2003），这五部分相互影响、相互作用，共同影响着生计水平。例如在脆弱性背景下的冲击以及季节性变化往往是双刃剑，既有可能增加生计资本，也有可能减少生计资本。政府大力推动基础设施建设、推进劳动力市场改革，能够有效创造生计资本，此外政府对于制度和结构的革新也能够创造资本（苏芳，2009）。农户所处的社会环境也会影响生计策略，改变其资本配置与使用的方式。政策与制度也能从多个角度增加或减少农户生计资本，影响农户生计。在运用可持续框架分析农户生计时，并非从单一的生计背景出发，而是要在以人为中心的同时（苏芳，2009），挖掘农户的资产存量、谋生偏好、选择的生计策略，以及可能产生的生计输出结果（Martha，2003；苏芳，2009）。生计资本是指农户在生产生活过程中用以谋生的各种资源，包括大气、土壤、水等自然资本，家庭劳动力的教育水平与健康水平，家庭收入与可筹得资金，与村干部、邻里的信任关系，生产所需的工具、住房等。生计资本是农户可持续发展中的重要因素，也是可持续生计分析框架的核心内容。对农户生计的研究主要是从农户生计资本、生计策略、生计风险、脆弱性背景与政策制度转变开始，以农户作为研究核心对象，生计资本是其研究起点。农户风险规避行为是指农户谋生过程中规避来自内部或外部的不确定性以及风险，是伴随农户生计发展的主要因素，也是制约农户生计持续发展的因素。农户风险类别主要有农户家庭内部的结构性风险、决策性风险以及家庭外部的系统性风险等。农户风险类别与应对风险措施、遭受风险后的恢复能力都是农户风险的重要组成部分。已有研究表明农户风险主要来源于自然灾害引发的粮食歉收、家庭成员重疾、教育支出、意外事故等，且大部分农户应对生计风险模式较为单一，主要为变卖家产、向亲友借款等。

七、数据来源

对宅基地三权分置制度改革背景下的流转意愿、使用权流转引发的农户生计效益进行研究，需要大量的微观数据为实证分析做支撑。本书在查阅大量文献资料、广泛听取专家意见的基础上，通过设置调研问卷，走访典型宅基地试点改革村落，与当地村干部、农户深入交流，获取来自基层的一手数据，以便对当前宅基地制度改革试点地区农户生计状况、宅基地流转状况、村集体环境与经济状况有较为准确的了解。

（一）数据收集

在宅基地试点改革地区抽取较为典型地区进行实地抽样调研，并以宅基地使用权流转与农户生计资本差异较大的典型宅基地试点改革地区为重点调研地区，抽取典型村镇进行实地走访。在重庆大足区预调查发现，城乡接合部与传统农区宅基地使用权流转方式、价格和收益分配意愿等均存在较大差异。受限于人力、财力、物力，本书课题组从全国 33 个农村“三块地”改革试点中选择了 10 个典型的宅基地改革试点地区，对其城乡接合部与传统农区进行实地调查。依据 Scheaffer 抽样公式，样本量确定为 2 200 份。10 个典型宅基地试点改革地区涵盖我国东、中、西三部，南、北两方及民族地区，且多数位于“胡焕庸线”东侧的宅基地使用权流转市场发育较好的地区，具体为东部的浙江义乌市、山东禹城市、广东南海区；中部的黑龙江安达市、河南长垣县、湖北宜城市、安徽金寨县；西部的重庆大足区、四川泸县、宁夏平罗县。在 2020 年 9 月至 2021 年 3 月深入村落，对不同案例村村民进行抽样调研并填写问卷，与村干部进行问答式访谈，内容主要是宅基地三权分置改革进展、宅基地使用权流转现状、农户生计资本变化等。受人力、物力限制，本书课题组还通过电子问卷方式获取农户数据，以扩大数据囊括范围。共发放问卷 2 300 余份，收回有效问卷 2 165 份（含电子调查问卷），已通过效度检验，有效问卷样本率为 98.4%。

（二）问卷设计

鉴于当前农村宅基地流转与农户生计的紧密联系，本书课题组围绕宅基地基本状况、改革进展、使用权流转探索与农户家庭人口信息、耕地与农房信息以及村庄区位条件资源禀赋、交通便利程度、经济状况等 7 个方面展开调研，并依据研究内容重点关注：①当地是否存在宅基地使用权流转；②当地农户生计资本占有量与风险水平；③宅基地使用权流转后农户是否发生生计变化。

问卷第一部分为农户个体与家庭特征，包括农户年龄、性别、受教育程度、家庭收入、是否拥有城镇住房、贷款状况等 19 个问题。其中贷款状况、就业收入状况、养老保险购买情况是农户生计状况的重要反映，宅基地使用权流转后，农户可能增加租房或购房贷款，也有可能参与宅基地经营，就业得以改善，此外，养老风险是老龄农户风险重要来源，因此许多老龄农户基于养老需求而不愿流转出宅基地使用权。问卷第二部分是宅基地或农房基本特征，包括宅基地数量、耕地质量与数量、农房造价与结构、宅基地利用现状与确权状况等 11 个问题。其中，耕地质量与数量是农户生计持续发展的重要自然资本，流转后农户迁出本村可能会导致耕地转出；农房原有价值可能会影响宅基地使用权流转后的农户风险；宅基地利用现状直接影响农户家庭生计决策，闲置宅基地流转出去的可能性更大。问卷第三部分为社会环境特征，包含农户所在村集体经济、区位、环境、基础设施状况和宅基地使用权流转范例、政策了解度等 8 个问题。其中，农户对宅基地三权分置政策的了解程度、来源，在信息获取方面影响了流转的实施与结果，对宅基地三权分置政策了解越深入的农户，越乐意发挥宅基地财产性功能，越能在经营交易中维护自身合法权益。当地是否有宅基地使用权流转案例会影响农户生计资本，比如流转可能带来更多就业机会、提高本集体内基础设施建设程度，促使流转制度规范合理化等。问卷第四部分为宅基地使用权流转动因及障碍因素，包括预期的宅基地使用权流转对象、流转收益、流转用途、流转阻碍因素等。先提出假设，询问农户是否愿意实施宅基地使用权流转，再通过回答来推断宅基地使用权流转未来可能的发展路径。其中，宅基地的预期收益反映了农户家庭对于流转后的家庭生计风险预估，往往生计风险高的农户家庭期望更高的流转价格来保障家庭可持续生计能力。问卷第五部分为农户宅基地流转情况调查，主要由宅基地使用权流转农户填写。包含的内容有宅基地使用权流转方式、范围、用途、面积、时间、收益等 8 个问题。宅基地使用权流转对农户生计的影响主要体现在租金收入增加农户生计资本方面。问卷第六部分为宅基地使用权流转增值收益分配调查，包含宅基地使用权流转用途、农户对宅基地使用权流转增值收益分配心理预期等 11 个方面。宅基地使用权流转后由自住改为经营用途，其增值收益分配关系农户、村集体与社会资本三方利益，给予农户合理的分配份额既能提高农户宅基地使用权流转意愿，又能更好保障农户生计，降低其流转后生计风险。问卷第七部分为宅基地流转后农户生计调查，主要聚焦于流转后农户生计资本与生计风险变化，具体包含宅基地使用权流转后农户家庭劳动力人口是否增多，就业、教育与医疗状况是否改善，耕地质量与数量是否改变，家庭生产工具与住房条件是否发生变化，村庄基础设施与经济条件是否改善等 18 个问题。耕地质量与数量是农户赖以生存的自然资本，宅基地流转后农户可能选择减少耕地、改变生计策略、外出务工谋取生计收入。

第二章　文献综述

一、宅基地三权分置研究综述

长期以来，宅基地制度作为农村基础性制度，在保障农民基本居住需求和维护农村整体和谐稳定方面起着重要作用，它是一项兼顾政治稳定、社会福利和经济功能的农村基本制度安排（许庆，2019）。宅基地从开始的农民私有演变成当前的集体公有，其产权结构也进行了相应的拆分与演化（张德元，2011）。宅基地制度初期实施两权分离制度，其分离的结构使得宅基地制度过分注重公平而忽视了效率（李怀，2020），其根本原因是国家对于宅基地政治稳定、社会保障功能具有较强的偏向性（孙涛，2009）。当前的宅基地制度具有“集体所有、成员使用，一户一宅、限定面积，无偿分配、长期占有”的特征。国家出于政治、经济、社会平衡的目的设计宅基地制度，使其突显了无偿性、成员性、封闭性、福利性（张克俊，2017）。然而随着城市化进程和农民城乡迁移速度的加快，农村空心化现象日趋严重，大量宅基地被闲置与废弃，宅基地低效利用问题突出（徐忠国，2018；温世扬，2018；李川，2017），表现在一户多宅、面积超标、私自占有宅基地等方面。宅基地使用制度暴露出的弊端致使大量农村土地资源无法有效利用。其根本原因有以下三点：**一是城乡二元制经济结构**。城乡融合发展进程中大量资本、劳动力自由流动，遵循资源配置规律的农村劳动力自发地流向城镇并定居，造成农村宅基地永久性被废弃；季节性进城务工人员则会造成农村宅基地季节性被闲置。**二是宅基地制度与管理问题**。宅基地所有权与使用权的分离使其无法为农民创造合理的收益，资产属性无法得到保障，农村宅基地价值远低于城市住房，再加上宅基地流转受限，从而导致大量宅基地被闲置和废弃，成为“沉睡的资产”。此外，农村宅基地的无偿性使得农民存在“不占白不占”的心理，超额占用宅基地暴露出农村宅基地管理中的不足。**三是综合原因**。宅基地被废弃与闲置也受到自然环境、资源禀赋、村庄基础设施和公共服务水平、区位条件等的综合影响（李婷婷，2019；张勇，2020）。因此，保护农民基本居住权与盘活闲置宅基地流转市场成为农村宅基地三权分置改革的主要任务（魏晖，2020；陈振，2018；严金明，2018；刘双良，2019）。

盘活农村闲置宅基地是实现农民增收的重要途径，也是实现乡村振兴的重要方法。为此，2018 年中央 1 号文件提出宅基地三权分置，“完善农民闲置宅基地和闲置农房政策，探索宅基地所有权、资格权、使用权‘三权分置’，落实宅基地集体所有权，保障宅基地农户资格权和农民房屋财产权，适度放活宅基地和农民房屋使用权，不得违规违法买卖宅基地，严格实行土地用途管制”。通过宅基地所有权、使用权、资格权三权分置，引入市场机制配置宅基地资源（伍山林，2017；韩文龙，2018；刘双良，2018），在保证农民居住权的基础上稳定增收。三权分置摆脱了农村宅基地管理的传统路径依赖，有利于重塑城乡土地关系（董祚继，2018；赵艳霞，2018；严金明，2019；吴丽，2020）。

当前有关宅基地三权分置的研究主要集中在宅基地使用权流转、宅基地三权分置内涵、实现路径及宅基地改革试点总结等方面。宋志红结合农村宅基地制度改革试点地方的实践成果，回答了宅基地三权分置的政策意义和现实作用，探讨了宅基地三权分置的法律内涵和实现途径，并在理论的基础上对制度设计提出建议（宋志红，2019）。夏柱智认为应该结合实践从理论层面理解宅基地制度改革，宅基地财产化是其制度改革的主要方向，国家在赋予农民宅基地占有和使用权之外，还应赋予宅基地收益和处分权（夏柱智，2020）。李凤章在研究宅基地使用权流转时，借鉴国有划拨土地流转方式，提出拥有宅基地使用权的农民可以自愿将宅基地在一定期限内退回给集体，并由集体将建设用地使用权出让给受让人，即“退出—出让”模式（李凤章，2020）。

总体上看，针对宅基地三权分置的研究方式和主题在不断变化并逐步深入。尽管部分学者对文献进行了阅读和提炼，归纳总结了阶段性研究成果及特点，如李悦以“宅基地三权分置”为关键词，从研究内容、研究方法、研究视角对 151 篇核心文献进行了分析和解读（李悦，2020），但普通文献分析法无法全面地描述宅基地三权分置近年来的热点，无法厘清宅基地三权分置的全局性研究进展，也无法揭露当前宅基地三权分置改革的前沿，更没有进行宅基地三权分置领域的系统性展望预测。国内目前借助 CiteSpace 研究宅基地三权分置领域前沿进展与热点问题的成果尚不多见。据此，本章利用 CiteSpace 工具，依托 CNKI、CSSCI 数据库，通过绘制可视化知识图谱对近十年宅基地三权分置研究领域的热点与前沿做了阐述与分析，提出未来宅基地制度的研究方向，也为新一轮宅基地三权分置改革试点工作提供参考依据。

本章研究数据来源于中国知网数据库（CNKI）以及中文社会科学引文索引数据库（CSSCI）的期刊，在数据库内进行第一主题词为“宅基地”并包含第二主题词三权分置的专业检索，剔除无关内容后得到研究所需的124篇文献。使用CiteSpace软件对宅基地三权分置研究领域进行了关键词共线、关键词聚类、关键词突显词及时间线分析，在此基础上探究宅基地三权分置领域的现状及研究热点。

（一）宅基地三权分置时间演进

现行农村宅基地集体所有制已经运行了60多年，并为稳定城乡关系和保障农民居住权做出巨大贡献，但随着经济社会转型和乡村振兴战略的逐步推进，两权分离的宅基地制度已经无法满足我国农村经济社会的需要（郑风田，2018）。自改革开放以来，我国城市经济飞速发展，大量农民开始迁移进城，导致很多农村农田荒废、宅基地被闲置，出现大量空心村，引发宅基地退出机制讨论热潮。农村宅基地三权分置制度改革能促进乡村人口、土地、产业、资金等要素的有效配置与组合，将成为乡村振兴战略的强力抓手（姚树荣，2018；乔陆印，2019）。宅基地三权分置改革新举措的出现不仅兼顾了农民的居住需求和财产需求，更为村庄管理和土地管理提供了良好的转机。

为了研究宅基地三权分置领域的进展，本章用时间段划分坐标，提取各年份宅基地三权分置研究领域的热词，形成该领域的时间演进分析（图2-1）。宅基地三权分置作为宅基地制度改革的有利举措，其提出时间较短。2015年4月，义乌作为全国33个“三块地”改革试点地区之一，率先提出宅基地所有权、资格权、使用权三权分置的宅基地制度改革方向。随后2018年中央1号文件正式提出实施宅基地三权分置。由此，宅基地三权分置改革研究进入蓬勃发展阶段。

1. 2016年以前宅基地领域的研究主要集中在城镇化背景下的两权分置

2016年末我国城市常住人口城镇化率达到57.4%，对农村宅基地制度提出巨大挑战。两权分置下宅基地的所有权属于集体、使用权属于农民。有学者认为我国的宅基地制度在“一化三改造”时期初步形成，宅基地所有权集体所有制基本确立，国家随后又颁布《中华人民共和国民法通则》和《中华人民共和国土地管理法》，明确规定了所有权由集体组织无偿取得，农民只享有宅基地的使用权，至此宅基地制度两权分置的结构基本形成。后来随着经济发展速度的加快、城镇化水平不断提高，导致乡村人口大量向城镇流动，农民的自利行为使宅基地大规模被闲置与废弃（翟全军，2016；吴迪，2020）。2016年11

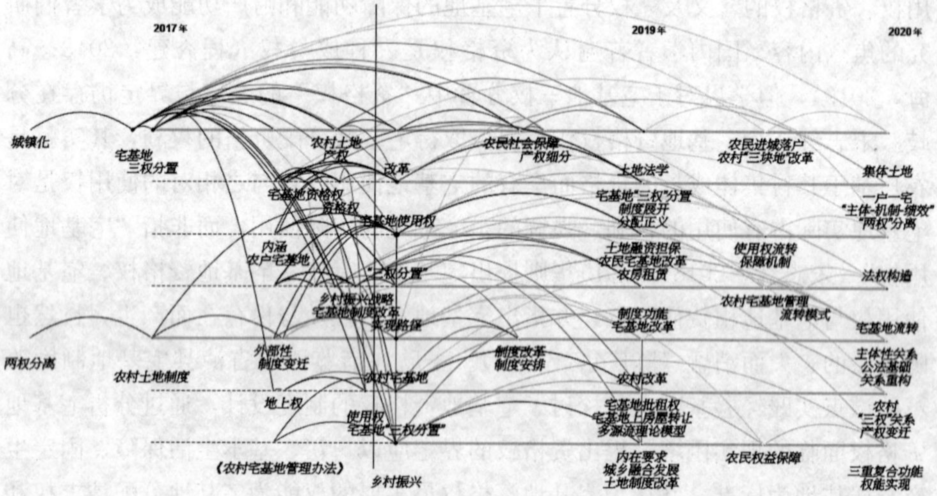

图 2-1 宅基地三权分置时间演进图谱

月《中共中央国务院关于完善产权保护制度依法保护产权的意见》提出要落实承包地、宅基地、集体经营性建设用地的用益物权，赋予农民更多财产权利，增加农民财产收益。国家在严格把控宅基地的同时，明确了农民对于宅基地的财产性权利。这为后面盘活闲置宅基地，强调农民对宅基地的用益物权打下基础。

2. 2017 年宅基地三权分置领域的研究热点主要在农村“三块地”改革

2015 年，中共中央办公厅、国务院办公厅联合印发了《关于农村土地征收、集体经营性建设用地入市、宅基地制度改革试点工作的意见》，并在全国范围内筛选出 33 个地区，正式启动农村宅基地制度改革试点工作。2017 年《中国农村发展报告》指出全国农村居民点闲置用地大致面积为 3 000 万亩①，宅基地低效利用问题日益严峻。因此 2017 年围绕农村宅基地制度改革的“三块地”改革研究成为热点。农村“三块地”改革试点地区宅基地三权分置得到了较为充分的探索。例如，探索在不同地区实现户有所居的途径；下放使用存量宅基地的审批权；宅基地退出实行自愿有偿机制等。宅基地制度改革是农村“三块地”改革试点的重中之重。可预见的是，我国农村宅基地制度改革的重心就是探索实现农村宅基地三权分置，进一步扩大权能、充分盘活农村闲置宅基地。

3. 2018 年开始探索宅基地所有权、资格权、使用权及其实现路径

2018 年中央 1 号文件明确提出探索宅基地三权分置。法律层面宅基地使

① 亩为非法定计量单位，1 亩=1/15 公顷。——编者注

用权、资格权的含义及三权分置下宅基地的保障功能和财产功能成为学者们研究的焦点内容。国内学者普遍认为资格权是一种成员权（程秀建，2018；高海，2019），但学界对于宅基地三权分置中“资格权”的表述与界定仍存在分歧。宋志红认为宅基地资格权作为农民取得宅基地分配资格的权利，其实就是农户基于其村集体成员的资格而享有的宅基地使用权，与之相对的使用权是对宅基地实际占有使用的权利，强调的是宅基地的实际使用，而非指“宅基地使用权”（宋志红，2018）。陈广华则提出宅基地所有权、宅基地资格权、宅基地使用权与宅基地租赁使用权，并指出宅基地资格权随身份存在而产生，自然也随身份的丧失而消融（陈广华，2020）。王欣在借鉴四川省泸县宅基地制度改革的试点实践经验基础上，探讨了宅基地资格权的制度设计，通过分析宅基地资格权面临的现实困境，提出资格权的界定应以户籍、基本生活保障、固定生产与居住地为标准，并认为宅基地资格权最主要的权能为宅基地分配请求权和征收补偿权（王欣，2020）。

学界围绕宅基地三权分置的实现路径进行了积极探索。李怀认为推进传统农区宅基地三权分置的基本路径要以“确权—保权—转权”为核心，即通过立法确定集体所有权；通过“定认定面积”来完善资格权；最后探索宅基地使用权入市机制以盘活使用权（李怀，2020）。贺鲲鹏则提出应首先明确集体组织的法人地位，通过确权登记，夯实宅基地所有权的主体地位；其次要以户籍作为资格权取得和退出的主要认定方式，通过“按人分配，按户控制”的方式无偿取得宅基地，以保护农民合理行使资格权；最后通过完善法律，扩大宅基地流转范围，使宅基地可以自由转让、出租、抵押（贺鲲鹏，2020）。

4. 2019—2020 年宅基地三权分置的研究主要聚焦于宅基地使用权流转问题

2019 年中共中央、国务院在《关于坚持农业农村优先发展做好“三农”工作的若干意见》中提出稳慎推进农村宅基地制度改革，探寻盘活闲置农村住宅的办法、显化农村宅基地价值与提升其利用效率的路径，通过确权赋能，促推农村宅基地流转、退出与有偿使用。因此宅基地使用权是否可以流转、在什么范围内流转、流转给谁、通过什么方式流转成为理论和实践中迫切需要解决的问题。

学界关于宅基地使用权是否可以流转存在三种意见，分别是自由流转、限制流转和禁止流转。持自由流转观点的学者指出，从法律上看，宅基地使用权是隶属于农民的一项用益物权，农民理应享有宅基地的收益与处分权；从市场经济角度来看，宅基地作为农民的一项资产，自然有权进入市场交易；从社会公平角度来看，宅基地与城市住宅应该具有等同的可流转性，其经济价值不应被剥夺或限制（王海婷，2018）。反对宅基地流转的学者则认为，宅基地制度是我国独特的福利性居住保障制度，其根植于社会主义制度之中。若放任其自由流转，则会引发诸多社会风险，从而导致政治社会动荡（贺雪峰，2016）。持宅基地可在有限范围内流转观点的学者同时考虑到了宅基地使用权的市场价值与保障功能，提议应从宅基地流转的范围和对象入手，设置诸多防范宅基地使用权流转失控的机制，严格把控使宅基地使用权在有限范围内流转。有学者将宅基地流转农户家庭划分成资产缺乏型及资产均衡型，通过模型计算得出宅基地流转对农户家庭会产生不同的影响，因此要实施差异化的宅基地流转管理办法（关江华，2014）。宅基地三权分置改革背景下，宅基地使用权可流转成为主流观点。

围绕宅基地使用权流转范围和流转对象，国家出台了明确规定，同时学者们也进行了深入研究。针对宅基地使用权的流转范围，法律进行了明确规定。首先，出让人必须有两处以上住所；其次，必须在同村集体经济组织内转让，这也就意味着流转对象被限定为同村村民，外村村民或城镇居民无法通过流转来获得本村宅基地；最后，宅基地流转必须经过集体组织同意，再由人民政府批准，方能成功转让宅基地使用权。国内有学者创新性提出宅基地有限使用权，即在户籍认定方式以外，对一些为乡村做出巨大贡献的人进行特殊认定，使其拥有宅基地使用权。这不仅是对资格权范围的一种补充，也是放活宅基地使用权的一种途径。

探索宅基地使用权流转的具体实现方式主要有以下成果。三权分置改革下宅基地使用权流转方式包括："转让""互换""出租""赠予""抵押""入股"六种主要方式（丁关良，2020）。有学者对15个宅基地试点改革地区进行了总结提炼，发现试点实践中常用的盘活闲置宅基地和农房的方法主要有农户无偿或者有偿退出宅基地、在政府或者集体经济组织主导下开展宅基地换房和集中居住、农户出租宅基地和农房、允许适当扩大宅基地转让范围、宅基地使用权参股合作、允许将宅基地转为集体经营性建设用地后流转、允许农户将宅基地复垦后获取部分指标收益等多种途径（宋志红，2018）。出租宅基地作为宅基地使用权流转的一种方式，大量存在于农村地区，尤其是经济发达的城市近郊农村地区和旅游地区。大理市规定：宅基地使用权不得单独出租，必须有地上建筑物并和地上建筑物一起出租；出租需取得集体经济组织（村民小组）书面同意。但与普通城市住宅出租相比，宅基地出租仍然存在许多限制条件，例如承租人原则上不得转租。有关宅基地三权分置后进行再出租的研究目前尚有欠缺。宅基地使用权参股的情形出现于四川泸县的宅基地试点改革中。泸县在改革试点中后期开始探索允许社会主体与农户在宅基地上共建共享。通常是由农户一方提供宅基地，社会资本一方提供资金并负责建设，建成后的房产权利由农户和社会资本按照协议的约定共享。这种方式下宅基地农户使用权并不会随着社会主体的加入而消失，反而可以使农户通过让渡部分使用权获取利益。

围绕宅基地使用权流转的现实困惑，学者们在法理和实现途径方面都进行了诸多创新。李丽在审视宅基地使用权流转纠纷典型案例基础上提出法制化宅基地三权分置改造路径（李丽，2020）。丁关良则从法理的角度阐释了宅基地使用权流转的现实困境，他指出宅基地使用权双重性认知存在误区，且宅基地使用权无法被分解成宅基地资格权与“宅基地使用权”，宅基地使用权上也无法增设另一用益物权。最后他提出宅基地房屋财产权与使用权的理论困惑，宅基地自身之三权分置势必会影响地上建筑物的权利概念（丁关良，2020）。

（二）宅基地三权分置关键词共现与聚类分析

1. 关键词共现

关键词是对文章内容的高度概括，能够以简洁的方式表达研究主题，通过聚合分析关键词，可以清楚地了解近年来宅基地三权分置研究领域的热点及趋势（陈悦，2015）。以宅基地三权分置为研究主题，将搜索到的124篇文章信息数据导入CiteSpace，时间分隔为一年，进行关键词可视化分析，得到图2-2所示的关键词共现图谱。节点越大，关键词出现频次越高。

图谱中节点最大的为三权分置，其次为“宅基地”“宅基地‘三权分置’”“农村宅基地”“宅基地资格权”“宅基地使用权”“宅基地制度改革”等。这表明宅基地三权分置研究中资格权与使用权占重要地位，而宅基地农村集体所有权则讨论得较少，这是因为宅基地所有权归属于农村集体经济组织是一个基本共识。“乡村振兴”“乡村振兴战略”与“农村土地制度改革”的节点较大，说明在乡村振兴战略中，宅基地三权分置所带来的土地制度改革是不可忽视的一环。

除此之外，节点较大的“法理研究”“土地法学”“实现路径”也是宅基地三权分置研究领域值得关注的内容。宅基地三权分置虽然在改革试点地区成果颇丰，但修订的土地管理法却并未将宅基地三权分置正式写入其中，这说明宅基地三权分置改革领域的法理阐述及司法困境亟待解决。高金登在分析四则沪上农村宅基地房屋流转案例后，提出确立宅基地三权分置、借鉴我国台湾地区的法定租赁制度及设定房地适度分离的制度，以保障农民居住权和维护农村宅

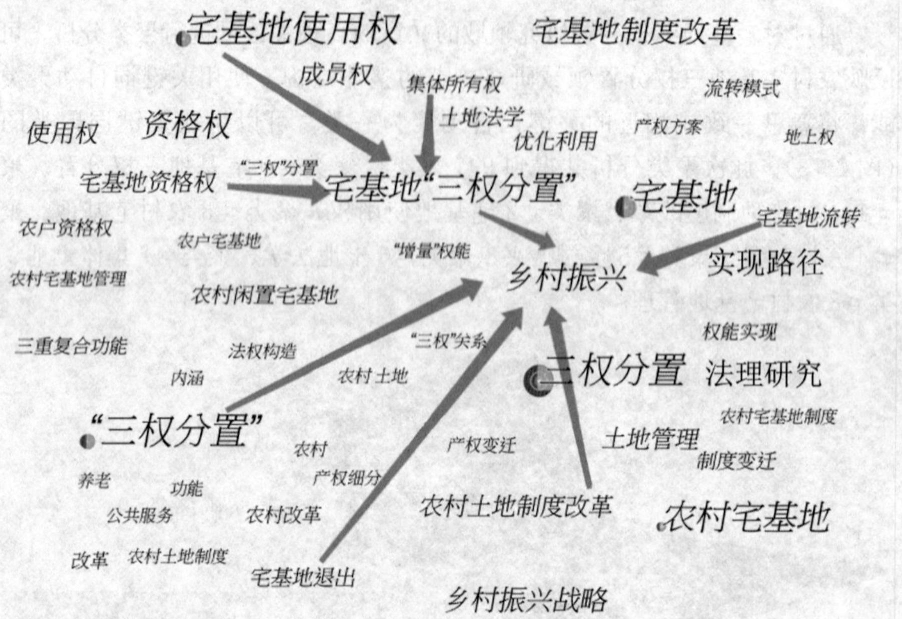

图 2-2　宅基地三权分置关键词共现图谱

基地交易市场的稳定（高金登，2019）。

节点较小的关键词可以反映出这个领域新出现的研究热点，极可能成为宅基地三权分置研究下个阶段的前沿领域，如“养老”“流转模式”“公共服务”“地上权”等热点词汇（席志国，2018）。平罗县作为农村“三块地”试点改革地区，摸索出了“以地养老”的平罗经验。老年农民需要满足已取得宅基地相关权证、在城镇有稳定生活保障、已购买职工或失地农民养老保险等条件，在自愿的基础上申请退地，通过村集体审核、宅基地及房屋估价、签订协议、获得赔偿、变更权证登记等一系列严格措施，保证了老年农民退地的合理合规性，并创新性地探索“以地养老”。平罗县将闲置小学改造成养老院，农民可以用土地赔偿换取养老服务，解决了当地宅基地闲置与养老两大问题，但这种方式也会让当地承担巨大的财政资金压力。针对这一问题，陈广华提出农村宅基地反向抵押用以解决农民养老问题（陈广华，2020）。然而宅基地使用权当前面临着抵押受限的法律障碍，而且宅基地价值评估体系不够健全，农村宅基地反向抵押养老难以实现。刘西敏则通过梳理宅基地三权分置改革试点地区的经验，提出盘活闲置宅基地的两种模式，一是闲置宅基地有偿且自愿退出模式，二是闲置宅基地改造后再利用模式（刘西敏，2020）。

2. 关键词聚类分析

通过对宅基地三权分置研究领域的文章的高频关键词进行聚类分析，可以反映农村宅基地三权分置领域研究热点的整体结构。使用关键词自动聚类功能，将意思一致或相近的关键词自动聚为一类，可以生成关键词聚类图谱（图 2-3）。此次聚类分析共得到 9 个聚类：聚类＃0 宅基地三权分置、聚类＃1 农村土地制度改革、聚类＃2 宅基地使用权、聚类＃3 农村宅基地、聚类＃4 三权分置、聚类＃5 乡村振兴、聚类＃6 土地法学、聚类＃7 集体土地、聚类＃8 农村宅基地管理。

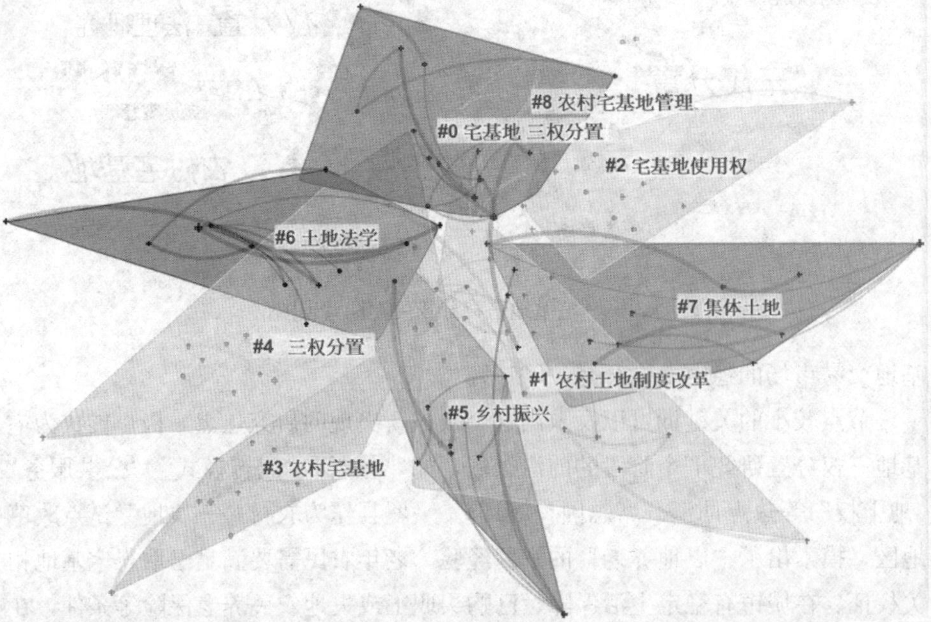

图 2-3　宅基地三权分置关键词聚类图谱

“宅基地三权分置”与三权分置作为文章检索的关键词，以聚类的形式囊括了“宅基地上房屋转让”“宅基地批租权”与“三权关系”等研究热点。自宅基地三权分置改革方案提出以来，宅基地上房屋转让成为学者们讨论的热点问题，原因有三点：**一是**宅基地上房屋违法交易屡禁不止。**二是**《物权法》与《土地管理法》对农民处置宅基地的规定相悖。《物权法》明确农民对宅基地只有占有和使用的权能，而《土地管理法》中却规定农民将原有的宅基地及其地上的建筑物已进行出卖、出租、赠予或者改变用途的，不予批准申请宅基地。**三是**地上房屋作为宅基地价值的一部分，若使其分离开来，则会陷入“有房无地”或“有地无房”的割裂局面。要深入研究宅基地三权分置的内涵及实现途径，就必须要先厘清“宅基地上房屋”的权能范围。因此，国内有学者提出“宅基地批租权”，使宅基地上房屋流入方能够在一定期限内占有和使用宅基地上房屋，在保护农民宅基地使用权的同时，引入社会主体共享宅基地（刘国臻，2019）。

农村土地制度改革这一聚类下主要有关键词“制度风险”与“保障机制”。在现行制度下，农村土地集体所有是农村经济发展不可动摇的根本。引入市场来配置农村宅基地资源，在市场处于劣势地位的农户则会承担较大的“失宅”风险（刘守英，2018）。部分学者反对宅基地三权分置改革全国化实施，其原因就在于，部分农民为了短期利益转让或退出宅基地，在老年将会面临“失宅”与“养老”的双重风险（胡佳，2020）。农村宅基地作为农民生存的重要保障之一，宅基地三权分置改革中要充分考虑制度风险与保障机制。这也是学者们热切关注和研究的内容。

宅基地使用权这一聚类下主要有关键词“集体所有权”“增量权能”。国内学者就宅基地三权分置中的“所有权”做了系统阐述，指出宅基地所有权归集体经济组织所有，要落实宅基地三权分置就要明确集体所有权。尽管有学者主张土地私有化或全盘国有化，但现行良好的土地保障机制证实了集体所有制的优越性和可行性。“增量权能”则属于土地发展权力的部分内容，存量宅基地与增量宅基地权能详细构造仍有待进一步研究。

集体土地与农村宅基地聚类下有关键词“关系重构”“主体性关系”“历史演进”。厘清宅基地相关性主体关系是协调科学推进宅基地三权分置改革的出发点（田逸飘，2020）。城乡一体化进程的加快，为农民提供了更多生产生活的决策选择，导致农村家庭结构不断被打破和重组，因此，宅基地对于农民固有的保障作用相对弱化，经济功能突显。在宅基地制度历史演变进程中，农村主体性关系的变化重组成为学者们广泛关注的焦点。

乡村振兴这一聚类下主要有关键词“农村改革”与“农民增收”。实施乡村振兴战略，是党的十九大报告中解决“三农”问题的行动纲领。宅基地三权分置改革适应了乡村振兴战略实际需求，是刺激农业蓬勃发展，推进农村改革治理和促使农民稳定增收的有力举措。李婷婷从调查结果看，国定贫困村和省定贫困村的宅基地闲置率分别为12.1%和13.8%，而省定以下贫困村和非贫困村宅基地闲置率分别为10.1%和10.4%。深度贫困村及其周边地区普遍缺乏产业支撑，外出务工成为农民首选的生计方式，从而导致村庄宅基地闲置与废弃。而省定以下贫困村和非贫困村，往往因村庄区位条件较好，农民更容易在就近城镇务工，宅基地闲置率低。总之，越贫困的地区宅基地闲置率越高，人们迫于生计外出务工造成宅基地的闲置。宅基地作为农民的重要财产，其产权和用途却受到严格限制。放活宅基地使用权，逐步引入市场机制配置宅基地使用权，是促进贫困地区农民增收的有利方法，是实现乡村振兴，推动城乡经济融合发展的必经之路（刘锐，2018；林宣佐，2020）。

土地法学聚类下主要有关键词“制度变迁”“产权变迁”“法权构造”。对于现有的宅基地三权分置改革试点地区的经验成果，法学界众多学者进行了分析和提炼，总结出许多法权及产权构造方案。例如安徽省旌德县实行“一证登三权、一证发三人”的模式，拥有资格权的农户自发将使用权出让给社会主体，社会主体享有宅基地及其地上建筑的使用权。四川省崇州县的宅基地三权分置改革中，持有资格权证的集体成员可以对外租赁宅基地及地上房屋，社会主体对租赁而来的宅基地及地上房屋拥有租赁使用权，且租赁租金由集体成员与集体组织按比例分享。

农村宅基地管理聚类下主要有关键词“治理机制”与“流转模式”。当前宅基地三权分置制度改革下，农村宅基地管理机制混乱。首先，农民私权凌驾于公权之上，以致私自占用宅基地建房事件频发，一户多宅现象严重制约了农村宅基地资源有效利用。其次，当前管理宅基地的公权主要集中于政府机关手中，村集体组织监管缺位。因此有学者提出，不仅要提高政府监管宅基地的行政效率，更要还权于村集体，加强村集体对宅基地的自主管理（冉成洋，2020）。

从发文量来看，宅基地三权分置研究从 2017 年开始经历大幅度增长，2017—2018 年由 2 篇发文量增加至 24 篇发文量。2019—2020 年则保持在 40 篇的高发文量。宅基地三权分置自从 2018 年中央 1 号文件中提出后，社会关注度和学者研究热度持续上升，并有望在下个阶段依旧保持较高的研究热度。

从研究主体来看，宅基地三权分置领域的研究者很多，但研究者之间的合作较少，且单个研究者的发文量不大。研究机构主要集中在高校与研究所，且机构之间的合作存在地域集中性，机构之间合作产出少，合作关系不紧密。

从研究热点来看，宅基地使用权、宅基地资格权、宅基地流转、土地制度改革、土地法学等是该领域研究的热点。此外宅基地三权分置实现路径探索、“增量”权能的研究也是不容忽视的焦点。作为乡村振兴战略背景下农村土地制度改革的重要一环，宅基地三权分置的内在要求和现实意义、三权分置中各权利主体的利益分配关系均是目前研究的热点问题。

从研究趋势来看，宅基地三权分置的实现路径以及政策试点即将成为学界新一轮研究热潮。自 2018 年宅基地三权分置改革提出后，各地积极探索三权分置具体实现路径，并陆续开展试点项目，但由于局部试点项目的局限性导致其对政策制定不具有普遍的指导意义，如何在现阶段探索出一条产权激励下的宅基地三权分置有效实现路径，将成为学者重点关注和研究的对象。

3. 评述与展望

2020 年是新一轮宅基地改革试点的开局之年，2020 年中央 1 号文件指出，要扎实推进宅基地使用权确权登记颁证，以探索宅基地所有权、资格权、使用权三权分置为重心，进一步深化农村宅基地制度改革试点。总体上看，宅基地三权分置改革试点取得了不少成果，但也急需取得突破性进展。

（1）从法学角度进一步探讨宅基地三权分置实现形式。政策不能代替法律，自 2018 年中央 1 号文件提出宅基地三权分置改革以来，有关宅基地三权分置如何在法律层面实现的研究层出不穷。关于宅基地资格权，有学者将其看作宅基地创设次级使用权后的使用权（宋志红，2018），但主流观点将其看作成员权，集体组织成员有资格要求分配宅基地，并在分配后进行确权登记（程秀建，2018）。2019 年新修订的《土地管理法》中规定，不能保证一户一宅的地区，政府可以采取一定措施保障农民户有所居，有学者将其解读为资格权的一种实现形式，即资格权不仅仅是在本集体内宅基地的分配请求权，更多体现在保障农民居住权益的资格上。宅基地使用权是一项用益物权，2007 年《物权法》明确规定：宅基地使用权人可以依法使用宅基地，对宅基地上房屋建筑享有占有和使用的权利。宅基地三权分置改革前，由于主体身份难以改变且流转受限，用益物权的功能无正常发挥，既不具备收益功能，也无法正常入市交易，这就违背了宅基地制度改革中“进一步扩大权能”的目标。在目前制度框架下，宅基地使用权的用益物权纯化符合改革逻辑，宜通过宅基地使用权“固定期限＋自动续期”模式，在盘活闲置宅基地的同时保障农民的居住权益（刘恒科，2020）。高圣平提出允许宅基地使用权抵押，就是出于扩大宅基地使用权能的考量，以保障农民更多享有宅基地收益处分权（高圣平，2019）。

（2）进一步探讨宅基地三权分置具体实践形式。宅基地所有权的实现在试点改革地区多表现为明确集体组织地位并确权颁证，有学者提出集体组织宅基地所有权主体地位应予以强化，此外应享有一定的处分权以保证所有权的实现（韩文龙，2018）。资格权的实现取决于其集体组织成员身份的认定。关于资格权的认定，学界的普遍看法是以户籍制度为标准，但考虑到户籍在农村的外出务工人员，资格权使其获得了宅基地，但却增加了宅基地闲置的概率。乡村振兴背景下，城乡融合发展不能仅靠攫取农村资源发展城市，还需要城市资本、劳动力回流农村，如本村乡贤和乡村振兴人才回流涉及的宅基地申请与使用问题需要深入探讨。因此，多维度因地制宜设置资格权认定方式值得在实践中探索。在当前研究成果下，宅基地使用权主要是通过宅基地流转、改变使用主体、构建三方利益共享模式等实现。但一方面法律严格限制宅基地流转、社会主体进入困难；另一方面农户自身角色构建不到位，消极参与宅基地流转与盲目流转宅基地同时存在。简而言之，要放活宅基地使用权既需要开拓新思路又需要主体意识觉醒。

(3) 宅基地三权分置成功与否关键就在于能否守住改革红线和底线，事关农民权益和农村社会公平，事关农村改革动力和农村社会稳定发展。将市场机制引入宅基地配置当中，将带来诸如养老、就业、医疗等社会保障风险和农户宅基地流转收益风险，如何在推进宅基地三权分置中合理规避风险亟待进一步研究。

进一步研究宅基地三权分置导致的农村涉老风险。宅基地作为农村居民重要的生存保障，在放活其使用权后可能成为农村居民的收入来源，宅基地经济与居住保障功能突显。而老年农村居民既需要居住房屋，又需要稳定的养老收入，面临着“老无所养”与“居无定所”的双重困境。实践中存在老年农民以宅基地使用权为交换条件，换取养老服务，这就要求大力引入社会资本开发相关养老康养产业，社会资本具有趋利性和产权追求，如何在引入社会资本解决农村养老问题的同时，保障老年农民的合理居住权，警惕宅基地违规流转现象，值得学者们深入研究。

进一步研究农村宅基地三权分置导致的宅基地流转收益分配风险。宅基地使用权流转中主体收益分配地位不均，居优势地位的社会主体通过高价收地、囤地，私自改变宅基地用途，以达到不正当获利；农户由于信息滞后，盲目舍弃长期居住保障而获取短期利益，结果面临住房保障的困境；村集体监管无力，容易导致宅基地流转后低效利用等混乱局面。

(4) 目前宅基地三权分置制度创新下，宅基地流转主要涉及使用权的流转，而未涉及资格权的流转。宅基地使用权流转仍然面临着许多困境和难题，例如宅基地流转的法律法规不健全，为了避免农民面临失房失地风险，国家将流转范围严格限定在集体经济组织内部，限制宅基地流转范围降低了宅基地经济潜力。当前宅基地三权分置改革试点地区，宅基地使用权跨区流转成为创新范例，超越本集体经济组织范围，可以在同乡镇之间或者同县、市之间进行流转。此外，实践中存在的宅基地使用权不合理流转也对宅基地三权分置改革提出巨大挑战。“整村流转”作为解决空心化严重的农村宅基地流转的重要办法，在部分地区实践中发展成强制农民“合村并居”“农民上楼”，罔顾农民自愿流转宅基地意愿进行宅基地流转。实践中诸如此类的流转问题也要求学者们对于宅基地流转收益及分配做出理论探索与突破，“既要依法，又要放活”。

（5）盘活闲置宅基地作为当前宅基地制度改革的重要任务，也是宅基地三权分置政策的重要目标。宅基地三权分置可以理解为盘活闲置宅基地的模式之一，同宅基地退出一样，都可以达到盘活和利用闲置宅基地的目的，只是三权分置下宅基地权能效用由农户、村集体和社会主体共同分享。

当前很多宅基地制度改革试点地区对宅基地有偿使用和有偿退出机制进行了积极的探索，例如大理对因历史原因形成超标准占用宅基地和一户多宅的，以及非本集体经济组织成员通过继承房屋等占有的宅基地，由农村集体经济组织主导进行有偿使用。江西余江则鼓励进城落户的农村村民依法、自愿、有偿退出宅基地，允许进城落户农民在本集体经济组织内部自愿、有偿退出或转让宅基地。宅基地退出的优点在于可以提高宅基地利用效率，增加城市建设用地指标，同时回收后的宅基地可以由村集体统一规划利用。但其适用范围存在局限性。宅基地盲目退出后农民极易丧失居住保障，从而影响农民生活和社会稳定。宅基地退出或使用权流转后，农户丧失宅基地相关权利。宅基地使用权流转后，农户暂时失去宅基地使用权，而仍然拥有宅基地资格权。宅基地退出可以看作是宅基地资格权和使用权的双重退出。但宅基资格权退出后再申请宅基地的权益目前学界暂无深入讨论。

（6）宅基地发展权是土地发展权的一种类型，依附于所有权而存在，对于宅基地发展权的界定，目前尚存在争议，张占录认为发展权是宅基地由于用途转变而实现的权利（张占录，2019）；姚树荣认为宅基地复垦后形成的农村建设用地指标转移也应属于宅基地发展权的范畴（姚树荣，2017）。宅基地发展权在“三权”体系中的地位需要明确，宅基地发展权是“使用权”的发展权还是“资格权”的发展权等问题需要进一步厘清。宅基地使用权流转所带来的收益与分配问题不容忽视，也亟待学者进行探索，如宅基地资格权退出后能否作为本村集体经济组织成员参与宅基地发展权分配，也亟待学者研究。利用发展权制度解决宅基地使用权流转问题，就要从法律层面明确宅基地发展权的属性、地位，赋予农民宅基地发展权（韩立达，2018）。

总体来看，2015 年浙江义乌创新性提出宅基地三权分置，为宅基地制度改革提供了新思路。2018 年中央 1 号文件正式提出了宅基地三权分置改革，理论界和实践界围绕宅基地三权分置制度改革实践路径进行了具体探索，并取得了丰富的成果。2020 年以三权分置为主要内容的，国家新一轮宅基地改革试点工作正式启动，必然要求各地要立足实际，大胆创新，因地制宜开展宅基地三权分置试点工作；同时要着眼立法与司法需求，深入推进宅基地三权分置改革的理论性研究，积极探索宅基地所有权、资格权、使用权的实现形式，明确落实宅基地集体所有权的法律地位，积极探索放活宅基地使用权途径，加强宅基地资格权界定与立法研究，以达到宅基地高效利用与资源整合的政策目的。

二、三权分置改革中宅基地使用权流转行为研究

2022年，党的二十大报告明确提出，通过实施乡村振兴战略，推动城乡融合发展，促进各种生产要素和资源自由流动；通过改革农村土地制度，实现基本公共服务均等化，缩小收入差距，以促进共同富裕。将实现全体人民共同富裕上升到中国式现代化的本质要求和中国特色的历史高度（杨聪林，2022）。为了更好发挥宅基地使用权的财产性质，增加农户财产性收入，2018年中共中央、国务院提出，完善农民闲置宅基地和闲置农房政策，探索宅基地三权分置。2021年中央1号文件再次提出“深入推进农村改革，完善农村产权制度和要素市场化流转机制，充分激发农村发展内生动力”，成为进一步落实宅基地集体所有权，保障宅基地农户资格权和农户房屋财产权，适度放活宅基地和农民房屋使用权，释放以要素市场化流转为导向的农村土地制度改革信号（刘恒科，2021）。宅基地三权分置为多渠道、多模式流转宅基地提供了政策支持。因此，宅基地使用权流转作为实施乡村振兴战略和推动共同富裕的重要抓手，已成为社会各界广泛关注的热点问题。

（一）宅基地使用权流转概念研究

当前所探讨的宅基地使用权流转是指将宅基地使用权转让给另一使用权人（刁其怀，2017；贺雪峰，2016）。从1949年新中国成立至今，宅基地使用权流转制度的历史变革大致可以划分为四个阶段，分别为所有权与使用权“两权合一”下的自由流转阶段，到“两权分离”下的变相流转阶段，到“两权分离”模型下的限制流转阶段，再到三权分置下的适度流转阶段（董新辉，2019）。

首先是“两权合一”下的自由流转时期（1949—1958年）。宅基地所有权和使用权均归农民所有，农民在流转上拥有绝对的自由，可以自由经营、买卖、出租、抵押土地和房屋。其次是“两权分离”下的变相流转时期（1958—

1978 年)。宅基地所有权归集体所有，农民仅享有宅基地使用权，此时宅基地不准单独出租买卖，但由于“地随房走”原则，宅基地使用权可随房屋变相流转，并且城镇居民到农村购买社员房屋的行为也未被禁止，宅基地使用权流转制度的雏形由此形成。再次是“两权分离”模型下的限制流转时期（1978—2000 年)。这一时期不仅基于房屋买卖的宅基地使用权流转不被允许，而且国家从政策到法律都严格限制宅基地使用权流转。但随着社会经济的发展，“两权分离”下的宅基地法律规制无法满足农村发展实际，一方面是一户多宅、闲置宅基地和闲置农房利用效率低下等现象突出；另一方面是现实需求催生大量宅基地使用权隐形流转市场的出现，在增加农村土地管理成本的同时由于没有建立规范的宅基地使用权流转市场和严格的市场监督机制，致使土地市场价格混乱，这既无法实现制度设计初衷，又无法发挥宅基地潜在的财产价值（王海婷，2018；蔡高强，2018)。最后，2018 年中央 1 号文件提出宅基地三权分置，完善农民闲置宅基地和闲置农房政策，探索宅基地“所有权、资格权、使用权”三权分置，将市场引入宅基地资源配置过程，使得探索放活宅基地使用权成为可能。

针对宅基地使用权是否可以流转，我国学者进行了激烈的探讨，主流观点分为禁止流转、自由流转和有限流转。持自由流转观点的学者认为：从法律上看，宅基地使用权是隶属于农民的一项用益物权，农民理应享有宅基地的收益权与处分权；从市场经济角度来看，宅基地作为农民的一项资产，进入市场交易能够为农民带来相应报酬；从社会公平角度来看，宅基地与城市住宅应该具有等同的可流转性，其经济价值不应被剥夺或限制（王海婷，2018)。持反对流转观点的学者则认为：宅基地制度是我国独特的福利性居住保障制度，其根植于社会主义制度之中，若放任其自由流转，则会引发诸多社会风险，从而导致政治社会动荡（贺雪峰，2016；蔡高强，2018)。持有限范围内流转观点的学者同时考虑到了宅基地使用权的市场价值与保障功能，提议应从宅基地使用权流转范围和对象入手，设置诸多防范宅基地使用权流转失控的机制，把宅基地使用权流转控制在有限范围内。另有学者将流转宅基地使用权的农户家庭划分成资产缺乏型及资产均衡型，通过模型计算得出宅基地使用权流转对农户家庭会产生不同的影响，因此提出要实施差异化的宅基地流转管理办法（关江华，2014；夏柱智，2020；汤青，2015；李凤章，2020；刘国臻，2019；冉成洋，2020；乔陆印，2019)。

在宅基地三权分置改革背景下，宅基地使用权有限流转成为主流观点。放活宅基地使用权，降低农村宅基地闲置程度，盘活闲置宅基地使其成为收益来源是实施乡村振兴战略、实现共同富裕的必经之路（严金明，2019；徐忠国，2018）。但不加限制地开放宅基地使用权流转市场将会威胁我国基本制度，造成农村社会的制度混乱，不利于社会和谐稳定。首先，从流转的规范性角度出发，政府应该进行统一规划指导，建立相关流转平台（叶红玲，2018）；其次，应该协调“特殊权利安排、取得方式与社会目标”之间的关系（刘圣欢，2018）；最后，从流转地区来看，应当允许发达地区经济发展状况较好的农村率先进行宅基地使用权流转实践，总结经验再逐步推广到其他地区（李雯怡，2018），以此防范宅基地使用权流转陷入混乱无序局面。

（二）宅基地使用权流转要素研究

宅基地使用权流转要素研究主要聚焦在使用权流转期限、流转范围、流转对象与流转途径上。

关于宅基地使用权流转期限，我国宅基地使用的无期限性导致宅基地分配中存在“不占白不占”的现象，同时也导致宅基地使用权流转期限难以界定。而宅基地使用权作为一种用益物权，其流转的无期性不仅不符合市场经济的规律，而且使得土地资源浪费严重（申建平，2011）。而宅基地使用权流转有期化既可以优化资源配置，又能够完善宅基地使用权用益物权属性。因此，鉴于宅基地的初衷是保障农民居住安全，学界普遍支持以“有期”代替“无期”，按照流转对象进行区别对待，对农村集体经济组织以外的新使用权人规定使用年限。但对于流转期限尚存争议（王小莹，2013；朱岩，2006），目前各试点地区的普遍做法是限定社会主体取得宅基地使用权的期限，如 20 年、50 年和 70 年。也有学者建议对宅基地使用权流转期限先设立一个区间范围，之后再根据实践进展，调整上下限以适应社会需求（王明成，2010）。

关于宅基地使用权流转范围，不同学说看法不同。持“自由流转说”的学者认为要放开宅基地使用权流转限制，实现土地在城乡间的双向自由流动（韩松，2012；陈小君，2010；刘庆，2006）；持“有限流转说”的学者则认为在放开流转的同时应设置限制条件，逐步拓宽流转范围（刘守英，2015）。与宅基地使用权自由流转可能引发的社会风险相比，有限流转则更符合我国国情，更适合当下乡村振兴的需求。而且，大多数学者也支持逐步放开试点范围，先在村组织集体内部流转，之后扩展到乡镇或县（区），最后逐步扩大到市、省以及全国范围（夏柱智，2020；方明，2014）。

针对宅基地使用权流转对象，学者们进行了深入研究。法律明确规定：首先，出让人必须有两处以上住所；其次，必须在同村集体经济组织内转让，这也就意味着流转对象被限定为同村村民，外村村民或城镇居民无法通过流转来获得本村宅基地；最后，宅基地流转必须经过集体组织同意，再由人民政府批准，方能成功转让宅基地使用权。在当前大部分试点地区，宅基地使用权流转发生在本集体内部成员之间（刘圣欢，2018）。在某些试点地区，政府允许宅基地跨村集体流转，前提是受让宅基地的农户必须放弃其在原集体内的宅基地。

关于宅基地使用权流转途径，目前理论界主要存在出租、抵押、联建、置换、入股、信托制度等形式。其中“出租”是目前农村宅基地流转最为普遍的方式，通常以“地随房走”的形式发生（Yurui Li，2014）；“抵押”是通过将宅基地使用权作为抵押物抵押给银行或其他金融机构以换取贷款的方式；“联建”是目前宅基地使用权流转形式的创新；“置换”是用农村的宅基地使用权、土地承包经营权、农村集体成员权换取城市的居住权、就业权和社会保障权等权利（王习明，2011）；“入股”通过盘活宅基地使用权活力，在更大程度上发挥了宅基地的经济效益，提高了土地利用水平（史卫民，2021）；“信托”流转是以信用为基础，由农户将宅基地委托给信托公司，再由信托公司按农户的意愿，以自己的名义，为农户的利益或特定目的进行管理和处分（吴迪，2021）。

目前对于宅基地流转的研究多聚焦于试点案例总结和模式构建上（李怀，2020；贺鲲鹏，2020；高海，2019；倪静，2010）。例如，研究发现宅基地使用权出租的情形多出现在旅游业发达地区。但与普通城市住宅出租相比，宅基地出租仍然存在许多限制条件，例如承租人原则上不得转租等。有关宅基地三权分置后进行再出租的研究目前也尚有欠缺。

三、三权分置改革中农户宅基地使用权流转决策行为研究

为解决农村土地流转困境，激发农村发展活力，中共中央提出宅基地三权分置，通过设置农户宅基地资格权，适度放活宅基地使用权，回应农村人口分化要求流转宅基地使用权增加农民财产性收入的现实需求。但农户作为宅基地使用权的核心利益主体，与城市居民相比，处于相对弱势的地位。因此，在农

村人口众多、情况复杂的局面下探究宅基地使用权流转，应以尊重农民意愿为必要前提。农户对宅基地流转所持态度、影响因素等直接关系宅基地使用权流转行为是否发生。因此，在乡村振兴战略背景下农户宅基地使用权流转决策研究是当前宅基地三权分置实现路径中必须讨论的问题。

（一）农户宅基地使用权流转决策研究方法研究

自从2018年中央1号文件提出宅基地三权分置，适度放活宅基地使用权以来，学界运用多元方法，从多维视角围绕宅基地使用权流转意愿展开了广泛而深入的探索。其中有学者从人力资本理论视角出发，采用问卷调查和访谈的方式，并运用Logit模型分析方法，从人力资本、经济资本和土地资产三方面构建模型，研究农民宅基地流转意愿（沈昊婧，2018）；有学者从农户视角出发，基于社会认知理论与计划行为理论构建分析框架，以农户调查问卷为研究样本，运用二元Logistic回归模型开展实证分析，探究宅基地三权分置背景下影响农户宅基地流转意愿的主控因素（傅倩倩，2021）；另有学者创新性地将“身份认同”这一经济学理论引入农村宅基地流转领域，采用二元Logit模型进行基准回归，并用补对数—对数模型和PSM模型进行稳健性检验，分析了城市人“身份认同”对农户宅基地使用权流转意愿和行为的影响（钱龙，2019）；也有学者在分析宅基地使用权确权所带来的制度效应的基础上，利用倍差法和有序Probit模型分析了不同地理区位的农村宅基地使用权确权对农户宅基地流转行为的影响（吴郁玲，2018）。此外，有学者基于信息瀑布理论从私人信息和公共信息视角，使用农户的纵向调查数据，构建Logit回归模型解析农村宅基地使用权流转中农户羊群行为的产生机理，并揭示了其对农户宅基地使用权流转的影响（杨卫忠，2019；杨卫忠，2017）。

鉴于农户是宅基地使用权流转最为关键的微观主体，学术界多是通过实地调研，运用计量分析的方法，从农户视角出发对宅基地使用权流转意愿进行分析和讨论。总体来看，学术界对农户宅基地使用权流转意愿的研究在不断变化并逐步深入，并积累了一定数量的理论成果。

（二）农户宅基地使用权流转决策影响因素研究

为了更好地促进宅基地使用权有序流转，增加农户财产性收入，解决农村发展困境，学术界从主客观角度积极探讨了宅基地三权分置改革中影响农户宅基地使用权流转意愿的因素。考虑到农户作为宅基地改革的关键利益主体，其人力资本是影响农民宅基地流转的重要因素，其中见识水平比受教育水平的影响更显著；经济资本和土地资产对农民宅基地流转的影响相对不显著（沈昊婧，2018）。而农户的个体特征、家庭特征、宅基地利用状况、政策认知情况均对农户宅基地流转意愿存在不同程度及方向上的影响。其中，职业、受教育水平、非农收入占比、是否在城镇买房、宅基地数量、是否拥有宅基地使用权证书、宅基地所有权归属以及是否了解宅基地三权分置政策对农户宅基地流转意愿具有显著正向影响，而性别和家庭人口数对农户宅基地流转意愿具有显著负向影响（傅倩倩，2021）。宅基地使用权确权对处于不同地理区位的农村居民宅基地使用权流转意愿存在影响（吴郁玲，2018）。另外，有实证研究发现，农户宅基地使用权流转受家庭职业分化以及经济分化程度等因素影响（王子坤，2018），通过研究农户群体心理，发现在农村城镇化背景下农户宅基地流转会受到羊群行为的影响，即当农户群体普遍看好宅基地使用权流转前景时，即使不适合流转的农户也极易忽视私人信息而选择流转，而当农户群体普遍不看好宅基地使用权流转前景时，即使适合流转的农户也极易忽视私人信息而选择不流转。因此，当农户面对宅基地使用权流转行为决策时，出于自身知识经验有限，信息渠道狭窄等原因，农户会更倾向于忽略私人信息而与公共信息保持一致，并表现出羊群行为（杨卫忠，2019；杨卫忠，2017；杨玉珍，2015）。与“两权分离”相比，宅基地三权分置改革政策使得农户能在宅基地使用权流转后仍保留宅基地资格权，并享受流转带来的持续经济收入，借此改善生活条件。土地制度改革的根本目的是为了满足人民对美好生活的向往，缩小城乡收入差距，实现全体人民共同富裕。因此，在促进宅基地使用权有序流转，盘活农村闲置土地资源，解决农村产业发展用地需求的过程中需充分尊重农户对宅基地流转的真实意愿，关注影响农户宅基地使用权流转的因素，合理引导农户进行宅基地流转，确保宅基地流转后农户生活有改善，各项权益不受损。

四、三权分置改革中宅基地使用权流转与农户财产性收入增长的研究

随着农业经营收入和外出务工收入增长潜力趋于耗尽，宅基地作为农户重要的生产生活资源，在帮助农民增收上有着巨大的发展潜力。但在传统的宅基地“两权分离”的制度安排下，农村宅基地因流转受限，变现能力较差，呈现闲置等低效利用局面。为了激活乡村发展活力，解决农户增收困难，2018 年

中央1号文件正式提出宅基地三权分置，适度放活宅基地使用权，回应社会要求流转宅基地的需求。同时中共中央、国务院于2019年在《关于坚持农业农村优先发展做好“三农”工作的若干意见》中也提出：“要稳慎推进农村宅基地制度改革，探寻盘活闲置农村住宅的办法，显化农村宅基地价值与提升其利用效率的路径，通过确权赋能，促推农村宅基地流转、退出与有偿使用。”放开宅基地使用权流转可以有效盘活农村房地资源，发挥宅基地的经营性功能，拓宽农户收入增加渠道，实现城乡协调发展。

（一）宅基地使用权流转与农户财产性收入增长的研究方法综述

自2015年国内开展农村宅基地制度改革试点以来，学术界主要从经验分析和实证检验两个维度出发，对宅基地使用权流转与农户收入增长之间的关系进行研究。

在经验分析方面，有学者指出宅基地三权分置改革可以拓展宅基地用途，并且通过多种形式流转宅基地使用权，能够实现宅基地要素优化配置。一方面，使用权自身经济价值会不断升值；另一方面，通过流转宅基地使用权能够吸引优质生产要素向农村集聚，促进农村三产融合及农村金融发展，并进一步通过宅基地使用权价值增值、要素集聚、产业融合、金融化等多元化流转机制带动农民收入增长（张广辉，2021；李玲玲，2022）。有学者充分肯定了农村宅基地制度改革的正当性和合法性，预估我国闲置农村宅基地合理利用后可以增加135万亿元以上的GDP并提高农村土地资源利用效率，促进农户财产权的平等保护，带动农民增收（党国英，2016）。也有学者通过对四川省泸县宅基地制度改革进行案例研究，发现宅基地制度改革有助于适度放活宅基地使用权，有利于显化和实现宅基地价值，增加农民财产净收入，实现城乡融合发展，撬动村庄转型（刘守英，2018）。但是，也有部分学者对宅基地制度改革促进农民增收的观点提出了质疑，认为在农民城市化问题尚未得到根本解决的背景下，农村宅基地试点改革的目标注定难以实现，在农村宅基地三权分置改革中，放开使用权、允许城市资本投资农民宅基地可能会掏空农户宅基地资格权，更难谈得上促进农民增收（贺雪峰，2018）。

在实证分析方面，有学者为了检验农村宅基地使用权抵押贷款对农户收入的影响，以试点县调研数据为依据，结合双重差分法和倾向得分匹配法（PSM-DID），实证检验了农村宅基地使用权抵押贷款行为对农户收入的平均效应及动态效应。结果表明农村宅基地使用权抵押贷款能够显著提升农业生产要素投入，从而提高农业产出，进而对农户收入具有显著且持续的推动作用，而且贷款周期越久，推动作用越大（朱晓杰，2019）。另外，有学者为了科学估计宅基地制度改革对农户增收的实际效果，了解宅基地使用权流转对农户收入的影响，以农村宅基地制度改革试点县（市、区）的农户面板数据为基础，同时采用倾向评分匹配法和双重差分法，分别以农民年人均收入和农民年人均财产性收入作为被解释变量，分析在固定年份效应和固定农户效应前提下的宅基地制度改革对促进农民增收的影响程度（张公望，2020）。

（二）宅基地使用权流转模式对农户财产性收入增长的影响综述

一般认为，宅基地使用权流转是指宅基地使用权进入“流通领域”，实现宅基地及地上房屋价值的过程。关于宅基地使用权流转模式，目前理论界主要存在出租、联建、抵押、入股等形式。同时随着宅基地改革实践的不断发展，各宅基地试点市县对宅基地流转范围、流转形式也在不同程度上进行了创新和突破。而不同的宅基地使用权流转方式对农户收入增长的影响程度不同。

随着乡村振兴战略的提出，乡村旅游、休闲农业、文化体验等立足农村特色资源的新产业、新业态相继出现，这催生了农村建设用地和农民住房的需求。首先，为了抓住发展契机，各地相继出现了农户自行出租或集体主导租赁等出租模式，根据“地随房走”原则，农村居民将闲置宅基地及地上房屋出租给第三方，或先由村集体整理打包再统一出租给外来企业。此时，农户凭借宅基地使用权和房屋所有权获取租金。作为最普遍的增加农民财产性收入的途径，农房出租的优势是灵活性高、成本低，并且由于出租的仅是一定年限的使用权，农民不会因此失去住宅。其次，联建模式最初是成都政府针对汶川地震重灾区出台的一项房屋重建政策，通过第三方的资金投入结合受灾民众的宅基地完成农房修建。作为宅基地使用权流转模式的创新，该模式拓宽了宅基地使用权主体范围，提供了良好的投资机遇及发展空间，促进了农村产权交易，拓宽了农户收入增长空间（章合运，2010）。再次，抵押模式是农户将宅基地使用权作为抵押物抵押给银行或其他金融机构换取贷款，从而获得自我发展资金。该模式虽然不能直接使农户获得宅基地财产性收入，但能为农户提供新的融资渠道，有效缓解农民的信贷约束，有利于解决农户发展中的资金瓶颈等问题，进而对农户经营性收入增加产生显著且持续的推动作用（朱晓杰，2019；朱凌珂，2014）。最后，入股模式具体是由村集体统筹将试点核心区和居民新区的宅基地、地上房屋使用权作价入股，在一定期限内与运营公司合作发展民宿、酒店、康养、乡村休闲旅游等多种产业，通过成立新股份制公司等形式，使得农村居民凭借宅基地使用权和农房所有权，取得股份获得分红或相应的经济补偿等财产性收入，其拓宽了农户生计来源，有效改善了农户的生计资本结构（杨璐璐，2022）。

总之，不管是经验分析还是实证检验都表明宅基地使用权流转能够推动农村一二三产业融合发展，有利于优化配置农村闲置宅基地和劳动力要素，提升农村闲置宅基地要素价值，为农村劳动力提供更多就业机会，同时带动农产品产业链延伸，增加农产品附加值，提高农民工资性、财产性、经营性收入，带动农民增收致富。因此实践中应逐步扩大宅基地使用权流转范围、拓展流转受让主体，建立完善的宅基地使用权流转市场和价格形成机制，以宅基地使用权多样化流转改善农户生计资本结构以实现乡村振兴、人民富裕。

五、三权分置改革中宅基地使用权流转与农户生计研究

实现共同富裕是中国共产党百年征程中的重大目标，而实现共同富裕最艰难、最关键的一步是解决好农村人口的生计问题，实现农村的共同富裕。因为优质的生计资本不仅是农户抵御环境脆弱性、增强自身发展稳定性的保障，更是农业社会经济发展的重要基础。

近年来，党和国家始终关心农村、农业、农民的改革发展进程，始终强调将农民生计放在农村改革发展的首位。但目前我国农户生计资本普遍存在结构失衡、总量不足、提升路径缺失的现实困境，导致农户生计艰难。根据可持续生计框架理论，宅基地既是农户生计资本的重要组成部分，也是农户抵御生计风险的重要屏障（倪静，2010；赵雪雁，2013），更是实现家庭可持续发展的重要的生计要素。因此，从农户生计角度看，宅基地资源作为农民重要的生计资本，其使用方式会对农户家庭产生巨大生计影响。通过放活宅基地使用权，允许其经营性流转有助于增加农户收入，从而提高农户的生计资本异质化程度，优化农户生计资本比例，促使农户优化生计策略，最终增强农户抵御风险能力。但不容忽视的是，宅基地使用权经营性流转对农户生计资本带来的影响具有双重性。可能会加剧农户的生计风险，破坏农户生产、生活的稳定性。总之，宅基地使用权经营性流转对农户生计资本存在多条作用路径。

（一）宅基地使用权流转对农户生计资本影响分析

有学者从土地流转效益角度指出，宅基地流转会影响农户生产生活资料，进而导致农村社会发生巨大变化（杨钢桥，2018），农户将面临诸多转变，例如农户的再就业与创业问题，但相关文献并未阐明土地流转对农户生计资本影响的具体机理与路径。从生计资本分化反作用于宅基地流转的角度，有学者认为农户生计资本差异会显著影响宅基地使用权流转意愿（李广东，2012），并指出在以农业生产为主的地区，区位条件越差、自然资本越好的农户越不愿意流转宅基地使用权（蔡高强，2018）。这为制定具体的宅基地使用权经营性流转实施路径提供了参考依据，但并未详细解释宅基地流转前后农户生计资本的变化（何仁伟，2017），对于助推宅基地制度改革和乡村振兴战略缺乏一定的说服力。

宅基地使用权经营性流转对农户生计资本带来的影响是不容忽视的。从农户的角度来看，宅基地使用权经营性流转可以带来更高的收入水平、更好的就业条件以及更便利的市场与交通。但宅基地制度改革是一把双刃剑，流转出宅基地的农户也面临着未知风险，有可能增加生计脆弱性（刘锐，2018；崔宝玉，2016；邝佛缘，2021；郝文渊，2014）。从国家的角度来看，宅基地使用权经营性流转将会促进农村资金、人口和土地的资源整合，为农村社会经济发展提供支持。由于宅基地使用权经营性流转的具体实践时间较短，它作用于农户生计资本的影响研究较少。这也是本书对于宅基地使用权流转和农户生计研究理论的创新之处。

（二）宅基地使用权流转对农户风险影响分析

农户风险是贯穿农户生计决策、发展与输出等各个环节的重要因素，将生计风险纳入宅基地使用权经营性流转对农户生计影响的分析框架内，有助于全面解读此措施的优越性与不足之处。

首先，宅基地使用权经营性流转具有较大的区位局限性，这导致流转后农户收入存在较大差异。经营性流转常见模式为出租给社会主体经营民宿或者农家乐，但这种模式仅仅局限于经济发达或风景秀丽的农村。租用宅基地经营康养产业、冷链物流也对宅基地的区位因素有极高的要求（张成宝，2011；高圣平，2019）。如何精准识别各地宅基地经营性流转路径，围绕竞争优势开发宅基地有助于降低农户风险。此外，流转中的程序不合理与法律不健全导致农户风险加剧。当前存在的宅基地私人流转既无法保障农户、社会主体的合法利益，也导致了程序不合法与监管难介入的困境，村集体与政府参与度不足，自然缺乏相应的监管和协调工作（刘锐，2018；刘恒科，2020）。农户流转意愿强烈与社会资本进入难的矛盾一直广泛存在。如何搭建农资合作渠道，引入外来资本经营宅基地使用权值得研究（严金明，2018）。农户与社会资本之间的纠纷难以解决的原因在于：一方面，农户诚信意识与契约精神有所欠缺；另一方面，社会主体追求利益最大化，忽视农户合理收益。宅基地使用权经营性流转中农户、村集体与社会主体的利益分配与增值收益分配比例研究不足。村集体作为行使宅基地所有权的主体，理应享有对宅基地增值收益的分配权利，但是当前的宅基地使用权租赁合同往往将村集体利益排除在外，连农户参与增值收益分配的权利表达也含糊不清（陈振，2018）。因此，有关宅基地使用权经营性流转中农户风险防范问题值得深入研究。

六、研究评述

（一）宅基地使用权流转研究评述

近年来，学术界针对宅基地使用权流转进行了诸多研究并形成了一些研究成果。目前学界对于宅基地使用权流转研究的焦点在于理论界定与试点总结（肖铁，2021），研究内容主要为宅基地三权分置改革中使用权流转的合法性阐释（周强，2020）、流转困境与出路（董新辉，2019；杨书萍，2020；张克俊，2020）、流转范围（王若男，2021）与模式（丁关良，2020）、使用权流转实现路径（马彩虹，2021）和流转价格评估（夏方舟，2021），以及试点范例总结（肖开红，2021）等方面。换言之，学界关注宅基地使用权流转如何实现（王瑜，2021；苏群，2019），而较少讨论为何要实现宅基地使用权流转以及其对农户可持续发展的影响。从农户生计角度探讨宅基地使用权流转的文献更是少见。

（二）农户宅基地使用权流转决策评述

学术界对农户宅基地使用权流转决策的研究在不断变化并逐步深入，积累了一定数量的理论成果。总体来看，现有研究主要聚焦在农户宅基地使用权流转意愿的影响因素方面，却鲜有关注其形成流转意愿背后的影响机理。已有研究证明农户认知水平决定其行为意愿，再进一步影响农户决策和行为（吴萌，

2016，胡银根，2020；王伊帆，2020；徐国良，2021），内部认知等主观因素和外部环境等客观因素共同作用于农户宅基地流转意愿，但诸多因素对其流转意愿的影响路径和复杂逻辑仍不明确。现有研究在研究方法上主要采用定性与定量相结合，多数实证分析采用传统的 Logistic、probit 等计量方法，难以将一些无法直接观测到的变量纳入模型中，并忽视了农户个体特征、宅基地资源禀赋及农户自身认知等因素对其流转意愿的综合影响。

（三）宅基地使用权流转与农户财产性收入增长的研究评述

在研究内容上，学界对于农户财产性收入影响因素的研究主要集中在农地征收、土地承包经营权流转、宅基地上房屋转让、农村金融体系建设等方面，鲜有相关文献研究宅基地流转对农民财产性收入的影响，且学者通常只简单得出宅基地流转有助于增加农民财产性收入的结论，未深入分析流转中内外部因素等相关条件对流转促进增收的影响能力。在研究方法上，学界有关文献多为基于理论方法的定性研究，定量研究不足且多采用双重差分法和倾向得分匹配法，结论主观性较大，缺乏科学性和实操性。

（四）宅基地使用权流转与农户生计研究评述

对于宅基地使用权流转的研究主要聚焦在宅基地使用权流转的制度改革（范乔希，2021；Xiaoying Wu，2019；马国璇，2022）与优化（王兆林，2018；孙鹏飞，2020）、流转困境与出路（洪德和，2019；张汇明，2021；赵立娟，2019）、流转范围（肖轶，2021）与模式（周强，2020）、流转价格评估（马彩虹，2021）方面。对于农户生计资本的研究，当前多从农村新业态、易地搬迁、扶贫工作、退耕还林等政策与经济热点出发（杨钢桥，2018；崔宝玉，2016；邝佛缘，2021；蒙吉军，2013），依据可持续生计分析框架，分析农户生计脆弱性背景的演变和生计资本的增减（伍艳，2016），对比研究转换前后农户生计策略的变化与生计输出结果的改变（徐定德，2015；Ke Yin，2020；朱洪革，2017），多数研究借助双重差分模型、logit 回归模型等，综合考察外在环境因素与政策制度对于农户生计资本的影响。

而同时结合宅基地与农户生计的研究主要集中在农户生计资本对宅基地退出决策的影响上（刘恒科，2020；许汉石，2012；林宣佐，2020）。总体来看，现有研究对宅基地在农户生计中的重要地位并未详细阐述，从农户生计角度考察宅基地使用权流转的研究也并不多见。可见有待进一步研究宅基地使用权流转与农户生计策略、生计风险的关系和作用机制。

七、本章小结

本章基于总体研究框架，从宅基地三权分置的基本概念出发，首先，综述了宅基地三权分置时间演进，并进行了关键词共现与聚类分析。其次，综述了三权分置改革中宅基地使用权流转行为，主要包括宅基地使用权流转要素分析、宅基地流转中的理性行为等。再次，综述了三权分置改革中农户宅基地使用权流转决策行为研究，涵盖了农户宅基地使用权流转决策研究方法，农户宅基地使用权流转决策影响因素；同时，综述了三权分置改革中宅基地使用权流转与农户财产性收入增长的关系，具体包括宅基地使用权流转行为和流转模式与农户财产性收入增长的关系。最后，综述了三权分置改革中宅基地使用权流转与农户生计研究，主要包括宅基地使用权流转对农户生计资本的影响和对农户生计风险的影响两个方面。对上述几个方面进行了研究进展综述后，提出了本书研究的关键问题及改进方法，认为理论界较少讨论为何要实现宅基地使用权流转以及其对农户可持续发展的影响；从农户生计角度探讨宅基地使用权流转的文献更是少见。多数实证分析采用传统的 Logistic、probit 等计量方法，难以将一些无法直接观测到的变量纳入模型中，并忽视了农户个体特征、宅基地资源禀赋及农户自身认知等因素对其流转意愿的综合影响。同时理论界未深入分析宅基地流转中内外部因素等相关条件对流转促进增收的影响能力。在研究方法上，学界有关文献多为基于理论方法的定性研究，定量研究不足且多采用双重差分法和倾向得分匹配法，结论主观性较大，缺乏科学性和实操性。有待进一步研究宅基地使用权流转与农户生计策略、生计风险的关系和作用机制。本书对这些综述性的结论进行了有针对性的改进与完善，从而提升了本书的理论价值和实践价值。

第三章　总体理论框架

一、农户行为理论

（一）理论要点

农户行为理论是研究农户生产行为和消费行为中的心理活动、主动策略及被动反应等内容的系统理论。目前，学术界关于农户决策行为理论主要有以下观点：第一，以美国著名经济学家舒尔茨为代表的理性小农理论；第二，以苏联著名经济学家 Chayanov 为代表的道义经济理论；第三，以黄宗智为代表的综合分析理论；第四，Ellis 的农户风险行为理论；第五，张五常的佃农理论。

理性小农理论认为小农作为经济人是理性的。舒尔茨通过对 20 世纪 70 年代印度尼西亚、印度等国农户行为的考察，发现传统社会的农民具有高度经济理性和行为理性，能够对生产要素进行最合理的配置以实现帕累托最优。研究发现，从事传统农业生产的农户并不愚昧落后，他们与资本家具有同样的理性，能对市场价格的变化做出迅速而正确反应（舒尔茨西奥多·W，2009）。这些观点同波普金提出的“农民是理性的个人或家庭福利的最大化者”（Popkin，2010）假设基本一致，学界称之为“舒尔茨波普金命题”。波普金以舒尔茨的理性小农论和奥尔森的集体行动论为基础，对东南亚农民的行为进行分析，研究发现，传统的小农是追求利益最大化的典型“理性小农”，个人利益和家庭福利决定了小农的行为，非群体利益或道义价值观并未影响小农的行为，小农的行为以成本与收益的理性计算为原则。

道义经济理论指出农民行为动机主要是避免风险，安全第一，维持基本的生计，同时指出农民不单单追求个人利益最大化，也受道德准则和价值观影响，在避免风险和安全第一的原则下，遵从“互惠”惯性。典型代表人物 Chayanov 在《农民经济组织》中，以 20 世纪 20 年代苏联农户为研究对象，小农从事生产活动的根本目标在于满足个体及家庭的生产需要，缺乏追求利益最大化的内在动机，因而属于生存导向型的理性行为，家庭结构、劳动力数量、土地规模是影响小农行为选择的核心因素（Chayanov，1996）。Scott（2001）从生存理性的角度出发分析了农民行为决策的依据，认为农民的目的是生存，农民的行为选择以“生存安全第一”为决策依据。生存取向的农民更愿意选择回报较低但较稳定的策略，而不是那些收入回报较高但风险也较高的策略。将其应用到集体行动中进行分析发现，乡村共同体中的农民们在集体行动中会首先考虑整体利益，不会计较个人得失。对农民来说，农民积极地参与行动是为了共同体的生存、为了捍卫基本的生存权利以及为了获得底线的承认。

黄宗智（1986）以我国华北农村的调研数据为例，研究了小农经济的社会变迁。分析发现，我国的小农有三种不同的特征：第一，我国的小农与城市居民不同，他们为了自家的消费而进行生产；第二，我国的小农为了市场而生产，根据市场价格、供需、成本与收益进行生产决策，并且追求利润最大化；第三，我国的小农处于阶级社会与政权体系下，生产出的剩余产品被用来供应非农业部门的消费。

Ellis认为农户是风险规避者，遵循“安全生存”的原则组织农业生产，在进行生产决策时，往往为了规避风险而放弃可能取得的收益。此外，在面临新技术时，农民大多采取回避态度，而失去使用新技术、提高生产效率的机会。在理性经济人假设下，农户只有在某项技术得到反复试验并成功后才会采用新技术。这表明农民的风险回避惯性会阻碍农业新技术的推广，同时不利于技术改革、体制革新。

张五常的佃农理论认为农户的决策与其他农户决策息息相关，通过建立地主—佃农体系，地主占据主要地位，佃农占次要地位，二者之间的收益竞争决定了不同的土地租佃合约。在现代经济社会背景下，农户往往处于信息劣势地位，掌握信息的能力较差，获得信息的成本较高，最终导致农户面对新技术时会采取观望态度。此外，佃农理论的一大重要理论贡献在于证明了不管分租、定租还是自耕农，其土地利用效率是一样的。

（二）指导意义

不同历史时期、不同目标驱使下的农户经济行为往往具有不确定性，加之农户行为易受经济、文化、社会、制度等因素的交互影响，决定了应将农户经济行为问题置于动态的、特定情景中进行阐释和理解，这样才能准确把握农户行为决策背后的逻辑及其异质性来源。

本书认为农户宅基地使用权流转行为符合舒尔茨的理性小农学说，农户的行为是理性的、追求效用的、利润最大化的。农户是农村经济的基本组成要素，在生产生活时，具有完全理性和自利性，主要体现在以下几方面：①农业收益水平下降，农户从纯农型农户大多转变为务工型、兼业型农户，以获取更大收益；②进城热潮引发了农村承包地撂荒，农户选择流转出宅基地往往是基于收益最大化，且流转收益高于流转成本；④拥有城镇住房且对宅基地不具有养老需求的农户家庭，多选择流转宅基地使用权，因为流转收入比空置宅基地能为家庭带来更大的收益；⑤自住宅基地的流转意愿最小，因为此时宅基地是农户家庭生计的核心保障，流转收益不足以补偿流转宅基地带来的养老、失宅、居住风险。

基于以上分析可知，宅基地使用权流转是农户作为理性经济人，在维护家庭持续生计目的下做出的利益最大化抉择。无论是否流转宅基地，其背后隐含着农户家庭生计风险、资本构成、心理偏好等因素。即使在实践中，农户无法满足完全理性和完全信息假设，进而无法基于自身认知得出最优化生计策略，但农户家庭可持续生计是长久持续的动态结果，在较长时期内，农户家庭总是能够基于已知信息，实现生计策略最优。

二、可持续生计理论

（一）理论要点

可持续生计分析框架是英国国际发展机构（DFID）于2000年建立的对农户生计问题系统化研究的框架，已得到国内外学者广泛认同与使用。该框架认为“生计包含了人们为了谋生所需要的能力、资产（包括物质和社会资源）以及所从事的活动。只有当一种生计能够应对、并在压力和打击下得到恢复，能够在当前和未来保持乃至加强其能力和资产，同时又不损坏自然资源基础，这种生计才是可持续性的”（苏芳，2009a；苏芳，2009b）。

可持续生计分析框架的根本目标在于消除贫困（苏芳，2009b），因此提出消灭贫困的四大原则：①以人为中心原则，实现人的全面可持续发展；②响应和参与原则，消除贫困需要人的主动参与，自主进行选择和确定优先发展战略尤为重要；③多层次原则，微观层面提供信息、宏观层面开辟通道，以此保障人的全面发展；④可持续原则，经济—制度—社会—环境四个维度均追求可持续性。

农户的生计资本作为可持续生计框架的核心，被细分为五个方面，分别是自然资本、人力资本、物质资本、金融资本和社会资本。①自然资本指农户可长期使用或支配的自然资源和生态服务功能。自然资本与脆弱性背景息息相关，农民的生产生活离不开自然资本。富足的自然资本可以降低农户生计脆弱性，提高收入。自然资源对农户生计策略的选择影响巨大，有研究表明自然资源禀赋高的农户更倾向于在当地务农，而自然资源贫瘠地区的农户更倾向于外出务工（伍艳，2016）。②物质资本指用以维持生计的基本生产资料和基础设施，它包括农户进行生产的基础，能够提高贫困人口的生产力。当前学者普遍认同物质资本与生计策略的选择呈正向关系，物质资本较为丰富的农户会采取积极的生计策略以对抗生计风险（郝文渊，2014；丁文强，2017；WANG Ya，2017；李树茁，2010）。③金融资本指在消费和生产过程中人们为了取得生计目标所需要的积累和流动资金，包括收入、储蓄、借贷和救助等，主要指金钱。可以看出，这里金钱包括流量和存量两个部分。金融资本一般分为两类：一类是现有的存量（如储蓄），另一类是定期的资金流入（如抚恤金）。一般来说，衡量农户金融资本数量往往依靠全年家庭总收入与可贷款额度。金融资本对于农户进行再生产具有重要作用，是农户生计可持续的重要基础。此外，金融资本越多的农户越愿意选择非农为主的生计策略（冉成洋，2020；张钦，2019；张志国，2018；李小云，2007）。④人力资本指个人或家庭所拥有的知识、技能、能力和健康状况，它能够使人们去追求不同的生计手段并取得相应的生计目标。对于家庭而言，这种人力资本水平取决于家庭劳动力的人口、规模、职业技能培训水平、健康状况等因素。人力资本的重要性在于它符合以人为中心的可持续发展原则，人才能更好地利用剩余 4 种生计资本，追求更优的生计输出结果，因此它是最为基础的生计资本。同样，关于人力资本的研究普遍认为，拥有越多优质人力资本的农户越倾向于非农业生计策略（丁文强，2017），此外，人力资源的多寡影响其他资本的使用效率（李小云，2007）。⑤社会资本是指在脆弱型背景下人们在追求生计结果的过程中所利用的社会资源。它包括社会关系网和社会组织（如宗教组织、亲朋好友和家族等），垂直的（与上级或者领导的关系）和水平的（与具有共同利益的人）社会联系，包括人们参与社会管理的行为和规范。社会资本可以加强生产者的相互信任和协作能力。在已有的研究中可以发现，越高的社会资本越有助于农户抵御生计脆弱性，降低生计风险，实现更好的生计输出结果（苏芳，2009a；

伍艳，2016；程秀建，2018；吴迪，2020）。

（二）指导意义

农户可持续生计分析框架将农户看作在一定脆弱性背景下谋生的自然人，家庭或个人的资产状况是家庭或个人拥有选择机会、进行生计策略选择的基础。生计资本（自然资本、人力资本、物质资本、金融资本和社会资本）是可持续生计框架的核心，对农户生计影响至关重要。

因此可持续生计分析框架对本书的指导意义主要有以下两点：

第一，提供宅基地使用权流转对农户可持续生计影响分析框架。作为生计框架核心的生计资本决定了生计策略的具体类型，由此产生特定的生计结果又反作用于生计资本的数量与质量。将认知因素纳入农户生计分析框架内，并引入政策性冲击、脆弱性背景，综合生计资本与生计风险复合指标，得到内外因共同作用的农户可持续生计分析框架，在此框架内研究宅基地使用权流转对农户家庭的影响，具有科学性、合理性。

第二，为构建指标体系提供参考。宅基地使用权流转对于农户可持续生计影响主要体现在农户生计资本质量与数量变化，以及农户风险变化倾向方面。通过对可持续生计分析框架中生计资本与生计风险的概念梳理。本书选取农户物质资本、自然资本、人力资本、金融资本、社会资本、认知资本作为重点关注的农户生计资本指标，选取农户人力风险、物质风险、养老风险、金融风险、社会风险、信息风险作为衡量宅基地使用权流转对农户生计风险的影响的主要指标。本书依据可持续生计分析框架构建复合指标体系，为实证分析提供科学的理论基础。

三、地租地价理论

（一）理论要点

地租简单来讲就是通过出租土地获得的租金，英国学者威廉·配第是提出“级差地租”的第一人，他提出不同的土地质量、位置以及劳动生产率等因素都会产生级差地租。遗憾的是威廉·配第并没有对地租形成系统的认识，一些古典经济学家，包括大卫·李嘉图、亚当·斯密等都对地租的概念及内涵进行了详细的阐述和系统化的研究。大卫·李嘉图提出差额地租学说，他从劳动价值论的角度进行研究，认为土地所有者从土地经营者手中获得的部分剩余劳动就是地租，租金的高低取决于土地的等级和生产率的高低，他指出了地租不断变化的内在规律，对绝对地租进行了彻底的否认。而亚当·斯密在《国富论》一书中明确表达，土地所有权是地租产生的首要条件，地租是土地所有者从土地使用者那里获得的土地使用代价，它的高低取决于土地自身的条件和市场交易的情况，对地租的发展变化趋势和绝对地租的存在与否进行了深入研究。

马克思在古典经济学的基础上对地租理论进行了完善和发展。他在《资本论》中指出，地租是土地使用者缴纳给土地所有者超过平均利润的那部分价值，即剩余价值。马克思将地租分为三类：绝对地租、级差地租和垄断地租。绝对地租是指无论土地条件优劣，农业资本家必须缴纳给土地所有者的那部分地租；级差地租是经营较优土地的农业资本家获得的，并且最终由土地所有者获得的超额利润，其根源是农业工人创造的剩余价值；垄断地租是指由产品的垄断价格而产生的超额利润转化成的地租，与绝对地租和级差地租的区别是，垄断地租并非来源于农业工人创造的剩余价值，而是来源于社会其他部门工人创造的价值。

在社会主义市场经济条件下，地租的存在是必然的。马克思曾指出："随着社会主义土地公有制的确立和土地所有者阶层的消失，绝对地租已失去存在的基础。"但马克思认为，只要存在土地的垄断权，就必然存在地租。因为作为理性经济人，土地所有者不会免费将土地出租给第三方，投资者必须给他提供地租。因此，地租是产权在经济上的实现，是土地使用者由于使用土地而缴给土地所有者的超过平均利润以上的那部分剩余价值。

地价是地租的资本化概念，地价理论是土地价格概念、来源、组成要素及其本质特点的系统性理论体系。新古典学派对城市地价影响因素进行分析，提出城市地价模型、城市结构模型来解决城市地价的计算问题。土地经济学派认为地价与运输成本具有互补性，是为了节省运输成本支出的价格，即运输成本加上地价为摩擦成本，因此土地利用类型应该用"摩擦成本最小化"原则来确定，由此实现自由土地市场下社会地价总和最小。土地利用学派借助供需函数来解释土地价格形成机制，认为地价是土地使用者供需关系的体现。社会学派则认为地价是需求者比价的结果，在社会中占优势的区域通常是地价最高的区域，居于城市中心位置、能产生更高经济利润的商业区往往地价最高。现代西方经济学派在市场经济条件下将土地收益、供求关系、城市分布、区位空间等因素纳入地价构成体系，从需求角度指出土地是为了满足人类生产生活需求的稀缺性资源。

总之，地价是指土地所有者向土地需求者让渡土地所有权所获得的收入，是买卖土地的价格。我国通常所讲的地价是出让或者转让国有建设用地使用权的价格，是国家一次性出让若干年的国有建设用地使用权或者土地使用权人转让国有建设用地使用权所获得的收入，其本质是一次性收取的若干年地租。

地价理论与地租理论相互补充、相辅相成。区别在于，地租理论是对土地价格差异进行定性分析，地价理论则是对土地价格进行模型化的定量分析。古典经济学家普遍认为，地价是地租的资本化，即地价可以通过地租还原得到。而马克思地价理论认为：**第一**，土地不是劳动产品，没有价值，但具有使用价值且存在价格，该价格"不是土地的购买价格，而是土地所提供的地租的购买价格"。**第二**，已利用土地由土地物质与土地资本构成。**第三**，土地价格由三部分构成——真正的地租（绝对地租和级差地租）、土地投资的折旧、土地投资的利息。

（二）指导意义

地租地价理论表明土地资源具有稀缺性，是人类生产生活的重要空间基础，使用土地需要支付相应对价，不能无偿取得土地使用权。我国农户基于集体经济组织成员身份无偿取得的宅基地并未违背地租地价理论，农户只拥有宅基地使用权，而非所有权。宅基地三权分置制度改革后，农户基于宅基地使用权主体身份，有权将宅基地使用权流转给他人，以获取相关报酬，农户行使宅基地收益权获取的流转收入也属于广义地租。宅基地使用权流转价格的组成部分主要是宅基地使用权价格、地上房屋租金、附属设施租金等，其中还包含了对宅基地使用权人支付的代际补偿、生态补偿等，这是由宅基地具有的居住功能、生产生活功能决定的。

因此地租地价理论对本书的指导意义主要有以下两点：

第一，为宅基地使用权流转改善农户生计水平提供依据。宅基地由农户家庭居住时，能够为家庭节省购房或租房开支，这表明宅基地能够减少相应生计成本，提高家庭生计资本利用效率。基于地租地价理论，让渡宅基地使用权的农户理应获得相应租金收入，此类收入应定义为农户让渡宅基地使用权的地租收入。同时，宅基地由自住改为经营用途，农户理应凭土地发展权能归属人参与增值收益分配。来自经营主体让渡的宅基地使用权经营增值收入，能提高农户生计收入，也为农户家庭生计资本结构、总量提供优化的可能。

第二，表明宅基地使用权流转中的风险来源于宅基地使用权流转租金的高低。实践中宅基地使用权流转价格主要由供求关系决定。虽然市场调控资源能够更有效地促进双方共赢，但市场经济会导致区位优势大、市场需求量大的优质宅基地使用权将价格高涨、供不应求；而区位劣势、市场需求小的宅基地使用权租金则较为低廉。因此，政府发挥引导调节作用，对部分高价宅基地进行干预，并通过改善劣质宅基地周围生态环境、基础设施，大力开发宅基地周边产业，为均衡区域、城乡发展提供动力支撑。

四、分布式认知理论与感知价值理论

（一）理论要点

分布式认知是认知科学研究的一种方法，它将个人和人工制品的集合以及它们之间的相互关系作为分析的基本单元。它是研究认知的框架，该框架涉及个人、人工制品和环境之间的交互活动。它强调了通过社会和技术手段将认知转移到环境中，是一种利用技术工具认知社会的方法。分布式认知理论突破了传统认知强调个体层面的局限性，认为认知活动不仅存在个体认知内，还分布在认知情境、媒介、认知工具等共同参与认知活动的全部要素中(周国梅，2002)。传统认知理论把认知活动看作是在人脑内部的信息处理活动，忽视了认知活动发生的环境。分布式认知理论倡导通过合理规划认知各要素相互之间的交互活动，促进认知主体的发展（闫明华，2014）。从与传统认知理论的对比来看，分布式认知从更广的角度研究信息加工机制，强调了支持认知活动的媒介、环境等因素。分布式认知理论认为人的内部认知能力加上认知活动中各要素的促进作用，能够实现（认知的）最佳理解，而传统认知理论强调认知是人脑对信息进行加工的产物，忽视了媒介和情境对知识传递的支撑作用。分布式认知理论主张把个体认知“分出去”，强调媒介和环境等对认知活动的支撑作用，能够承担部分认知主体的认知负荷。除此之外，分布式认知理论超越了具身认知的概念，强调社会、文化以及现实环境的重要作用。

综上所述，分布式认知理论并没有否定人脑对信息加工的过程，相反分布式认知理论认为信息与人的先前记忆和心智模型有很大的关联。除此之外，分布式认知重视媒介在认知过程中的重要性，认为知识的传播需要通过多维表征的方式建构。其中，媒介可以是内部表征，比如个体的记忆图谱，也可以是外部表征，如可视化的图形、动画等（张丽莉，2005）。与众不同的是，分布式认知没有割裂认知活动与周围环境的关系，强调文化和社会对个体认知的影响。文化和社会潜移默化地影响个体认知的心智模型，例如不同地域的人的认知特点和记忆规则有很大不同，脑海内存储的元认知也与生活经历和背景相关。最重要的是分布式认知理论把认知过程看作是动态变化的过程，突出时间维度在认知过程中的分布特征。信息横向分布在整个认知的动态变化过程中，要正确对待不同阶段的认知变化和发展，例如分布式认知理论常常被运用于解释成人的先前经验和积累，早期事件的产品可以改变相关事件的性质等现象（陈敏，2006）。已有相关研究应用分布式认知理论解释农户经济决策，主要探究“个人力”“地域力”和“文化力”三种维度的因素对农户土地流转与投入风险的认知（吴萌，2016；任立，2019）、对农户行为响应（任立，2020）的影响，且证明该理论符合农户认知活动的基本分析框架。

感知价值理论（Perceived Value Theory，PVT）在 20 世纪 20 年代就已经被提出，其体现的是抽象概念。感知价值理论最早应用于市场营销学领域中消费者消费意愿与行为的研究。Zeithaml（1988）认为消费者个体在消费过程中对产品与服务的感知价值取决于预期成本与收益的主观综合权衡。Zeithaml 以手段目标为理论依据，直接将感知价值界定为“消费者在感知利得和感知利失的基础上，对商品效用形成的综合评价”，并通过探索性分析将感知价值界定为具有四个维度的多维度概念，它包含了较低的价格、获取的好处、获取高品质的东西与因为支付金钱而获得的东西四个基本要素。在进一步的研究中，消费者的感知价值除了受到感知利得与感知利失的影响之外，还会受到具体的消费场景与社会背景的干扰。

感知价值理论中“阶层模型”与“权衡模型”分别解释了感知价值的形成机理与感知价值对个体行为决策的影响（Robert B，1997）。“阶层模型”认为，感知价值来源于主观个体在消费产品或服务中对预期成本与收益的主观进行综合评价，其感知层次主要有 3 层：第一层是个体对产品或服务的属性形成价值判断；第二层是个体对这一产品或服务伴生的预期收益或风险进行主观考量；第三层是个体基于自身所处具体情境进行综合评价，最终形成感知价值。“权衡模型”表示感知价值是个体综合权衡利得与利失的评价结果，即个体通过比较感知利益和感知风险的大小，形成感知价值，然后影响行为意愿和响应，且感知价值与行为意愿和响应显著正相关。

（二）指导意义

分布式认知理论（Distributed Cognition Theory，DCT）认为，个体认知受个体内、个体间、环境、文化和社会等诸多因素影响（Salomon G，1993；Cole M，1993）。Hatch 和 Gardner 就个体认知活动提出了分布式认知的同心圆模型，该模型强调“个人力、地域力、文化力”等因素综合影响认知水平（Hatch T，1993）。感知价值理论认为感知利益是顾客在消费过程中对产品收益、情感满足等作出的主观评价；感知风险是主体对行为决策可能产生的潜在风险或机会成本进行预判。最后个体综合权衡产品或服务带来的预期收益和风险形成主观评价。

因此分布式认知理论与感知价值理论对本书的指导意义主要有以下两点：

第一，根据分布式认知理论与感知价值理论搭建分析框架。对农户而言，宅基地具备居住保障、心理安慰和遗产后路等功能，其个人力（个体特征）、地域力（资源禀赋）和文化力（评价及满意度）在一定程度上作用于农户流转认知活动，进而影响农户宅基地使用权流转意愿。根据感知价值理论，将农户感知利益（Farmers Perceived Benefit，FPB）分为感知经济利益、感知社会利益和感知心理利益；将感知风险分为感知经济风险、感知社会风险和感知心理风险。最终形成农户宅基地使用权流转意愿及影响因素分析框架。

第二，解释农户流转意愿形成的内在逻辑机理。三权分置改革中农户流转意愿形成路径遵循“认知层次→认知权衡→感知价值→行为意愿”的逻辑范式。农户宅基地流转意愿是在认知基础上进行理性分析的选择意向，但农户认知具有抽象性。因此，根据分布式认知理论和感知价值理论，农户流转意愿同时受个人力、地域力、文化力、感知利益、感知风险的影响。

五、总体分析框架

（一）三权分置改革中农户宅基地流转决策行为分析框架

分布式认知理论作为认知科学研究的新兴领域，提供了一种观察农户认知活动过程的全新视角。已有相关研究应用分布式认知理论解释农户经济决策，主要探究“个人力”“地域力”和“文化力”三种因素对农户土地流转

（吴萌，2016）与投入风险认知（任立，2019；任立，2020）、生态耕种意愿（赖昭豪，2019）、农户行为响应（吴萌，2019；刘洪彬，2021）的影响，且证明该理论符合农户认知活动的基本分析框架。就农户而言，宅基地具备居住保障、心理安慰和遗产后路等功能，其个人力（个体特征）、地域力（资源禀赋）和文化力（评价及满意度）在一定程度上作用于农户流转认知活动，进而影响农户宅基地使用权经营性流转意愿。感知价值理论同样基于个体认知视角，用于市场营销学领域中探讨顾客消费意愿与行为。农户作为理性经济人，具有提高收益、规避风险的心理倾向，已有研究将农户感知利益和感知风险细分为经济、心理、情境（胡鼎鼎，2021；任立，2018a；任立，2018b）或社会（胡银根，2020）等层次，证明感知价值显著影响农户行为意愿或响应。

结合上述理论分析，宅基地制度改革下，农户在行为决策路径上遵循“认知层次→认知权衡→感知价值→行为意愿→行为响应”的逻辑范式。为实现对分布式认知理论中“农户认知活动”这一抽象概念的定量分析，本书引入“感知价值”具象化农户认知水平。分布式认知理论和感知价值理论均基于个体认知视角，从“个体认知”到“行为响应”路径中存在理论共性和逻辑衔接，且已有学者结合两者进行农户行为研究并取得显著结果（任立，2020），这为本书提供了理论和实践依据。依据以上分析，本书构建出“农户宅基地使用权流转意愿及影响因素分析框架”。

（二）宅基地使用权流转对农户生计行为影响机理分析

在可持续生计分析框架内，研究宅基地使用权流转对农户生计资本的影响机理必须从脆弱性背景、结构和过程入手，结合农户自利与完全理性假设，综合国家角度与社会角度，基于宅基地使用权流转政策背景下农户生计策略合理空间，对流转前后农户生计资本的总量增减变化与结构变化、生计风险抵抗水平与传导机制进行详细分析。

脆弱性背景包含了冲击、趋势和季节性因素等不可抗因素，在研究中一般作为分析的背景。在二、三产业融合发展的当下社会，工业经济迅猛发展，带动了农民工进城热潮；第三产业后来居上，为大量进城务工人员提供就业岗位，农业回报率低下致使农村劳动力资源外流；加工链条短且附加值低，导致农业竞争力不足。种植业受困于小农经济形态，季节周期变化明显，再加上我国耕地分散、地势崎岖，进行纯农业生产已经无法满足当下农民家庭生存生活需要，农业社会与农户之间的共生关系已不再牢固（李小云，2007）。因此，脆弱性背景与政策冲击导致农户生计资本积累速度较慢，自然资本受冲击较大，物质资本转换率低下，家庭可持续生计资本总量难以提升。

农村土地制度改革的出现，为农户生计资本积累提供了新思路。宅基地三权分置改革明确了宅基地使用权可流转。对于未流转农户而言，宅基地功能扩大至财产性物质资本，成为农户家庭可随时转换的储备财产。对于流转农户而言，宅基地成为新的收入来源，生计收入得以改善。宅基地使用权可流转背景下，农村宅基地用途得以改变，在发展农村新业态的同时不可避免地引发生态环境变化与基础设施改变。对于农村的正面影响在于：宅基地发展能够为村庄引入新的劳动力、资金、生产设备，还能够发展集体经济，壮大产业规模，提高生计能力。此外，农村水、电、气、网络、道路、水利、物流等基础设施迅速改善，农户物质资本得到提升。对于农村的负面影响在于：流转来的宅基地使用权多用于经营民宿、农家乐、物流仓库或文创园区，容易加重农村生态环境负荷，破坏当地生态系统，损害农户自然资源。但总的来看，宅基地使用权流转引发的乡村变化利大于弊。新产业、新业态的出现能够为当地发展注入更多资本与活力，优化当地产业结构，促进乡村经济系统化改善升级；也为当地农户提供更多商业信息、就业岗位、人际资源，对农户人力资本、信息资本、社会资本有极大提升。

结构和过程是指影响生计的组织机构和政策的变动。从国家角度来看，宅基地使用权流转是解决农户生计提升困难和宅基地资源浪费双重困境的破解之道，这也是政策变动的诱因之一。对国家而言，宅基地使用权流转对于农户可持续生计的影响主要来源于制度保障与乡村治理。首先，宅基地制度是国家实施的福利性制度，根本目的在于保障“户有所居”。宅基地使用权流转后农户面临宅基地资源缺口，可能存在权力让渡后的失宅困境。因此必须提防农户盲目流转引发的“养老”“失宅”双重生计风险。其次，外来主体进入农村宅基地经营范畴，破坏了原有乡村治理结构，势必要重构乡村治理体系。宅基地使用权流转改革实践中除了要严防农户生计资本流失问题，更要警惕农村宅基地治理失序问题，例如城市居民在农村私建别墅大院。针对此类制度保障受限、乡村治理问题，应制定相关法律法规，完善农民流转宅基地的退路与保障机制，同时加强乡村治理力度，警惕宅基地使用权流转加剧农户生计资本总量流失、结构恶化等问题。

政策冲击是农户可持续生计资本发生转变的前哨，来自非农业系统内部的政策冲击对农户生计策略、生计资本与生计风险作用巨大。农户宅基地使用权流转行为与生计资本水平是自然冲击（水、气候）与非自然冲击（政策、经济形势）共同作用的结果。农户宅基地使用权流转面临的风险主要是使用权流转、宅基地用途转变引发的失宅风险、养老风险；社会主体进入与经营利益分配不当导致的社会风险；环境保障制度缺失与生态功能转变导致的自然风险。农户风险与生计资本反映出农户可持续生计能力的两个方面。生计风险有来源于家庭内部的决策失误，也有来自家庭外部的政策或经济冲击，巨大生计风险会减损农户家庭生计资本存量，影响农户家庭生计水平。生计资本作为农户家庭长期存在的经济支柱，能够缓解生计风险（外部或内部）对家庭的冲击，丰厚的生计资本甚至能够抵御生计不确定性引发的危机。

（三）宅基地使用权流转对农户风险行为影响机理分析

农户风险是农户家庭发展中所遭受的外部冲击及内部结构脆弱性的反映。大多数学者认为生计风险是生计资本结构失衡或体量不足导致的，因此农户风险与农户生计资本呈对应状态。即人力资本影响人力风险、物质资本影响物质风险、自然资本影响自然风险、社会资本影响社会风险、金融资本影响金融风险。

暴露度—敏感性—适应力模型（VSD模型）作为测度脆弱性的方法，可用于衡量农户抵御风险能力的强弱。VSD模型表明抵御风险的能力是农户生计能力的重要体现，抵御力越强，遭受冲击后家庭损失越小，所面临的生计风险越小。农户遭遇冲击前的状态体现为风险暴露度，反映了农户隐含风险的大小。综合以上分析，本书借鉴暴露度—敏感性—适应力模型，搭建了宅基地使用权流转背景下农户生计资本分析框架，从农户风险暴露度、敏感性、适应力水平三个方面，对宅基地使用权流转使农户家庭面临的风险进行系统化分析。

宅基地暴露度风险主要来自住房固有结构风险、寻求养老与子女养育替代品风险、社会交流与信息获取的风险。首先，宅基地作为农户家庭主要物质资本，地上农房建筑结构、造价成本、损耗程度与农户家庭生计风险息息相关。宅基地使用权流转后，对于结构松散、造价低的老旧农房，宅基地使用权流转后的风险较大，遭遇损坏的可能性更大。其次，宅基地担负家庭养育功能，流转后寻求满足养育功能的新替代品耗费较大。例如，租农房居住或者购买城镇住房会给农户家庭带来较大的资金困扰。最后，农村社会较为封闭、简单的信息传导结构造成农户获取信息途径较为单一，人际交流范围往往局限在本集体内部。因此，宅基地使用权流转对农户社交、获取信息的影响取决于当前农户的社交方式与获取信息的方式。

宅基地敏感性风险由农户家庭可承受的风险大小决定，体现为农户家庭风险弹性。同样面对宅基地使用权流转引发的风险，有的农户所受冲击小，有的农户所受冲击大，这与农户家庭资本分散程度、丰厚程度，农户家庭区位优越度有关，还受到农户心理预期与偏好的影响（如农户对自身健康状况的担心程度）。农户家庭风险敏感性首先由农户心理决定，家庭成员的就业状况敏感度、身体状况健康敏感度、收入敏感度、社会交往敏感度影响着农户在遭受生计冲击时能够承受的风险范围。对宅基地使用权流转收入不敏感的农户面临宅基地流转收入下降时，遭受的冲击明显小于高敏感性农户。对自身身体健康评估较差，担心工作能力下降的农户在遭受风险时往往弹性更小。

农户遭遇政策性冲击或自然灾害后的恢复能力是农户生计发展能力的重要构成部分，也是衡量农户风险的重要指标。农户职业技能培训状况、家庭收入与贷款能力、家庭成员是否有村干部、是否购买相关保险、与城镇的距离等因素反映了农户家庭在遭受生计冲击后的恢复能力。农户受教育程度高、接受更多技能培训在面临宅基地使用权流转时能够快速匹配工作，降低生计风险。收入越高的农户家庭对宅基地的依赖程度越低，流转后面临的风险越低。家庭成员担任村干部，可以有效地避免信息危机与社会风险，使宅基地使用权流转后农户家庭生计风险在可控范围内。

宅基地使用权流转对农户风险的作用路径并非仅为直接影响，在流转行为和生计结果间存在多个中介变量。从农户家庭对宅基地的需求看，是否购买城镇住房与农户家庭收入是影响农户风险的关键中介变量。城镇住房作为农村宅基地的替代品，能够负担起家庭养育、居住保障的功能。因此，宅基地使用权流转后，是否购买城镇住房会直接影响农户居住保障权益，流转后购买城镇住房的农户能够通过定居城镇降低失宅风险、提高非农生计收入实现家庭可持续发展。家庭收入受宅基地财产功能影响，在当前宅基地制度改革下，宅基地财产性功能被开发，农户合理享有收益权，流转收入能够改善家庭收入结构，提高财产性收入占比，降低农户家庭农业生产经营风险。按照宅基地收益实现主体划分，宅基地使用权流转主体可以是当地政府、社会资本。因此，将使用权流转给政府是许多风险厌恶型农户的常见选择。政府与社会主体在经营模式上并无区别，但相对于社会主体的逐利性，政府经营主体会更多考虑生态环境、乡村治理、社会责任等层面，这可能导致宅基地使用权经营的盈利效果不如社会经营主体。因此，宅基地使用权若流转给政府主体进行开发，其收益将低于社会主体，不稳定的收益来源容易加剧农户风险。从宅基地在农户生计资源所占比重来看，宅基地使用权流转会导致农户收入提升，金融资本占比变大，但同时也会导致农户物质资本减少。因此，宅基地使用权流转对农户生计资本的复合作用在一定程度上会影响农户风险的改善程度或加剧程度。

（四）宅基地使用权流转对农户财产性收入增长影响机理分析

财产性收入是指农户与家庭利用其拥有的不动产和动产而获得的收入，动产包括有价证券、银行存款，不动产包括车辆、房屋、收藏品等，财产性收入包括财产增值收益和出让财产使用权获得的收益。在农村产权制度改革背景下，农户财产性收入得到较大提升，转出土地的租金是其财产性收入的重要部分，但相对于城市居民而言，农村居民的财产性收入总量低下，且在总收入中的占比较低，导致农户家庭资本积累出现瓶颈，进而阻碍城乡共同富裕的实现。宅基地三权分置制度改革是保障农民安居乐业，促进城乡共同富裕的重大实践。在现行市场经济体制下，宅基地制度改革有助于实现农户财产性权益，响应农户对完善宅基地财产权的基本诉求。一方面，宅基地无偿取得、福利性分配的原则使得农村出现“人走房空”“减人不减地”等治理漏洞，宅基地闲置状况突出；另一方面，城乡人口流动速度加快，催生了对土地与住房的需求，农村宅基地隐形流转市场日益壮大。宅基地市场化流转受限导致农民财产性权益受损、财产性收入增长难以维持。

宅基地作为农户重要的生产资料与生计资本，是农户进行生产生活的基础，也是农户财产性收入的重要来源。宅基地制度改革着眼于取缔农村隐形宅基地交易、打击农村私下流转、有效治理宅基地限制与农民融资难等现实困境。宅基地三权分置制度改革后，农户宅基地资格权可在集体经济组织内部实现有偿流转和退出，农户宅基地使用权可在一定限制条件下进入市场进行流转，既有利于盘活农村闲置住房与宅基地，又有利于转移农村劳动力，帮助其定居城镇，进而促使城乡资源高效流动，实现城乡土地资源有效整合，形成城乡统筹发展新格局。

首先，宅基地使用权流转对农户财产性收入的影响路径主要通过明确农村宅基地产权、完善农户资格权、财产权与发展权，合理规范农户宅基地受益范围，使其充分行使宅基地流转权益，并获得相应的租金、红利收入而实现。完善的产权制度有力保障了农户凭借宅基地获得财产性收入。农民可以依自主意愿流转宅基地使用权，抵押宅基地使用权获得贷款，以宅基地入股参与分红，获得相应的财产性收入。

其次，市场在宅基地使用权流转提高农户财产性收入过程中起关键作用，宅基地作为经济社会发展不可或缺的土地要素，因其“福利性”“无偿性”的国家分配原则，宅基地使用权主要受集体经济引导流转。现行制度背景下，宅基地使用权可在一定范围内受到价格机制调节，具体表现为区位优势较好、经济潜力较大的宅基地流转价格高于其他宅基地。市场价格机制的调节作用能够提高宅基地使用权流转效率，促使宅基地使用权人与社会资本对接，减少交易费用与隐形成本，有效增加农民在宅基地使用权方面的财产性收入。

六、本章小结

本书基于经典的农户行为理论、可持续生计理论、地租地价理论以及新的分布式和感知价值理论等，从三权分置改革中农户宅基地流转决策行为、生计行为、风险行为及收入增值等方面，构建了总体研究框架，为后续三权分置改革中农户宅基地流转行为的研究提供了理论支撑（图 3-1）。总体认为：宅基地制度改革下，农户在行为决策路径上遵循“认知层次→认知权衡→感知价值→行为意愿→行为响应”的逻辑范式，这为本书提供了理论和实践依据。宅基地使用权流转对农户风险的作用路径并非仅为直接影响，在流转行为和生计结果间存在多个中介变量。因此，宅基地使用权对农户生计资本的复合作用在一定程度上会影响农户风险的改善或加剧程度。宅基地作为农户重要的生产资料与生计资本，是农户进行生产生活的基础，也是农户财产性收入的重要来源。宅基地制度改革着眼于取缔农村隐形宅基地交易、打击农村私下流转、有效治理宅基地限制与农民融资难等现实困境。宅基地三权分置制度改革后，农户宅基地资格权可在集体经济组织内部实现有偿流转和退出，农户宅基地使用权可在一定限制条件下进入市场进行流转，既有利于盘活农村闲置住房与宅基地，又有利于转移农村劳动力，帮助其定居城镇，进而促使城乡要素资源高效流动，实现城乡土地资源有效整合，形成城乡统筹发展新格局。相关的理论分析与研究框架的构建，很好地指导了本书各个章节的实证分析与研究，提升了本书的理论价值。

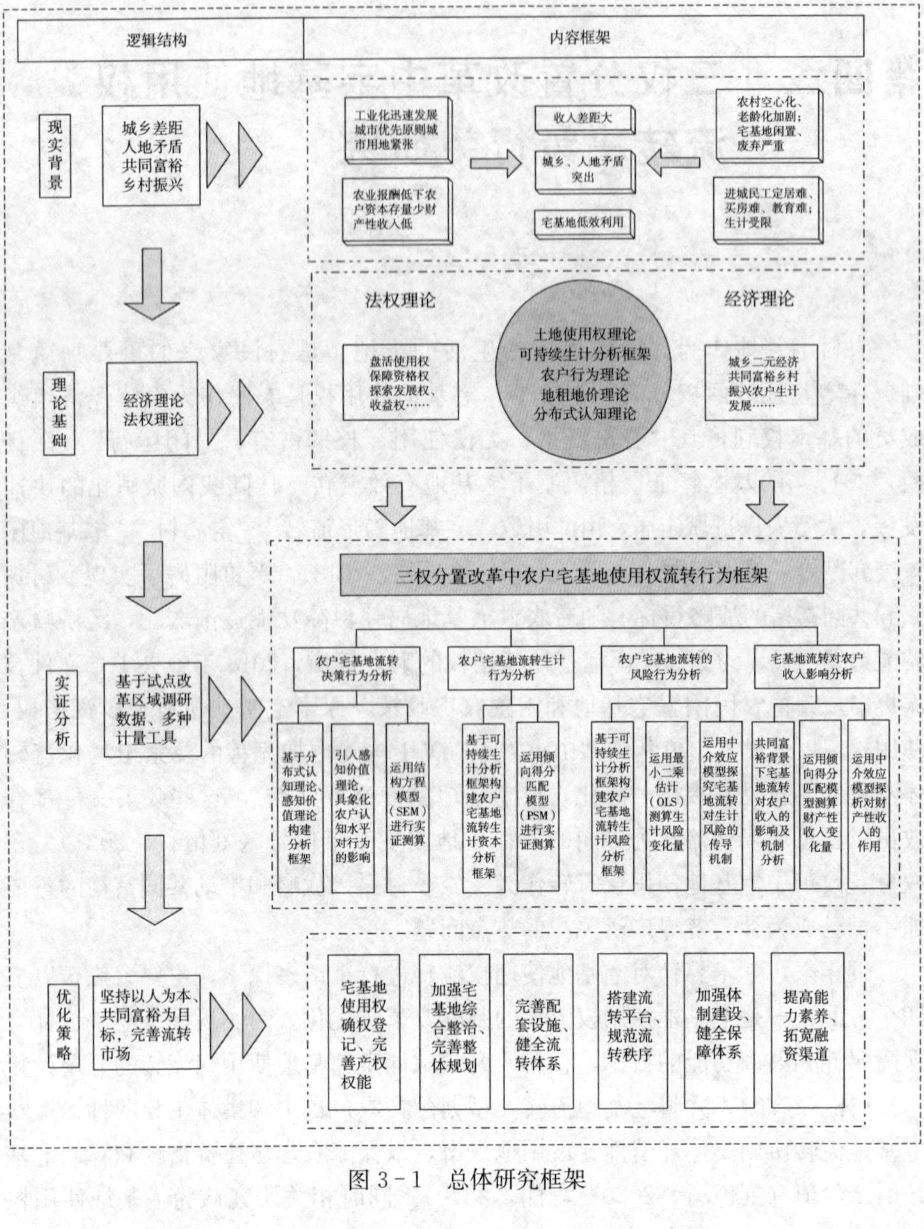

逻辑结构
内容框架
现实背景
城乡差距
人地矛盾
共同富裕
乡村振兴
工业化迅速发展城市优先原则城市用地紧张
收入差距大
农村空心化、老龄化加剧；宅基地闲置、废弃严重
城乡、人地矛盾突出
农业报酬低下农户资本存量少财产性收入低
宅基地低效利用
进城民工定居难、买房难、教育难；生计受限
理论基础
经济理论
法权理论
法权理论
经济理论
土地使用权理论
可持续生计分析框架
农户行为理论
地租地价理论
分布式认知理论
盘活使用权保障资格权探索发展权、收益权……
城乡二元经济共同富裕乡村振兴农户生计发展……
实证分析
基于试点改革区域调研数据、多种计量工具
三权分置改革中农户宅基地使用权流转行为框架
农户宅基地流转决策行为分析
农户宅基地流转生计行为分析
农户宅基地流转的风险行为分析
宅基地流转对农户收入影响分析
基于分布式认知理论、感知价值理论构建分析框架
引入感知价值理论，具象化农户认知水平对行为的影响
运用结构方程模型（SEM）进行实证测算
基于可持续生计分析框架构建农户宅基地流转生计资本分析框架
运用倾向得分匹配模型（PSM）进行实证测算
基于可持续生计分析框架构建农户宅基地流转生计风险分析框架
运用最小二乘估计（OLS）测算生计风险变化量
运用中介效应模型探究宅基地流转对生计风险的传导机制
共同富裕背景下宅基地流转对农户收入的影响及机制分析
运用倾向得分匹配模型测算财产性收入变化量
运用中介效应模型探析对财产性收入的作用
优化策略
坚持以人为本、共同富裕为目标，完善流转市场
宅基地使用权确权登记、完善产权权能
加强宅基地综合整治、完善整体规划
完善配套设施、健全流转体系
搭建流转平台、规范流转秩序
加强体制建设、健全保障体系
提高能力素养、拓宽融资渠道

图 3－1　总体研究框架

第四章　三权分置改革中宅基地使用权流转决策行为研究

农村宅基地作为保障农民生产生活的土地，是农民家庭的重要物质基础。在宅基地“两权分离”制度下，宅基地使用权是农民作为集体经济组织成员的基本权利，其“身份资格、无偿使用、长期占有、封闭运行”（汪杨植，2019）的基本特征严格限制了宅基地有效流转。伴随我国城镇化的快速发展，大量农民进城定居，由此引致“宅基地隐形流转”“空心村”“宅基地闲置废弃”等一系列问题（余敬，2018；沈昊婧，2018），严重阻碍了实现乡村振兴和共同富裕的战略目标。随着农村宅基地居住保障功能逐渐弱化，经济财产功能愈发凸显，为更好发挥宅基地使用权的财产性质，2018 年中央 1 号文件首次提出，完善农民闲置宅基地和闲置农房政策，探索宅基地所有权、资格权、使用权三权分置。2020 年中共中央关于《关于构建更加完善的要素市场化流转体制机制的意见》提出“深化农村宅基地制度改革试点”，这些政策文件都释放出以要素市场化流转为导向的农村土地制度改革信号（刘恒科，2021）。三权分置改革中宅基地使用权流转作为实施乡村振兴战略和推动共同富裕的重要抓手，已成为社会各界广泛关注的热点问题。

近年来，学术界针对宅基地使用权流转进行了诸多探索，主要聚焦于以下四个方面：**一是**宅基地使用权流转的制度改革与优化。为实现平衡宅基地社会保障属性和财产功能的目标，相关研究尝试探索宅基地使用权流转的分层设置（刁其怀，2020），并将宅基地流转类型划分为农户自主和集体主导两种，探索宅基地流转协同集体经营性建设用地入市，以保障农户居住资格权和释放宅基地财产价值（刘恒科，2020；李丽，2020）。同时相关研究认为宅基地使用权制度优化的重点在于宅基地取得制度优化、登记制度优化和流转制度优化三大方面（唐军，2021；林津，2021）。**二是**宅基地使用权流转困境与出路。实践探索中，仍存在隐形流转或变相流转宅基地现象，该类流转缺乏保障机制和监督管理，且引导农户自愿退出闲置宅基地的难度也较大（杨书萍，2020）。宅基地三权分置改革破解了宅基地使用权流转困境，在保障农民户有所居的前提下，有条件适度放活宅基地使用权入市流转，回应了农民的财产权益需求（董新辉，2019；张克俊，2020）。**三是**宅基地使用权流转范围与方式。从理论和实证层面来看，外来农民在非户籍所在地有偿使用宅基地可优化宅基地资源配置，即宅基地流转范围可进一步扩大（王若男，2021）。余江县的所有权规范管理型、金寨县的成员权保障型与义乌市的使用权市场主导型宅基地流转方式各有优势，为宅基地三权分置改革中使用权流转提供了有益借鉴（吴迪，2020）。**四是**宅基地使用权流转价格评估。实证表明，通过测度农村内部宅基地“同地、同权、不同价”和城乡居住用地“同地、不同权、不同价”之间的价值偏离，构建“城乡统一市场”，完善农村宅基地“二级市场”是充分显化宅基地使用价值的重要路径（夏方舟，2021）。

尽管也有学者基于农户视角，研究其流转行为（吴郁玲，2017；钱龙，2019）及影响因素（钱龙，2019；吴郁玲，2018；钱龙，2020），但相关研究存在以下不足：一方面，现有研究主要聚焦农户宅基地使用权流转行为影响因素，较少关注其形成流转行为背后的影响机理；另一方面，传统的 Logistic、probit 等计量方法难以将无法直接观测到的变量纳入模型中，并忽视了农户个体特征、宅基地资源禀赋及农户自身认知等因素对其流转行为的综合影响。已有研究证明农户认知水平决定其价值判断，再进一步影响农户决策和行为（吴萌，2016；胡银根，2020；徐国良，2021；王伊帆，Peter Ho，2020），内部认知等主观因素和外部环境等客观因素共同作用于农户宅基地流转行为，但诸多因素对其流转行为的影响路径和复杂逻辑仍不明确。鉴于此，本书基于全国 7 个典型宅基地改革试点省市 24 个村的 1 773 份抽样数据，运用结构方程模型（SEM），构建分布式认知理论和感知价值理论框架，实证探讨价值认知差异对农户宅基地流转行为的影响因素和内在机理，以期完善相关研究的不足，并为政府推行宅基地流转政策提供理论依据。

一、理论分析与研究假设

Hatch 和 Gardner 提出分布式认知理论（Distributed Cognition Theory，DCT），认为个体认知活动受“个人力、地域力、文化力”的综合影响（Hatch T，1993），所以该理论被广泛用于农户认知活动（任立，2019；任立，2020）、农户行为（刘洪彬，2021）等领域的研究。宅基地对农户具备居住保障、心理安慰和遗产后路等功能，个人力（个体特征）、地域力（资源禀赋）和文化力（评价及满意度）影响农户宅基地流转认知活动，进而影响农户流转行为。感知价值理论（Perceived Value Theory，PVT）于1960年由美国心理学家菲利普·科特勒提出，同样基于个体认知视角，认为感知价值受感知利益正向影响，受感知风险负向影响（Robert B W，1997；Parasuraman，2000）。农户具有提高收益、规避风险的心理倾向，其感知利益和感知风险细分为经济、心理、情境（任立，2018，任立等，2020）等方面。“两权分离”下宅基地隐形流转现象屡见不鲜，易引发社会矛盾。宅基地三权分置后，使用权按市场法则公平交易，农户对宅基地流转价值也有了新的认知，流转行为在市场开放后明显增强。

DCT和PVT均基于个体认知视角，从“个体认知”到“行为响应”路径中存在理论共性和逻辑连接，两者结合可取得显著结果（任立，2020），这为本书提供了理论依据和实践依据。因此，为衔接DCT中“个体认知活动”这一抽象概念，引入“感知价值”具象化农户认知水平，构建“价值认知对农户宅基地流转行为的影响机理分析框架”（图4-1）。

在DCT中，个人力（Individual Force，IF）表示个体认知在某一特定情境下受主体自身特征影响。学界通常将年龄、性别、职业和收入水平等因素纳入农户个体特征中。客观上，年龄越大的农户非农就业能力有限；主观上，宅基地承载高龄农户的乡土情怀，这类农户更难适应非农生活，该观点被广泛论证（沈昊婧，2018；吴郁玲，2018）。因此，年龄较高的农户，主要以务农为生，受教育水平较低，长期居住于农村，并依赖宅基地生产生活，这类个人力弱的农户对流转宅基地的感知价值普遍不高。地域力（Regional Force，RF）表示个体所拥有的资源禀赋或所处情境会约束或限制主体的认知活动。由于宅基地具有无偿使用属性和可继承特征，部分农户拥有多处宅基地或宅基地面积很大，因此出现宅基地闲置或低效利用现象。吴郁玲认为宅基地宗数和面积均在不同程度上影响农户流转意愿（吴郁玲，2018）。因此，拥有的宅基地面积较大或宗数较多、村集体经济状况或社会服务较差等地域力较强的农户，感知价值明显更强。文化力（Cultural Force，CF）包括个体评价、惯例和满意度等抽象概念。在农户的传统观念中，宅基地由祖上继承而来，是安身立命之本，作为养老保障和情感、文化的寄托，其价值不能片面用金钱衡量（吴郁玲，2017）。因此，文化力同样影响流转感知价值。由此，本书提出以下假说：

H4.1：个人力显著影响农户宅基地流转感知价值。

H4.2：地域力显著影响农户宅基地流转感知价值。

H4.3：文化力显著影响农户宅基地流转感知价值。

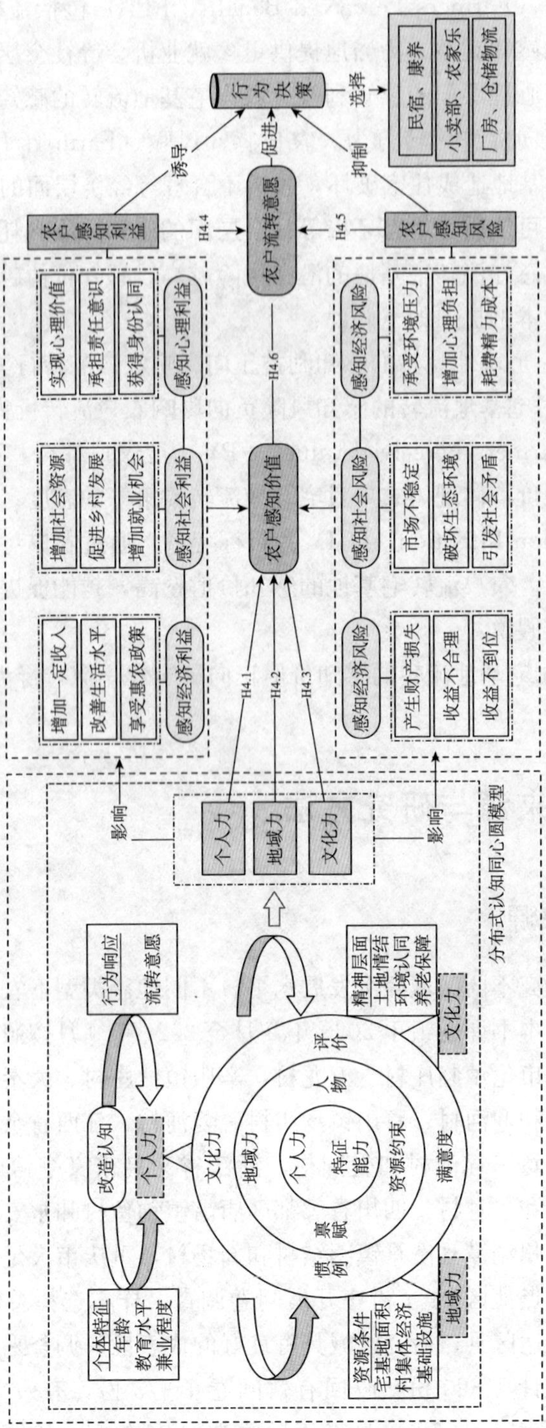

图4-1　价值认知对农户宅基地流转决策行为的影响机理分析框架

农户感知利益（Farmers Perceived Benefit，FPB）包括流转宅基地获得收入等经济层面的感知利益、为当地提供更多就业机会等社会层面的感知利益和获得身份认同等心理层面的感知利益。农户宅基地流转的感知利益越高，则感知价值越高，正向促进流转行为。农户感知风险（Farmers Perceived risk，FPR）包括流转宅基地造成住宅破坏，收益不合理等经济层面的感知风险、流转后用于建设厂房可能破坏生态环境等社会层面的感知风险和耗费精力等心理层面的风险。农户感知流转宅基地的潜在风险越高，感知价值越低，阻碍农户流转行为。因此，本书提出如下假说：

H4.4：农户对宅基地流转的感知利益正向影响农户流转行为。

H4.5：农户对宅基地流转的感知风险负向影响农户流转行为。

感知价值（Farmers Perceived value，FPV）指农户综合权衡利弊后，对流转作出的主观评价，体现为农户对宅基地流转政策等的态度。农户流转行为（Farmers Circulation Intention，FCI）为目标变量，通过农户对流转宅基地的参与行为程度表征。农户流转宅基地的感知价值越高，越能促进流转行为。因此，本书提出如下假说：

H4.6：农户对宅基地流转的感知价值正向影响农户流转行为。

二、数据来源与研究方法

（一）数据来源

为全面客观研究不同区域经济发展水平、不同地貌类型下农户宅基地流转行为及影响因素，本书课题组于 2020 年 9 月至 2021 年 9 月按照分层随机抽样原则对山东省禹城市伦镇赵庄村、五龙村，辛店镇任庄村、大秦村，安徽省金寨县古碑镇留坪村和迎河村、青山镇汤店村、姜河村，江西省余江区锦江镇七都村和乐泉村、中童镇瑶池村和爱国村，浙江省义乌市义亭镇西田村和叶前村、苏溪镇青春村和上甘村，四川省郫都区唐昌镇钓鱼村和永安村、友爱镇青冈村和石羊村，贵州湄潭县洗马镇团结村和新场村，重庆市大足区拾万镇长虹村和福利村 7 个试点地区 24 个村庄开展问卷调查，样本选择总体上涵盖经济发达、中等、欠发达区县，研究区域具有良好的代表性。调查采用半结构访谈方式，发放问卷共计 1 860 份，收回有效问卷 1 773 份，有效率为 95.32%。受访农户以男性为主，占 58.38%，年龄主要分布在 55～64 岁，占总数的

41.62%。农户受教育水平多集中在初中及以下，占 89.79%，村干部数量仅占 5.41%。64.86%的农户拥有 0.01 公顷以上的宅基地，家庭人口数在 3 人及以上的居多，占 90.92%。

（二）研究方法

结构方程模型（SEM）是一门全方位的统计分析技术，能够检验潜在变量与测量变量之间的假设关系，是一种依靠多种检验来判定假设模型与数据拟合程度的统计分析方法。利用 SEM 可以通过图形方式清晰地描绘农户宅基地流转行为的影响机制，且本书构建的分析框架符合结构方程模型的一般形式。本书共设计个人力、地域力、文化力、农户感知利益、农户感知风险、农户感知价值和农户流转行为 7 个潜在变量和 33 个观测变量，设定参数与方程具体形式如下：

$$x = \Lambda_x \xi + \sigma \quad (4-1)$$

$$y = \Lambda_y \eta + \varepsilon \quad (4-2)$$

$$\eta + B\eta = \Gamma\xi + \zeta \quad (4-3)$$

式（4－1）、式（4－2）为测量方程，用以度量潜在变量与测量变量之间的关系，式（4－3）为结构方程，用以度量潜在变量与潜在变量之间的关系。x 和 y 分别为外生观测变量和内生观测变量，Λ_x 和 Λ_y 分别为观测变量在潜在变量上的因子载荷矩阵。ξ 为外生潜变量，本书中包括个人力、地域力、文化力、农户感知利益和农户感知风险。η 为内生潜变量，本书中指农户感知价值和农户流转行为。B 和 Γ 为路径系数，σ、ε 和 ζ 均为误差项。

依据前文理论分析并借鉴已有研究成果，问卷采取 Likert 五点量表对模型变量进行量表设计（表 4－1），其中农户感知利益（*FPB*）和农户感知风险（*FPR*）变量的测量题项分别从经济、社会和心理 3 个方面设计观测变量，赋值 1～5 分别表示完全不同意和完全同意，分数越大表示越同意。

表 4－1　农户宅基地流转行为问卷变量说明及指标内涵

潜在变量	观测变量	测量题项与赋值
个人力 *IF*	*IF*1：年龄	调查对象的年龄（1＝65 岁及以上，2＝55～64 岁，3＝45～54 岁，4＝35～44 岁，5＝小于 35 岁）
	*IF*2：受教育程度	调查对象的受教育程度（1＝文盲，2＝小学，3－初中，4－高中，5＝高中以上）
	*IF*3：兼业程度	调查对象的兼业程度（1＝纯农，2＝半纯农，3＝兼农，4＝半兼农，5＝非农）

（续）

潜在变量		观测变量	测量题项与赋值
地域力 *RF*		*RF*1：宅基地面积	调查对象家庭所有宅基地面积总和（1＝0.005公顷以下，2＝0.005～0.01公顷，3＝0.01～0.015公顷，4＝0.015～0.02公顷，5＝0.02公顷以上）
地域力 *RF*		*RF*2：村集体经济	我所在村集体经济情况比较差（非常不同意＝1；不同意＝2；一般同意＝3；比较同意＝4；非常同意＝5）
地域力 *RF*		*RF*3：基础设施	我对农村宅基地周边的基础设施和社会服务感到不满意（非常不同意＝1；不同意＝2；一般同意＝3；比较同意＝4；非常同意＝5）
文化力 *CF*		*CF*1：乡土情结	农村宅基地是自己安身立命之本（非常不同意＝1；不同意＝2；一般同意＝3；比较同意＝4；非常同意＝5）
文化力 *CF*		*CF*2：环境认同	我对乡村的生活方式和生活环境感到满意（非常不同意＝1；不同意＝2；一般同意＝3；比较同意＝4；非常同意＝5）
文化力 *CF*		*CF*3：养老保障	我希望将宅基地留给家人养老（非常不同意＝1；不同意＝2；一般同意＝3；比较同意＝4；非常同意＝5）
农户感知利益 *FPB*	经济利益	*FPB*1：增加收入	宅基地流转能增加一定金钱收入（非常不同意＝1；不同意＝2；一般同意＝3；比较同意＝4；非常同意＝5）
农户感知利益 *FPB*	经济利益	*FPB*2：改善生活	宅基地流转能提升家庭生活水平（非常不同意＝1；不同意＝2；一般同意＝3；比较同意＝4；非常同意＝5）
农户感知利益 *FPB*	经济利益	*FPB*3：惠农政策	宅基地流转可享受相关低（无）息贷款等惠农政策（非常不同意＝1；不同意＝2；一般同意＝3；比较同意＝4；非常同意＝5）
农户感知利益 *FPB*	社会利益	*FPB*4：社会资源	宅基地流转可充分利用闲置宅基地，增加社会可利用资源（非常不同意＝1；不同意＝2；一般同意＝3；比较同意＝4；非常同意＝5）
农户感知利益 *FPB*	社会利益	*FPB*5：促进发展	宅基地流转可促进乡村整体发展（非常不同意＝1；不同意＝2；一般同意＝3；比较同意＝4；非常同意＝5）
农户感知利益 *FPB*	社会利益	*FPB*6：就业机会	宅基地流转可增加创业、就业机会，就业渠道更广（非常不同意＝1；不同意＝2；一般同意＝3；比较同意＝4；非常同意＝5）
农户感知利益 *FPB*	心理利益	*FPB*7：实现价值	同意宅基地流转是积极响应国家政策（非常不同意＝1；不同意＝2；一般同意＝3；比较同意＝4；非常同意＝5）
农户感知利益 *FPB*	心理利益	*FPB*8：责任意识	同意宅基地流转能为乡村振兴作贡献（非常不同意＝1；不同意＝2；一般同意＝3；比较同意＝4；非常同意＝5）
农户感知利益 *FPB*	心理利益	*FPB*9：获得认同	同意宅基地流转可以获得身份认同（非常不同意＝1；不同意＝2；一般同意＝3；比较同意＝4；非常同意＝5）

（续）

潜在变量		观测变量	测量题项与赋值
农户感知风险 *FPR*	经济风险	*FPR*1：财产损失	宅基地流转可能造成财产损失（住宅破坏）（非常不同意=1；不同意=2；一般同意=3；比较同意=4；非常同意=5）
		*FPR*2：收益不合理	担心宅基地流转收益标准不合理（非常不同意=1；不同意=2；一般同意=3；比较同意=4；非常同意=5）
		*FPR*3：收益不到位	担心宅基地流转收益不能按时到位（非常不同意=1；不同意=2；一般同意=3；比较同意=4；非常同意=5）
	社会风险	*FPR*4：市场不稳定	宅基地流转政策刚推行，流转市场尚不稳定（非常不同意=1；不同意=2；一般同意=3；比较同意=4；非常同意=5）
		*FPR*5：破坏环境	可能破坏当地原有生态环境（非常不同意=1；不同意=2；一般同意=3；比较同意=4；非常同意=5）
		*FPR*6：社会矛盾	可能与流转对象、地方政府引发部分社会矛盾（非常不同意=1；不同意=2；一般同意=3；比较同意=4；非常同意=5）
	心理风险	*FPR*7：环境压力	周围居民都流转宅基地会对自己造成压力（非常不同意=1；不同意=2；一般同意=3；比较同意=4；非常同意=5）
		*FPR*8：心理负担	流转可能增加心理焦虑和负担（非常不同意=1；不同意=2；一般同意=3；比较同意=4；非常同意=5）
		*FPR*9：精力成本	流转是一件耗费精力的事（非常不同意=1；不同意=2；一般同意=3；比较同意=4；非常同意=5）
农户感知价值 *FPV*		*FPV*1：政策肯定	我对宅基地流转政策持肯定态度（非常不同意=1；不同意=2；一般同意=3；比较同意=4；非常同意=5）
		*FPV*2：价值认可	我认可宅基地流转能给农户带来实在价值（非常不同意=1；不同意=2；一般同意=3；比较同意=4；非常同意=5）
		*FPV*3：积极意义	我认可宅基地流转在多方面具有积极意义（非常不同意=1；不同意=2；一般同意=3；比较同意=4；非常同意=5）
农户流转行为 *FCI*		*FCI*1：支持度	我愿意为宅基地流转付出时间和劳动（非常不同意=1；不同意=2；一般同意=3；比较同意=4；非常同意=5）
		*FCI*2：满意度	宅基地流转政策符合自己的需求（非常不同意=1；不同意=2；一般同意=3；比较同意=4；非常同意=5）
		*FCI*3：参与度	我愿意主动了解并宣传宅基地流转政策（非常不同意=1；不同意=2；一般同意=3；比较同意=4；非常同意=5）

三、结果与分析

（一）样本总体状况

根据调研数据统计结果可知，宅基地三权分置制度改革后，农户流转宅基地行为达56.68%，但不同区域受访农户流转行为差距明显。江西省余江区和浙江省义乌市的农户流转行为明显高于其他调研区域，整体高达72.94%。值得一提的是，重庆市大足区的受访者流转行为较低，倾向于自己经营宅基地作民宿、农家乐等。访谈得知主要原因是经济条件较好区域的农户早已接触过宅基地流转，认可流转的市场价值。而大足区的受访者主要地处城郊区、旅游区，良好的区位条件为农户提供了“家门口就（创）业”机会。另外，数据表明，认为流转价格偏低的农户占71.91%，在拥有闲置宅基地前提下，87.39%的农户愿意流转宅基地。这表明拥有其他住房仍然是农户愿意流转宅基地的先决条件。

（二）数据信度与效度检验

为衡量数据的可靠性和正确性，本书运用SPSS26.0软件对数据进行信度、效度检验，具体采用*Cronbach's α*系数检验各维度量表的内部一致信度，*KMO*值和Bartlett球形度检验数据效度结果如表4-2所示。由表可知，各潜在变量的*Cronbach's α*系数值均大于0.70，表明问卷具有良好的信度；*KMO*值均大于0.6，且Bartlett球形检验统计值显著（$P<0.001$），表明问卷数据具有较好的效度。综合来看，模型数据质量通过检验。

表4-2 信度检验与效度检验结果

潜在变量	信度检验	效度检验	
	Cronbach's α	*KMO*	Bartlett球形检验
个人力	0.873	0.732***	0.000
地域力	0.807	0.713***	0.000
文化力	0.866	0.730***	0.000
农户感知利益	0.902	0.854***	0.000

（续）

潜在变量	信度检验	效度检验	
	Cronbach's α	*KMO*	Bartlett 球形检验
农户感知风险	0.916	0.920***	0.000
农户感知价值	0.848	0.727***	0.000
农户流转行为	0.847	0.728***	0.000

注：*** 表示 *KMO* 统计值的伴随概率小于 0.001。

（三）模型适配度检验与修正

为检验模型适配度，本书基于现有理论框架，运用 AMOS26.0 软件拟合农户宅基地流转行为及影响因素的初始结构方程模型，评估模型外在质量。初始模型拟合适配度未达标，根据参数估计结果，剔除了 *FPB*3、*FPB*5、*FPB*7、*FPR*5、*FPR*7 和 *FPR*8 等不显著题项，同时增列 *e*11 与 *e*12 之间的共变关系，有效降低了模型的卡方值，且不违背理论假设。修正后模型整体适配度检验结果如表 4-3 所示，各项拟合指标均满足阈值条件，表明修正后模型整体拟合程度良好，稳健性通过检验。修正的 SEM 模型及标准化路径系数如图 4-2 所示。

表 4-3　结构方程模型适配度检验

检验指标	模型指标值	适配标准	适配判断
卡方自由度比（χ^2/df）	1.58	<3	理想
适配度指数（*GFI*）	0.943	>0.9	理想
调整后适配度指数（*AGFI*）	0.929	>0.9	理想
残差均方和平方根（*RMR*）	0.049	<0.08	理想
规范适配指数（*NFI*）	0.95	>0.9	理想
相对适配指数（*RFI*）	0.943	>0.9	理想
简约适配度指数（*PGFI*）	0.761	>0.5	理想
规则适配指数（*PNFI*）	0.826	>0.5	理想

（四）农户宅基地流转行为影响因素与作用机理分析

根据修正模型拟合结果，汇总各潜在变量对农户感知价值和农户流转行为的标准化路径系数（表 4-4），各变量之间路径系数分别在 5%和 1%的水平上

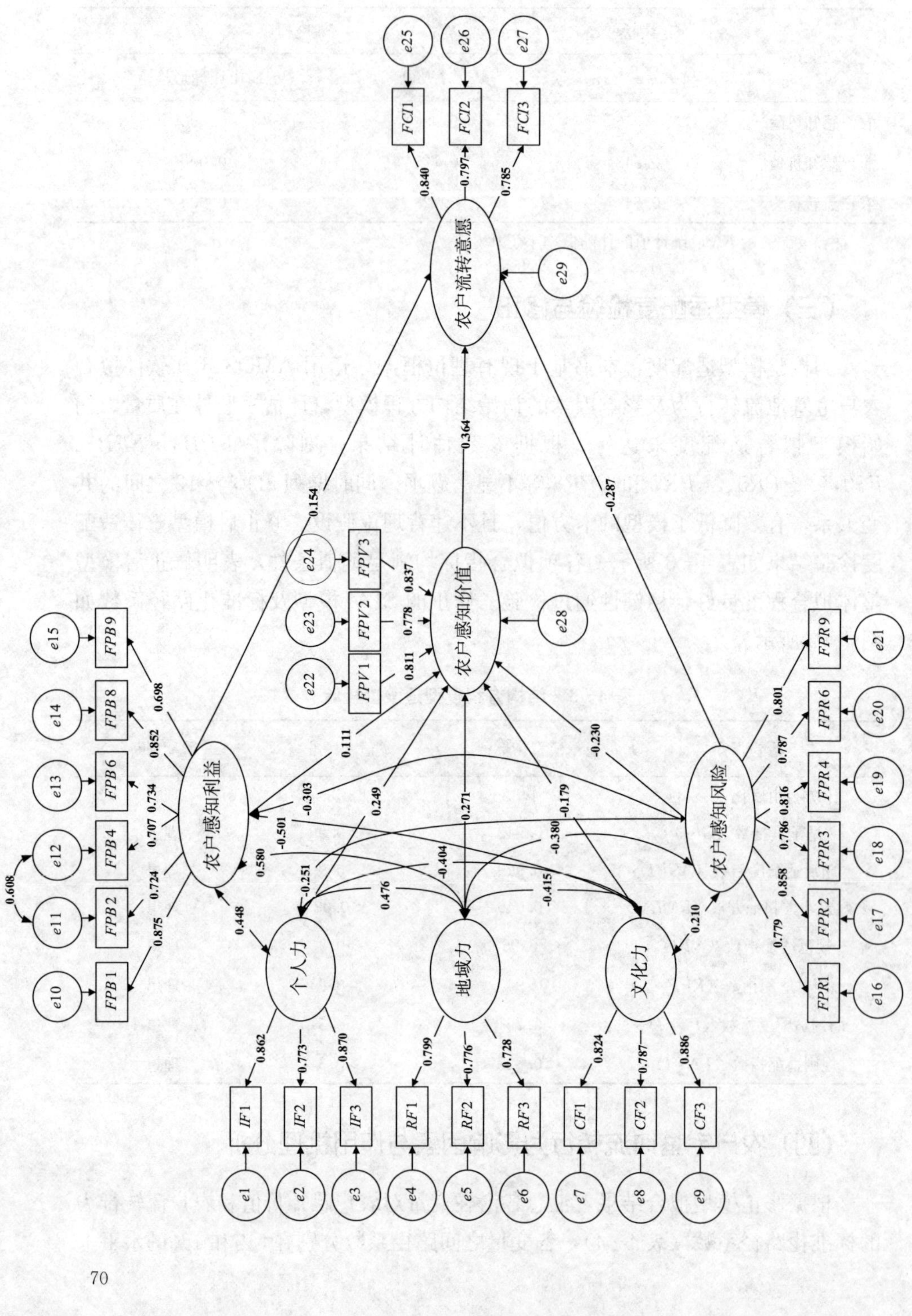

图4-2 结构方程模型标准化路径系数

显著，且系数的正、负方向与理论一致。由表 4-4 可知，*IF*、*RF*、*CF* 与 *FPV* 之间的标准化路径系数分别为 0.249、0.271 和 −0.179，并在 1%显著性水平上通过检验，表明农户个人力、地域力显著正向影响农户感知价值，文化力显著负向影响农户感知价值，假设 H4.1、H4.2 和 H4.3 得以证实。*FPB* 与 *FCI* 之间的标准化路径系数为 0.154，并在 1%显著性水平上通过检验，表明农户感知利益对农户流转行为有显著正向影响，假设 H4.4 得到证实。*FPR* 与 *FCI* 之间的标准化路径系数为 −0.287，并在 1%显著性水平上通过检验，表明农户感知风险对农户流转行为有显著负向影响，假设 H4.5 得到证实。*FPV* 与 *FCI* 之间的标准化路径系数为 0.364，并在 1%显著性水平上通过检验，表明农户感知价值显著正向影响农户流转行为，假设 H4.6 得以证实。价值认知对农户宅基地流转行为的影响机理分析如下。

表 4-4　结构方程模型估计结果

假设	路径	估计系数	标准误	临界比	概率值	结果
H4.1	个人力（*IF*）→农户感知价值（*FPV*）	0.249	0.048	5.462	***	成立
H4.2	地域力（*RF*）→农户感知价值（*FPV*）	0.271	0.059	4.864	***	成立
H4.3	文化力（*CF*）→农户感知价值（*FPV*）	−0.179	0.041	−3.980	***	成立
H4.4	农户感知利益（*FPB*）→农户流转行为（*FCI*）	0.154	0.054	3.125	***	成立
H4.5	农户感知风险（*FPR*）→农户流转行为（*FCI*）	−0.287	0.044	−6.160	***	成立
H4.6	农户感知价值（*FPV*）→农户流转行为（*FCI*）	0.364	0.052	6.445	***	成立

注：**、*** 分别表示数据在 5%、1%的水平上显著。

1. 农户根据自身情境形成感知价值

个人力（*IF*）、地域力（*RF*）和文化力（*CF*）是农户形成感知价值的基本因素，其影响程度依次为 *RF*（0.271）＞*IF*（0.249）＞*CF*（−0.179），说明农户感知宅基地流转价值主要受地域力影响，其次是个人力和文化力。首先，地域力层面中，农户对村集体经济、村庄基础设施、社会服务的满意度和宅基地面积是影响农户流转宅基地感知价值的重要因素。调研发现，相比于“两权分离”，宅基地三权分置政策出台后，宅基地数量较多或面积较大的农户，其拥有的闲置房屋较多，这类农户流转闲置宅基地的期望更加强烈。在拥有闲置宅基地的前提下，87.39%的农户愿意流转宅基地，在村集体经济、设施服务越差的区域，农户越认可流转带来的财产性收益。而不愿意流转宅基地的农户多因为宅基地是其唯一住所，流转后住房无法保障。宅基地三权分置改革政策能在流转后仍保留农户宅基地资格权，并享受流转带来的持续经济收入，因此大部分农户愿意流转闲置宅基地。其次，个人力层面，农户兼业程度、受教育程度和年龄也是影响农户感知价值的重要因素。一般来看，年龄越小、受教育程度越高，对宅基地流转的相关认知和接受度越高。兼业程度较高的农户基本脱离农业生产，在本村居住时间较少，宅基地的居住保障功能弱化。数据显示，77.06%的兼业类农户希望通过流转宅基地变换资金减轻租赁或购买城镇住房的负担。最后，文化力层面，农户的土地情结、环境认同和养老保障对其感知宅基地流转价值具有重要负向影响。农户将宅基地视为祖宅的“乡土情结”加深了其对宅基地的依赖情绪，部分农户习惯乡村生活环境和生活方式，将宅基地作为养老保障的传统观念进一步弱化了其流转行为。“两权分离”下因“地随房走”原则，转让房屋则宅基地随之流转，农户将不可再申请宅基地。但宅基地三权分置将“两权”中的使用权分离为“宅基地资格权”和“宅基地使用权”，允许以多种形式流转宅基地，保障了农户合法权益，一定程度上促进了农户流转宅基地的参与性和积极性。因此，文化力因素在这两种正负作用影响下，影响系数相对较小。

2. 农户理性权衡利弊形成感知价值

感知利益（*FPB*）和感知风险（*FPR*）是农户形成感知价值的关键因素，其影响程度为*FPR*（−0.230）>*FPB*（0.111），表明农户流转宅基地的感知价值主要受感知风险负向影响，受感知利益的正向影响。感知风险层面，经济风险是其中最关键的方面，包括流转收益不合理、不到位和自身房屋遭受损坏等；社会风险方面的因素也有重要影响，主要是担心流转市场不稳定，容易与社会主体或政府引发利益冲突等；心理风险方面的因素影响并不显著，表明农户不会因为环境压力或心理负担影响对流转宅基地的感知价值。访谈得知，71.91%的农户认为宅基地流转价格较低，且当前流转政策正处于试点阶段，各方面机制尚未完善，担心自身利益无法得到保障。同时房屋造价较高的农户相较于流转带来的收益，对流转后房屋的保护更加敏感，担心破坏住房设施。因此，这类农户感知价值较低。感知利益层面，经济利益、社会利益和心理利益方面的因素均对农户感知价值产生重要影响。说明农户认可流转带来的收入在一定程度上可以改善生活水平。在“两权分离”下，农户多通过私下寻租追求经济价值，但三权分置后农户可以出让、转让、出租或抵押宅基地。农户尤其偏好流转宅基地作民宿、农家乐等用途，希望通过市场主体修缮闲置、破旧的老宅，提升宅基地的市场价值。宅基地三权分置允许使用权在更大范围内流转，意味着农村宅基地能够实现规模运营，部分认知相对超前的农户也认为大规模的宅基地流转可以带动乡村经济发展，拓宽当地就业渠道等。因此这类农户感知价值较高。

3. 农户综合评估价值形成流转行为

农户感知利益（*FPB*）、农户感知风险（*FPR*）和农户感知价值（*FPV*）是农户形成流转行为的决定因素，其影响程度依次为 *FPV*（0.364）＞*FPR*（－0.287）＞*FPB*（0.154），表明农户流转宅基地的行为主要受感知价值影响，其次是感知风险和感知利益。农户根据自身情况以及宅基地流转后的用途，会对流转宅基地获取的收益做出主观评价。调研数据显示，在愿意流转的前提下，56.42％的农户希望流转的宅基地作民宿、康养和农家乐等用途。这类用途既保留了农房原有的居住属性，又将改善现有房屋的居住条件。因此，农户认为这类流转可以增加宅基地附加值。部分农户表示并不介意宅基地流转后的用途，但对流转价格比较敏感。一般情况下，相较于厂房、仓储物流等用途，农户更倾向于民宿、农家乐等收益较高的流转形式。14.71％的农户表示不愿意将宅基地流转给他人经营，计划自己在村里经营小卖部、农家乐或民宿等。这类农户的宅基地通常处在旅游区或城郊区，自然环境和经济条件较好，比较适合经营性流转。感知风险比感知利益对农户流转行为影响更大，表明农户具有"风险厌恶"特征。一方面，对没有其他住宅的农户而言，流转收益相比于流转后租房、购房等生活成本"杯水车薪"；另一方面，拥有闲置宅基地的农户担心流转后房屋破坏、环境污染而"得不偿失"。因此，农户流转宅基地时会同时考量利益和风险，这也符合农户理性人的客观实际。

四、本章小结

本章基于全国 7 个典型宅基地改革试点省市 24 个村的 1 773 份抽样数据，运用结构方程模型（SEM），构建分布式认知理论和感知价值理论框架，实证探讨价值认知差异对农户宅基地流转行为的影响因素，主要结论如下：①基于分布式认知理论和感知价值构建的理论框架，能够很好地解释三权分置改革中农户流转行为形成的内在逻辑机理；②农户个人力、地域力显著正向影响农户宅基地流转感知价值，文化力显著负向影响农户感知价值，其中地域力影响最大，其次是个人力和文化力；③农户流转宅基地的感知价值主要受感知风险负向影响，受感知利益的正向影响；④农户流转行为主要受感知利益和感知价值显著正向影响，受感知风险负向影响，其中感知价值影响最大。

基于上述理论与实证分析，结合党的二十大报告中有关"深化农村土地制度改革，赋予农民更加充分的财产权益”等精神，本章针对性地提出如下对策建议：**一是**尊重农户行为，维护农户权益。集体经济组织应深入摸底不同农户宅基地情况和流转需求，充分尊重农户的真实行为，确保宅基地流转后农户生活有改善，各项权益不受损。**二是**提升农户认知，拓宽就业渠道。农户对流转政策不熟悉或对市场信息不了解，常会扩大农户对流转宅基地的风险感知，进而降低感知价值，制约农户形成流转行为。因此政府应强化公共服务职能，加大流转政策普及力度，提升农户流转宅基地的价值感知。满足农户差异化的流转需求，促进农村宅基地的合理配置和利用。**三是**规范流转市场，建立反馈机制。为农户宅基地流转搭建高效有序的市场化平台，建立纠纷调解机制，可有效降低农户对流转的社会风险感知。通过对宅基地流转范围、时限及用途作出详细规定，规范各方权责分配能显著降低农户经济风险感知。

第五章　三权分置改革中宅基地流转对农户生计行为影响分析

宅基地使用权流转是当前农村宅基地制度改革的必然结果，也是解决农村发展困境，实现乡村振兴，助力共同富裕的重要措施。在盘活闲置农村宅基地的同时，探索宅基地使用权多样化的流转用途不仅可以使宅基地面向市场需求，为农村产业融合发展提供必要的土地与场所（苏芳，2009a；苏芳，2009b），而且从农户生计角度看，它有助于增加农户收入，调整农户生计资本比例，促使农户优化生计策略（赵立娟，2019；何仁伟，2017），增强农户抵御风险能力。但宅基地使用权流转对农户生计资本存在多条作用路径，为更加清晰地考察宅基地使用权流转对农户生计资本的影响，有必要从多角度出发深入了解各地农村宅基地使用权流转对农户可持续生计的影响机理，为实现乡村振兴战略下的城乡共同富裕提供政策依据与参考。

一、本章研究假说

宅基地使用权流转是农户家庭、个人与村集体共同作用的结果，是农户基于自身与家庭可持续发展做出的生计决策（瞿理铜，2020；杨庆媛，2022；王兆林，2018）。随着城市工业经济高度发展，农业比较收益低下，受制于农业发展季节性特征的农户家庭收入存在较大不确定性。户主的年龄、性别、受教育程度等个人特征极大影响了其就业范围、收入高低与认知水平，并直接影响家庭宅基地使用权流转意愿与生计资本占有量。对农户家庭而言，宅基地承载着养育子女与赡养老人的功能，家庭规模、总收入、非农收入占比、住房保障既是农户生计状况的直接体现，也是影响宅基地使用权流转决策的因素之一（贺立龙，2020；杨璐璐，2022）。此外，来自外部的环境因素也会直接影响宅基地使用权流转对农户生计资本的作用。诸如所在村集体经济状况、基础设施、周围宅基地使用权流转状况等，既能直接反映农户家庭生计好坏，也能从社会层面影响农户家庭的心理预期与偏好，从而对宅基地使用权流转决策产生根本性影响（张广辉、张建，2021；Gina Koczberski，2005；Eija Soini，2005；张永强，2017；马国璇，2022）。

学界普遍认同农户生计资本包含五个方面，即自然资本、人力资本、物质资本、金融资本、社会资本。本书在苏芳对生计资本五大类别的认定基础上（苏芳，2009a；苏芳，2009b），借鉴赵立娟的研究（赵立娟，2019），将反映农户心理要素的认知资本纳入生计资本指标体系中，创建农户生计资本最大化模型，以分析宅基地使用权流转对农户生计资本的影响机制及作用机理。

农户生计资本最大化模型如下所示：

$$\max U = \sum_{i=1}^{6} \alpha_i C_i \tag{5-1}$$

$$\text{s.t. } C_1 = GC_1 + \chi_A(x)(C_1^a - C_1^b) \quad \text{自然资本约束} \tag{5-2}$$

$$C_2 = GC_2 + \chi_A(x)(C_2^a - C_2^b) \quad \text{人力资本约束} \tag{5-3}$$

$$C_3 = GC_3 + \chi_A(x)(C_3^a - C_3^b) \quad \text{物质资本约束} \tag{5-4}$$

$$C_4 = GC_4 + \chi_A(x)(C_4^a - C_4^b) \quad \text{金融资本约束} \tag{5-5}$$

$$C_5 = GC_5 + \chi_A(x)(C_5^a - C_5^b) \quad \text{社会资本约束} \tag{5-6}$$

$$C_6 = GC_6 + \chi_A(x)(C_6^a - C_6^b) \quad \text{认知资本约束} \tag{5-7}$$

其中，U 为农户追求的生计资本函数；$C_1 \sim C_6$ 分别为农户六类生计资本；G 与 α 为待定系数；$\chi_A(x)$ 为示性函数，具体为：

$$\chi_A(x) = \begin{cases} 1, \text{农户参与宅基地流转} \\ 0, \text{农户未参与宅基地流转} \end{cases} \tag{5-8}$$

A 表示宅基地使用权流转，当 $x=1$ 是表示农户参与宅基地使用权流转，$x=0$ 则表示未参与。

自然资本约束中，C_1^a 表示宅基地使用权流转对农户自然资本的提升效果，例如耕地质量与数量增加、水质提高等。C_1^b 表示宅基地使用权流转后农户自然资本的损害程度，例如经营导致的空气、土地污染。

人力资本约束中，C_2^a 表示宅基地使用权流转后农户人力资本大幅增强，例如家庭成员技能培训增加或就业环境改善。C_2^b 表示宅基地使用权流转后人力资本损害程度，例如宅基地使用权流转后农户由于外出务工而忽视子女教育，导致家庭人力资本水平下降。

物质资本约束中，C_3^a 表示宅基地使用权流转后农户物质资本的提升效果，例如购买城市住房等。C_3^b 表示宅基地使用权流转后农户物质资本的下降程度，例如丧失宅基地居住保障功能，租住农房所需花销。

金融资本约束中，C_4^a 表示宅基地使用权流转后农户金融资本有所上升，例如农户财产性收入增加，可贷款收入增加等（孙鹏飞，2020；周强，2020）。C_4^b 表示宅基地使用权流转后农户金融资本减少，例如宅基地转出后农户从事农业生产难度增加，家庭收入减少等。

社会资本约束中，C_5^a 表示宅基地使用权流转后农户社会资本优化升级，例如人脉提升，社会地位上升等。C_5^b 表示宅基地使用权流转后农户社会资本下降，例如与村集体发生矛盾、邻里关系恶化等。

认知资本约束中，C_6^a 表示宅基地使用权流转后农户认知资本得以提升，例如农户对政策的了解增多。C_6^b 表示宅基地使用权流转后农户认知资本降低，例如对村集体事务的参与度降低。

将上述表达式整理合并可得：

$$\max U=\begin{cases}G\sum_{i=1}^{6}\alpha_iC_i+\chi_A(x)\sum_{i=1}^{6}(C_i^a-C_i^b) & ,x=1\\ G\sum_{i=1}^{6}\alpha_iC_i & ,x=0\end{cases}\tag{5-9}$$

显然，U 作为农户的生计资本，随着农户宅基地使用权流转决策的不同而存在两种不同的结果。宅基地使用权流转后的农户生计资本面临着流转带来的效益提升和冲击两个方向的变化。根据已有文献研究，结合可持续生计理论、理性经济人假设，本书认为农户总是能在符合自身利益最大化的前提下做出生计抉择。

宅基地使用权流转后，村集体基础设施建设得以加强，农户耕地质量提高，大气条件、水资源在经营生产中得到相应保护，因此农户自然资本得以改善。家庭收入增加，用于成员教育性支出和培训支出的比例上升，并在乡村产业升级换代中提高了就业能力，因此农户人力资本得以改善。收入提高使得家庭住房条件改善、生产工具更新、家庭物质积累实力提高（孙鹏飞，2020；周强，2020），农户物质资本得以改善。租金收入有助于优化农户收入结构，提高农户金融资本积累。农村发展带来资金、劳动力的流入，使得农户社会人脉提升、与村集体联系更为紧密（严金明，2019），农户社会资本得以提升。流转出使用权的农户与宅基地利益分配息息相关，农户对相关政策的敏锐程度及获取、处理信息的能力有所改善，农户认知资本得以增强（邝佛缘，2021；肖开红，2021；马彩虹，2021）。

上述分析表明，农户更倾向于在获取最大化利益的基础上做出生计抉择，当宅基地使用权流转的效益高于自住或闲置带来的效益时，他们往往更愿意流转出宅基地。故提出研究假说 H5.1。

H5.1：宅基地使用权流转能够提高农户生计资本。

自宅基地三权分置制度改革以来，宅基地使用权可流转成为农村社会普遍共识后，农户就在不断追寻实现宅基地价值最大化的方式（曲朦，2018；黄建伟，2011）。与此同时，大量资本下乡参与经营势必会对农村社会经济、生态、人文造成巨大冲击（张勇，2020）。在乡村振兴战略下，如何协调农户、村集体、社会资本三方利益，实现农户生计长久持续的发展是极为重要的课题（许汉石，2012）。

二、指标数据

（一）数据来源

本书选取的数据均来自 2021 年 3 月至 2022 年 10 月课题组在 10 处典型宅基地试点改革地区的调研访谈问卷，问卷涵盖了农户个体特征、家庭特征、宅基地与农房基本状况、农户生计资本与风险特征、社会环境特征与心理预期因素等上百个问题，囊括了调查区域农户宅基地基本情况与生计状况较为全面的特征，为后续实证分析提供了数据支撑。

（二）指标设定

本书在 DFID 可持续生计分析框架基础上，参考苏芳（2009a）和赵立娟（2019）的研究成果并考虑实地调研数据的局限性，兼顾农户家庭物质层面与认知层面，测算的具体指标及赋值主要参照何仁伟（2017）对凉山州农户生计资本的相关研究成果，在农户 5 类生计资本（自然资本、金融资本、人力资本、社会资本、物质资本）的量化指标基础上加入认知资本，考虑到宅基地使用权流转后农户居住地点距离城市可能发生变化、可能主动了解相关宅基地政策、可能获取更多生计发展信息，因此本书将农户认知层面指标加入量化体系中，从农户生产生活、社会关系、金融借贷能力、物质资产、认知能力与信息获取等方面构建农户生计资本指标体系，在数据具有可量化、可比性与高操作性基础上，选取 19 个细分指标以测算农户生计资本。

由于所选指标存在量纲、数量变化的差异，本书首先采用标准化办法对调研数据进行无量纲处理，并采用客观赋权法计算权重，最后将 6 类资本指标加权汇总为农户生计资本。

（三）变量设置

1. 因变量

本书将农户生计资本作为研究的因变量，由 6 类生计资本（自然资本、金融资本、人力资本、社会资本、物质资本、认知资本）加权得到（表 5－1）。人力资本由劳动力数量、流转收入用于家庭成员教育的比例、流转收入用于家庭成员医疗的比例、流转后职业技能培训次数、流转后就业情况是否改善等来衡量，其中劳动力数量由流转后增加的家庭劳动力数量衡量。自然资本由耕地质量与面积衡量，宅基地使用权流转后可能导致农户承包他人土地，也可能导致农户将农地转出选择进城务工，因此宅基地使用权流转会影响农户自然资本的持有量。物质资本中住房条件与基础设施建设在宅基地使用权流转后均明显受到影响。金融资本中可筹得资金与家庭收入明显受到流转收入与人脉的影响。社会资本由农户生产经营中的社会人脉构成，宅基地使用权流转后，农户可能选择进城务工从而导致本村的人脉减少，也有可能选择在本村参与服务业使社会人脉得到提升。认知资本由宅基地流转后农户心理与信息层面的提升衡量，也是农户做出正确生计决策的关键。

2. 核心自变量

本书主要研究宅基地使用权流转对于农户家庭生计资本的影响效果，因此本书选取“农户家庭是否存在宅基地使用权流转”为核心自变量。宅基地是农户家庭重要的物质财产，其主要功能是为农户家庭提供居住保障，起到稳定社会的福利作用。实地走访数据显示，宅基地使用权流转在农户中较为少见，2 165 户农民家庭中仅有 685 户选择进行宅基地使用权流转，流转率为 31.6%。

3. 个人层面控制变量

选取了户主的“年龄”“性别”“受教育程度”“是否为村干部”“是否为贫困户”“非农务工时间”“是否参加农村养老保险”7 个指标来反映农户家庭个人层面对生计资本的影响。年龄越大的农户越看重宅基地的居住功能、养老保障功能，因此倾向于保留宅基地，以获得较为富余的生计资本。男性户主的风险偏好一般强于女性，对农户家庭生计风险的影响较大，可能更倾向于发展社会资本、金融资本，以增强家庭生计资本总量。户主受教育程度会直接地影响农户生计策略的选择与农户生计资本的积累。户主为村干部的家庭对于宅基地政策的了解可能更为深入，同时其家庭社会资本高于普通农户。户主为贫困户的家庭存在较大生计风险，其家庭生计资本水平较难得到提升。户主的非农务工时间反映了户主生计策略选择，对农户生计资本影响重大。户主参加农村养老保险可以帮助农户家庭有效规避生计风险。

4. 家庭层面控制变量

选取了“农房总造价”“宅基地总面积”“家庭规模”“家庭收入”“城市住房”“养老保障”“耕地数量”7个指标来衡量农户家庭的生计风险水平。农房造价越高的农户家庭生计保障水平越高，宅基地也蕴含更高价值，因此较少流转宅基地使用权。宅基地总面积越大的家庭所拥有的物质资本越高，其生计保障水平也会高于一般农户。家庭规模是影响农户家庭劳动力的重要指标，一般来说，家庭规模越大，农户家庭人力资本越高。家庭收入越高的农户家庭，其生计资本积累越多。城市住房可以为农户家庭提供更高水平的物质资本，帮助其降低生计风险。养老保障是指宅基地是否为家庭提供养老功能，将宅基地作为养老保障的家庭一般较少选择流转宅基地，这也意味着其家庭生计风险较高。耕地数量能够反映农户家庭生计策略类型，一般而言，耕地数量较多的家庭以务农为主，耕地数量较少的农户家庭以务工为主，这也对农户家庭生计资本的积累与提升有重大影响。

5. 村落层面控制变量

选取了农户家庭所在村的“村集体经济状况”与“村基础设施状况”两个指标来考察村落层面对农户生计资本的影响。农户家庭所在村集体经济状况对农户家庭生计策略的选择有重要影响，村集体经济状况直接决定了农户生产生活基础设施状况，对农户家庭收入、教育、医疗水平产生间接影响。此外，村集体经济状况越好的农户家庭，其生计策略越具有多样性，农户家庭抵御生计风险的能力就越强。农户家庭所在村基础设施状况反映了当地政府对村落的整治和管理水平，对农户生计资本的积累也有正向影响，所在村基础设施状况越好的农户家庭物质资本水平越高，其提高生计资本、实现可持续发展的阻力越小。

表5-1　变量说明及描述性统计

变量类别	变量名称	变量定义及赋值	最小值	最大值	均值	标准差
因变量	农户生计资本	农户6大生计资本加权之和	0.022	1.043	0.453	0.263 6
自变量	宅基地使用权流转	是否进行宅基地使用权流转：是=1；否=0	0	1	0.316	0.465 0

（续）

变量类别	变量名称	变量定义及赋值	最小值	最大值	均值	标准差
控制变量（个人）	年龄	户主的年龄（岁）	19	83	52.134 9	13.116 6
	性别	户主的性别：男=1；女=0	0	1	0.710 4	0.453 7
	受教育程度	户主的受教育程度：小学及以下=1；初中=2；高中=3；大专及以上=4	1	4	1.891 5	0.926 7
	是否为村干部	户主是否担任村干部：是=1；否=0	0	1	0.085 3	0.279 5
	是否为贫困户	户主是否为贫困户：是=1；否=0	0	1	0.069 2	0.253 9
	非农务工时间	一年中户主非农务工的时间（月）	0	12	6.506 9	4.823 0
	是否参加农村养老保险	户主是否参加农村养老保险：是=1；否=0	0	1	0.650 5	0.477 0
控制变量（家庭）	农房总造价	家庭农房总造价（万元）	0	100	13.569 4	13.177 2
	宅基地总面积	家庭宅基地总面积（平方米）	30	300	108.066 2	103.146 6
	家庭规模	家庭总人口数（人）	1	16	4.370 2	1.577 1
	家庭收入	家庭总收入（万元）	0.1	60	9.640 1	7.418 7
	城市住房	家庭是否在城镇购房：是=1；否=0	0	1	0.359 8	0.480 2
	养老保障	是否因为宅基地养老功能而选择不流转宅基地：是=1；否=0	0	1	0.715 1	0.451 6
	耕地数量	家庭拥有耕地（亩）	0.1	38	3.253 8	3.521 1
控制变量（村落）	村集体经济状况	所在村集体经济状况：较差=1；一般=2；较好=3	1	3	2.194 9	0.590 5
	村基础设施状况	所在村基础设施状况：较差=1；一般=2；较好=3	1	3	2.271 0	0.618 5

数据来源：根据调研所得 2 165 份数据整理得到，已通过效度检验。

三、模型构建

（一）熵权改进 TOPSIS 法

熵权系数法可以减少人为因素对评价结果的影响，使评价结果更具科学性，可以更好消除不同生计资本评价指标之间的量纲和数量级。具体步骤为：

①进行指标数据无量纲化处理，对正向指标与负向指标进行相应处理。

②计算第 j 项指标下第 i 个项目的指标值所占比重，得到标准矩阵 P。

$$P_{ij} = \frac{a_{ij}}{\sum_{i=1}^{m} a_{ij}} \tag{5-10}$$

③计算第 j 个指标的信息熵值：

$$e_j = -K \sum_{i=1}^{m} P_{ij} \ln(P_{ij}) \tag{5-11}$$

其中 $K=1/\ln m$，m 为样本个数，$-K$ 为信息熵系数。

④计算第 j 个指标的熵权 W_j：

$$W_j = \frac{1-e_j}{\sum_{j=1}^{n}(1-e_j)} \tag{5-12}$$

TOPSIS 法是一种常用的组内综合评价方法，根据评价指标权重建立模型进行综合评价，能够充分利用原始数据信息，精确反映各评价方案之间的差距。其基本过程为：基于归一化后的原始数据矩阵，采用余弦法找出有限方案中的最优方案和最劣方案，然后分别计算各评价方案对象与最优方案和最劣方案间的距离，获得各评价对象与最优方案的相对接近程度，以此作为评价优劣的依据。

改进的 TOPSIS 法主要是对评价目标与正理想解和负理想解的距离公式进行了改进，得到各个农户生计资本指数的综合评价结果。改进 TOPSIS 法公式为：

$$C_i = \frac{d_i^-}{(d_i^- + d_i^+)}(i = 1,2,3\cdots\cdots) \tag{5-13}$$

其中，$d_i^+ = \sqrt{\sum_{j=1}^{n}(y_i^+ - y_{ij})^2}$，$d_i^- = \sqrt{\sum_{j=1}^{n}(y_i^- - y_{ij})^2}$，$y_i^+ = \max\limits_{m\geqslant j\geqslant 1}(y_{ij})$，$y_i^- = \min\limits_{m\geqslant j\geqslant 1}(y_{ij})$，$C_i$ 为第 i 个调研农户的指标综合评价值，y_i^+、y_i^- 表示被评价对象的正负理想点，d_i^+、d_i^- 表示第 i 个农户到正负理想点的欧氏距离。本书采用熵权改进 TOPSIS 法量化评估农户生计资本指数。

（二）倾向得分匹配估计（PSM）

在进行对农户生计资本影响的研究中，选择性偏差会严重影响结果的准确性。宅基地使用权流转是农户基于利益最大化做出的生计判断，不仅受到农户自身、家庭因素干扰，更受到多重不可观测因素（农户心理、生计偏好、外在条件、政策感知等）的影响。因此，对宅基地使用权流转引发的农户生计资本动态变化进行拟合回归，需要剔除样本自选择偏误，以保证因果推断的合理性。Rosenbaum 和 Rubin 为消除不可观测因素导致的偏差提出倾向得分匹配方法（PSM）。本书拟采用倾向得分匹配法对流转宅基地农户（处理组）与未流转宅基地农户（控制组）进行倾向得分匹配，以减少农户宅基地流转决策中存在的样本偏差问题。倾向得分匹配法通过构建反事实框架，使原本无法观察到的信息得以解读，即得到流转宅基地的农户在宅基地流转前的生计资本水平。通过比较做差可以得到宅基地使用权流转对农户生计资本带来的平均处理效应（ATT）：

$$ATT = E\{E[Y_1 \mid Trans = 1, P(X)] - E[Y_0 \mid Trans = 0, P(X)]\} \tag{5-14}$$

倾向得分匹配法的具体步骤一般包括以下 4 点：①设置协变量，进行倾向得分估计。本书选用 Logit 模型进行倾向得分估计。②选择匹配方法进行倾向得分匹配。本书选用邻匹配、卡尺匹配、卡尺近邻匹配、核匹配四种匹配方式，以检验匹配结果的一致性和有效性。邻匹配采用 1 对 4 进行匹配，K 设置为 4；卡尺匹配中带宽设置为 0.01。③匹配效果检验。本书将对结果进行平衡性检验与共同支撑域假设检验。④计算平均处理效应 ATT，得到变量间因果关系。

图 5－1 显示了宅基地流转对农户生计资本的处理效应。其中，T_0为宅基地使用权未流转时期，T_1为宅基地使用权流转时期。未流转时，处理组与控制组农户的生计资本受到其他因素（个人因素、家庭因素或社会因素）的影响。宅基地使用权流转后，其他因素不变，处理组农户获得宅基地租金收入，生计资本水平将高于控制组农户。

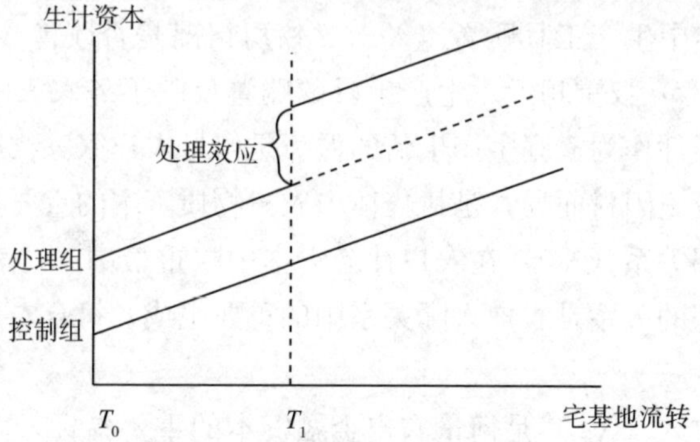

图 5－1　宅基地流转农户生计资本处理效应

农民拥有的生计资本是其抵御生计风险，实现家庭可持续发展的根本。由于城乡间要素难以流通、农业生产效益远低于工业与服务业，大量农民选择进城务工进一步积累自身生计资本的同时，农地撂荒、宅基地闲置等现象也随之出现。宅基地使用权流转既可以为农户提供多样化收入渠道，增加家庭收入，又能为本村务农、兼业农民提供更多就业岗位。社会资本下乡发展，能够壮大村集体经济，提升农户人脉与社会资本，拓宽其融资渠道。此外，农户收取租金后既可以用于家庭成员的教育培养与医疗支付以提高人力资本水平，又可以用于整治农地、修建附属水利、购置生产工具以提高物质资本与自然资本水平。宅基地使用权的流转，可以提高农户对政策的了解程度，增强其移居城镇的信心。

四、结果分析

(一) 生计资本权重测算结果

运用熵权改进 TOPSIS 法，对标准化数据指标体系进行权重计算，结果如表 5-2 所示。对各变量权重结果进行分析可以得出：

①劳动力数量（X_{11}）在农户家庭人力资本中权重最大，职业技能培训次数（X_{14}）在人力资本中权重最小，表明劳动力数量对农户家庭收入及生计资本积累至关重要。相对而言，职业技能培训在当前农村普及度不高，对农户生计能力的提升具有较大局限性。

②自然资本中耕地面积（X_{21}）权重最大，这表明区域内耕地质量大体相似，耕地面积更能反映农户家庭自然资本的大小。

③物质资本中生产工具购置（X_{31}）、住房情况是否改善（X_{32}）与基础设施是否改善（X_{33}）权重相近。生产工具的购置反映了务农家庭物质资本的丰厚程度；住房条件作为家庭生产生活的保障是衡量农户家庭物质资本的关键指标；农村基础设施因村而异，是村集体内农户物质资本的重要指标。

④与村干部关系（X_{41}）在农户社会资本中权重最高。这表明特定区域内的农民与村干部的关系是农户人际关系中的重要组成，符合农户社会资本发展特性。

⑤补贴性收入（X_{53}）是衡量农户金融资本的重要指标，而可筹得资金对于农户金融资本的反映能力相对较弱，这也符合当前农户在生产生活中贷款

难，筹得资金能力不足等情况。

⑥流转后是否有移居城镇计划（X_{63}）对农户认知资本至关重要，这表明农户流转宅基地使用权后，居住保障选择反映了农户家庭生计资本的高低。是否了解宅基地流转政策（X_{61}）在认知资本中权重最小，表明农户对宅基地流转政策的了解程度对农户家庭生计资本的影响较小。

表 5-2　农户生计资本指标权重计算结果

资本类型	测量指标	指标代码	权重
人力资本 C_1	劳动力数量	X_{11}	0.078 9
	收入用于家庭成员教育	X_{12}	0.030 6
	收入用于家庭成员医疗	X_{13}	0.025 8
	职业技能培训次数	X_{14}	0.008 9
	就业情况是否改善	X_{15}	0.056 2
自然资本 C_2	耕地面积	X_{21}	0.106 0
	耕地质量	X_{22}	0.085 6
物质资本 C_3	生产工具购置	X_{31}	0.059 0
	住房情况是否改善	X_{32}	0.050 8
	基础设施是否改善	X_{33}	0.058 6
社会资本 C_4	与村干部关系	X_{41}	0.096 8
	距离县城距离	X_{42}	0.081 4
	与邻里关系	X_{43}	0.080 4
金融资本 C_5	可筹得资金	X_{51}	0.007 9
	家庭总收入	X_{52}	0.031 8
	补贴性收入	X_{53}	0.071 5
认知资本 C_6	是否了解宅基地流转政策	X_{61}	0.005 2
	宅基地流转收益分配意向	X_{62}	0.021 4
	流转后是否有移居城镇计划	X_{63}	0.042 2

（二）基于 Logit 模型流转因素分析

在进行回归估计之前，本书先对纳入模型的各控制变量进行了相关性分析，对可能存在的多重共线性问题进行检验。利用方差膨胀因子（VIF）对协变量进行验证，结果证明平均方差膨胀因子为 1.29，且变量中最大的 VIF 值为 1.93。因此，可以判断模型中并不存在严重的多重共线性问题。

运用软件Stata15.0，对样本数据进行倾向得分匹配估计（邻匹配、卡尺匹配、卡尺近邻匹配、核匹配）。以邻匹配（$K=4$）为例，对基于Logit模型的倾向得分估计结果进行分析。表5-3显示了宅基地使用权流转与协变量之间的因果关系。回归方程的P值为0.000，LR值为120.52，总体通过检验，拟合优度较好。从结果中可以看出，宅基地使用权流转与家庭规模、受教育程度、城市住房、家庭收入、农村养老保险等因素高度相关，可推断出农户宅基地使用权流转并不具有高度随机性，样本数据具有一定的自选择偏误。

表5-3　基于Logit模型倾向得分估计结果

变量	系数	$P>Z$
户主年龄	−0.000 6	0.942
户主性别	−0.115 5	0.513
家庭规模	−0.098 7	0.077*
受教育程度	−0.395 9	0.000***
是否村干部	0.175 3	0.559
城市住房	0.991 5	0.000***
是否贫困户	0.343 7	0.269
家庭收入	0.057 5	0.000***
非农务工时间	−0.022 6	0.217
农村养老保险	−0.372 3	0.042**
宅基地总面积	−0.001 3	0.123
农房总造价	0.004 2	0.496
村集体经济状况	0.205 2	0.266
村基础设施状况	0.139 5	0.435
农户养老保障	0.003 2	0.986
耕地数量	0.003 7	0.553
常数项	−0.760 9	0.274
LR值	120.52	
P值	0.000	

注：*、**、***分别表示数据在10%、5%、1%的水平上显著。

家庭规模对宅基地使用权流转的影响在10%的水平上显著，且系数为负。这表明农村家庭规模越大，可参与农业劳动的人数越多，其家庭在农村发展潜力越强，对宅基地的依赖性也就越大，流转宅基地使用权的可能性就越小。

受教育程度对宅基地使用权流转的影响在1%的水平上显著为负，这表明参与宅基地使用权流转的农户受教育水平普遍低于未流转农户。当前宅基地制度改革进程中，农户宅基地使用权流转对象与范围不断扩大，外来主体进入宅基地流转市场。部分农户面对高额租金纷纷采取流转宅基地使用权，以换取短期利益，盲目地流转宅基地使用权而不考虑增值收益分配与后续权益调整，部分村民在流转宅基地后提高租金或撕毁合同的现象并不少见。这种现象在农村普遍存在也反映出宅基地改革政策推行难度大，与农民受教育程度并不适配。因此政策优越性的实现无法依赖于农村居民自身的文化素质与政策认知程度。

城市住房对宅基地使用权流转的影响在1%的水平上显著为正，表明拥有城市住宅的农户更倾向于流转宅基地使用权。当前城镇化进程中，由于物价飙升、房价高于绝大部分人支付水平，农户在进城务工时常常保留宅基地，作为进城落户失败的退路。而且，拥有城市住宅的农户家庭非农就业的概率越大，农户越愿意流转宅基地使用权。

家庭收入对宅基地使用权流转的影响在1%的水平上显著为正，表明家庭收入越高的农户流转宅基地使用权的可能性越高。现状表明，收入越高的农户越愿意在城市定居发展。因此往往选择流转宅基地使用权，使农村沉寂资本转化为可得性收入，以提高家庭在城市的生活水平。

农村养老保险对宅基地使用权流转的影响在5%的水平上显著为负。参加农村养老保险的老年农户通常定居农村，农村宅基地则是其稳固的居住保障。因此，参保老年农户大多对宅基地依赖性较强，流转宅基地使用权的可能性较小。

在本书估计结果中，村集体经济状况与基础设施状况对宅基地使用权流转的影响并不显著。可能的解释有：村集体经济状况较好的农户可能就地发展农业或服务业，能够获得较高的收益，因此宅基地流转意愿不强；村集体经济状况与基础设施状况不好的农户家庭更倾向于外出务工，常常保留宅基地作为住房保障。此外，村集体经济状况与基础设施状况差的宅基地往往面临着交通不便、区位不佳等商业限制因素，外来资本进入意愿弱，因此流转宅基地使用权的农户不多。从以上分析结果可以看出，村集体经济状况与基础设施状况并不能对宅基地使用权流转产生显著影响。

（三）倾向得分匹配效果检验

1. 总体匹配效果检验

对宅基地使用权流转倾向得分值运用4种匹配方式进行匹配，结果如

表5-4所示，LR统计量显著下降，从匹配前的118.26下降到匹配后4.03～20.96；伪$R2$值也显著下降，从匹配前的0.109下降到匹配后的0.005～0.03。这表明倾向得分匹配效果显著，能合理筛选出控制组与处理组样本，并降低了两组之间解释变量差异，样本匹配质量较好。

表5-4 四种匹配方式效果检验

样本匹配	伪$R2$	LR	P值	平均偏差（%）
匹配前	0.109	118.26	0.000	15.8
近邻匹配	0.017	12.30	0.723	4.7
卡尺近邻匹配	0.013	9.42	0.895	4.9
卡尺匹配	0.030	20.96	0.180	6.6
核匹配	0.005	4.03	0.999	3.7

2. 平衡性检验

倾向得分匹配法主要作用在平衡控制组和处理组之间变量的分布。为了确保匹配结果的质量、减少匹配样本组之间的差异，本书对PSM估计结果进行了平衡检验。表5-5结果显示，对比匹配前的结果，解释变量和多数控制变量在匹配后的标准化偏差均大幅缩小到10%以下，并且匹配后所有T检验的结果均不拒绝处理组与控制组无系统差异的原假设。

表5-5 核匹配对各变量的平衡性检验

变量	匹配前后	标准化偏差	偏差减少	T值	$P>T$
年龄	匹配前	15.5		2.15	0.031
	匹配后	0.2	98.5	0.03	0.978
性别	匹配前	−0.8		−0.11	0.913
	匹配后	−3.2	−299.2	−0.37	0.714
家庭规模	匹配前	−6.6		−0.90	0.368
	匹配后	−5.8	11.1	−0.75	0.453
受教育程度	匹配前	−32.6		−4.40	0.000
	匹配后	−3.1	90.6	−0.37	0.715
村干部	匹配前	−4.6		−0.62	0.533
	匹配后	−0.4	91	−0.05	0.961
城市住房	匹配前	52		7.27	0.000
	匹配后	−3.7	92.9	−0.40	0.686

（续）

变量	匹配前后	标准化偏差	偏差减少	T 值	$P>T$
贫困户	匹配前	2.2		0.30	0.765
	匹配后	3.3	−53.4	0.38	0.702
家庭收入	匹配前	48.3		7.12	0.000
	匹配后	−4.7	90.2	−0.53	0.596
农村养老保险	匹配前	−8.1		−1.11	0.268
	匹配后	−6.4	20.1	−0.75	0.455
宅基地总面积	匹配前	−24.3		−3.23	0.001
	匹配后	−2	91.8	−0.24	0.811
农房总造价	匹配前	2.3		0.34	0.734
	匹配后	−1.6	30.8	−0.18	0.858
村集体经济状况	匹配前	18.8		2.55	0.011
	匹配后	6.1	67.6	0.72	0.475
村基础设施状况	匹配前	16.3		2.22	0.027
	匹配后	7.2	55.6	0.85	0.395
养老保障	匹配前	−5.8		−0.80	0.425
	匹配后	5.3	9	0.60	0.546
耕地数量	匹配前	−1.3		−0.16	0.872
	匹配后	5.8	−356.7	0.80	0.427
非农务工时间	匹配前	−12.9		−1.81	0.071
	匹配后	−0.1	99	−0.01	0.989

进行倾向得分匹配估计前，宅基地使用权流转农户与宅基地使用权未流转农户在年龄、受教育程度、城市住房、家庭收入、宅基地总面积、村集体经济状况、村基础设施状况和非农务工时间等方面存在显著差异。匹配后宅基地流转农户与宅基地使用权未流转农户在以上层面均不存在显著差异。基于上述检验结果可知，PSM 估计很好地降低了匹配后样本组之间的系统差异，用于解释宅基地使用权流转对农户生计资本的影响具有较强的说服力。

3. 共同支撑域检验

为提高匹配质量，还需要对匹配样本进行共同支撑域检验。图 5－2 显示了匹配后控制组与处理组的共同支撑域，可以看出处理组与控制组的倾向得分具有较大重叠范围，且多数观察值在共同取值范围内，仅有 7 个样本不在共同支撑域内，对于总样本量为 2 165 的数据集，样本损失量在可接受范围内。这表明在进行倾向得分匹配时保留了绝大多数样本数据。

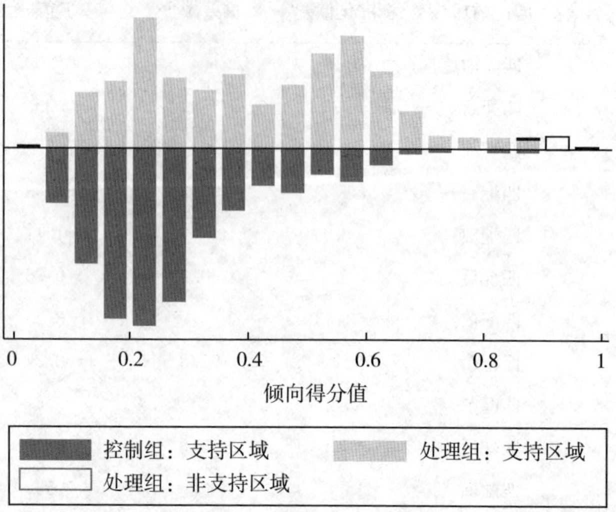

图 5-2　共同支撑域检验

图 5-3 显示了倾向得分匹配前后的核密度，从图上可知，匹配后数据差异缩小、起伏趋同。两组数据倾向得分值渐趋一致、概率分布接近。这表明匹配后样本数据处理组与控制组之间的差异显著降低，匹配质量较高，满足共同支撑域假设。

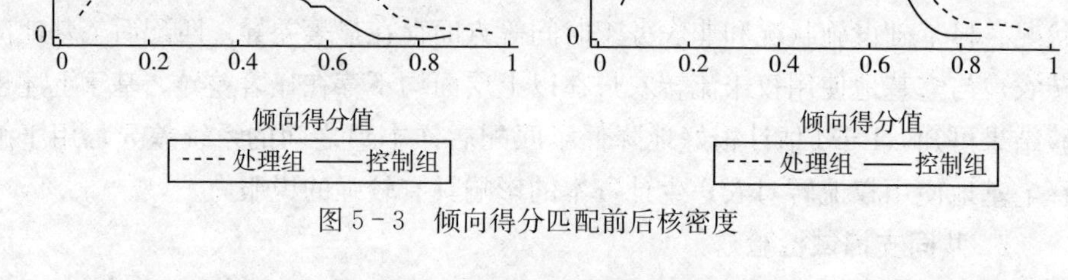

图 5-3　倾向得分匹配前后核密度

（四）基于倾向得分匹配模型宅基地流转对农户生计资本影响分析

1. 宅基地使用权经营性流转的生计资本总效应

由表 5-6 可知，宅基地使用权流转对农户生计资本的影响在四种匹配结果中均趋向一致，表明估计结果具有一定的稳健性。匹配前后宅基地使用权流转对农户生计资本的影响均在1%的水平上显著。经过倾向得分匹配后的估计结果显示，宅基地使用权流转对农户生计资本的影响在0.117 6～0.137 3。相较而言，未经过倾向得分匹配的模型估计具有样本自选择误差，导致了有偏估计量为0.151 4。显而易见，宅基地使用权流转在农户主观抉择中受到外界不可测因素的干扰，若直接对样本数据进行估计，将低估宅基地使用权流转对农户生计资本的影响。宅基地使用权流转使农户的生计资本显著提高，假设H5.1成立。

表5-6　宅基地使用权流转对农户生计资本各变量平均处理效应

变量	匹配前		邻匹配		卡尺近邻匹配		卡尺匹配		核匹配	
	*ATT*值	*T*值	*ATT*值	*T*值	*ATT*值	*T*值	*ATT*值	*T*值	*ATT*值	*T*值
生计资本	0.151 4***	8.17	0.131 3***	5.31	0.117 6***	4.85	0.125 6***	4.24	0.137 3***	6.09
自然资本	0.028 1***	5.23	0.022 2***	3.12	0.020 4**	2.93	0.018 1**	2.15	0.023 3***	3.51
人力资本	0.030 9***	6.52	0.033 2***	5.18	0.029 3***	4.68	0.028 5***	3.68	0.033 5***	5.77
金融资本	0.018 7***	6.01	0.013 7***	3.35	0.014 2***	3.53	0.017 4***	3.67	0.016 1***	4.27
社会资本	0.044 6***	6.24	0.036 8***	3.90	0.031 5***	3.40	0.037 1***	3.35	0.038 5***	4.40
物质资本	0.022 8***	4.91	0.022 6***	3.71	0.019 6***	3.28	0.022 2***	3.05	0.021 3***	3.82
认知资本	0.006 0***	3.52	0.002 6	1.16	0.002 4	1.11	0.002 0	0.78	0.004 2**	2.05

注：*、**、*** 分别表示数据在10%、5%、1%的水平上显著。

2. 宅基地使用权经营性流转对生计资本作用路径

如表5-6所示，参与宅基地使用权流转的农户，自然资本、人力资本、金融资本、社会资本、物质资本在匹配前后均显著高于未流转农户。认知资本在匹配后估计结果中并不显著，表明宅基地使用权流转无法显著影响农户宅基地政策认知情况、收益分配意向与城镇定居倾向。

农户自然资本在未匹配前受到宅基地使用权流转影响的效应值为0.028 1，匹配后剔除样本偏误，得到无偏估计结果，为0.018 1～0.023 3。样本偏差中可能包含来自农户自然资本部分的影响，因此会高估农户自然资本水平。宅基地使用权流转后，农户生计策略会发生相应转变，原本纯务农型农户可能转变为兼业型。流转宅基地使用权的农户所在村庄往往具有较好的区位优势，农户可通过农村宅基地流转换取资金以满足其农业生产需求。因此，宅基地使用权流转将提高农户对自然资源的占有率和利用率，以提高家庭自然资本存量。

农户家庭人力资本在进行倾向得分匹配前后均显著受到宅基地使用权流转正向影响。劳动力是农户家庭可持续发展的核心与关键，人力资本的高低直接影响生计资本的实现与积累能力。宅基地使用权流转后，收入可用于家庭成员接受教育与获得医疗资源，因此可以提高农户家庭人力资本水平。此外，农户在本村可以参与经营，就业情况得以改善。

宅基地使用权流转对农户家庭金融资本的提升效果显著为正，表明宅基地使用权流转使农户家庭可筹得资金提高，总收入增加。匹配后，流转宅基地使用权的农户金融资本水平略低于匹配前水平，表明样本偏误会高估宅基地使用权流转的金融资本提升效果。农户流转宅基地使用权换取相应地租与增值收益，也可通过参与宅基地经营获得红利收入，家庭收入增加。此外宅基地使用权流转往往伴随着外来资本下乡参与经营。因此，农户人际关系得以提升，可筹借资金相应增加，农户家庭金融资本也随之提高。

社会资本在宅基地使用权流转与未流转农户间具有显著差异。流转宅基地使用权的农户家庭具有更高的社会资本。可能的原因有：社会资本入村参与宅基地项目，同时带来了大量流动人口与资本，对于流转宅基地的农户而言，能开拓人脉，达到提高社会资本的目的。

物质资本水平在农户流转宅基地使用权后显著提高。未进行倾向得分匹配的估计结果错误地高估了宅基地使用权流转对物质资本的影响，匹配后的物质资本平均处理效应为0.019 6～0.022 6。宅基地使用权流转后，农户可以将租金用于租住城镇住房。同时政府与村集体层面为发展第三产业，往往会改善基础便民公共设施，提高整个村庄基础设施便利程度。

认知资本水平在匹配前显著受到宅基地使用权流转的影响，匹配后影响效果并不显著。这表明，匹配前的样本误差高估了宅基地使用权流转对农户认知层面的影响。宅基地使用权流转并非农户基于对宅基地制度改革政策详细了解的基础上做出的生计决策，多数农户参与流转是为了获取租金。因此，宅基地使用权流转后农户对宅基地改革政策的了解程度并不会提升。宅基地使用权经营通常以社会主体为核心进行利益分配，农户难以参与其中，因此对利益分配意向的影响并不显著。住房是农户家庭重要的物质资本，但由于城乡收入差距大，农民仅靠宅基地使用权流转租金无法购买城市住房。所以，宅基地使用权流转后对农户移居城镇的意愿影响并不显著。

五、本章小结

宅基地是农户家庭为数不多的固定资产，具有保障居住和改善生活的功效。在当前城乡收入差距拉大的背景下，农村宅基地有别于城市住房的关键特征——无法流转，成为制约乡村治理和农户生计发展的重要因素。财产化需求是宅基地使用权流转的内在动因，也是政府呼应城乡一体化发展的实际措施。

本章基于 2 165 份实地调研数据，运用倾向得分匹配法，对宅基地使用权流转引发的农户生计资本影响进行了回归分析。结果发现：

第一，宅基地使用权流转可以使农户生计资本提升 11%～13%，对于农户人力资本、金融资本、物质资本、社会资本、自然资本有明显的正向作用，对于农户心理层面的认知资本不存在显著影响。

第二，农户社会资本在宅基地使用权流转后提升最为明显，表明宅基地使用权流转对农户生计资本最大的影响并非家庭收入增加，而是社会人脉、外界关系的提升。

第三，户主受教育程度、家庭规模、家庭收入、是否拥有城市住房、是否参加农村养老保险对农户宅基地使用权流转决策产生显著影响。

上述结果表明，将空置宅基地通过村集体流转或自行流转能够使农户在获得收入的同时，改善家庭生计资本结构与比例，还能够为农户提供更多就业岗位与社会资源。宅基地使用权流转对于农户生计具有较为显著的促进作用。从农户六大资本的提升比例可知，宅基地使用权流转为农村注入了新鲜劳动力和资本，提高了农户收入，改善了农户生计结构，为留守农村的老人与妇女提供了更多就业岗位，随之改善的基础设施也能为农户提供良好的生活环境，改善农户生计。

第六章　三权分置改革中宅基地流转对农户风险行为影响分析

农户作为乡村社会发展最基本的细胞和生计单位，承担着来自自然和社会的双重风险。其中生计风险是限制农户生计发展水平与能力的重要体现，贯穿于农户生计决策、发展与输出等各个环节，其生计风险高低直接关系生计策略的抉择、生计输出的实现状况、生计资本的转化效率以及生计代际可持续性（宋志红，2018；张成宝，2011；孙杰，2020）。与城镇居民相比，农民处于发展的弱势地位，宅基地使用权流转对农户生计脆弱性的影响具有不确定性和复杂性。因此研究宅基地使用权流转对农户风险的影响和作用机制，分析农户风险在宅基地使用权流转影响下的变化趋势，有助于全面解读流转宅基地使用权的优越性与不足之处，也是农村改革向纵深发展的必然要求，有利于巩固脱贫攻坚胜利成果，顺利推进乡村振兴战略（黄建伟，2011；张勇，2020）。

一、本章研究假说

（一）宅基地流转对农户风险的影响机理

农户风险是其家庭脆弱性的根本来源，也是致贫、返贫的关键因素。在工业经济飞速发展、农业经济转型困难的当代社会，农户风险来源主要有来自经济趋势下的系统性风险、来自农户自身策略的非系统风险。农业收益有限、受全球气候变化影响，农业种植早已不是农户实现可持续发展的首要生计策略。随着进城热潮与城乡经济拉大，进城农民在生计风险上面临着来自住房保障难和财产性收入低的双重压力（李广东，2020；许汉石，2012；苏芳，2020），在适应系统性风险的基础上合理规避非系统性风险是农户家庭实现生计可持续发展的核心。

要理清宅基地使用权流转对农户风险的影响，就得全面把握制度改革冲击下农户风险的来源、类别、影响因素、恢复能力与适应预期（徐建军，2018；Lester Brown，1976）。已有研究指出，农户风险包含大病风险、养老风险、抚育子女风险、无法预测的自然灾害风险。

宅基地使用权是否流转是农户基于自身家庭资源调配做出的生计选择。拥有其他保障性住房与优质生计资本的农户更容易流转出闲置农村宅基地（陈广华，2020）。因此，对于生计状况良好的流转农户而言，宅基地使用权流转并不会导致生计风险增加，反而提高了家庭收入，减少了生计风险，提升了家庭生计可持续能力。对于未流转农户而言，周围农户的宅基地使用权流转后会进行开发，修建民宿、农家乐、文创园与科技园，可以为农户提供更多就业岗位与收入机会（高圣平，2019），壮大村集体经济体量，提升未流转农户家庭生计可持续能力（刘恒科，2020；林宣佐，2020）。对于生计状况差的流转农户而言，宅基地使用权流转可以为农户提供使用权租金收入与经营红利收入，从而改善农户生计状况，降低生计风险。综合以上分析可知，无论宅基地使用权流转前农户生计状况如何，流转都能够为本集体经济组织内的农户带来生计改善（韩文龙，2018；韩立达，2018；李凤章，2018）。因此提出如下假设。

H6.1：宅基地使用权流转能够降低农户风险，提高可持续生计能力。

（二）宅基地流转对农户风险传导机制的分析

前文分析指出宅基地使用权流转有助于降低农户风险、实现农户家庭生计改善。但宅基地使用权流转通过何种路径影响农户风险需要深入研究，原因在于，宅基地使用权流转不仅对农户风险产生直接影响（刘定普，2020），更会受各种因素干扰产生间接效应（陈耀东，2019；丁国民，2019；陈振，2018）。

首先，流转对象会直接影响农户分红收入。流转给政府为主体还是社会资本为主体的经营方会使宅基地使用权流转产生不同的风险。相较于社会主体经营的逐利本性，政府经营者更看重宅基地使用权经营的长期利益与社会责任。因此，政府主体的宅基地总体经营效果不如社会资本主体，分配给农户的分红收入不足，生计风险可能加剧。

其次，是否拥有城市住房也会影响农户流转后的生计风险（崔宝玉，2016；李小云，2007）。普遍而言，农户对宅基地的依赖绝大多数来自居住需要，宅基地使用权流转后，租金收入会提升农户的购房需求，刺激农户定居城镇，进而增加其城镇就业概率、学习机会，提高家庭生计可持续能力，生计风险得以降低。

再次，宅基地使用权流转后的租金收入、分红收入以及可筹得资金增加，农户家庭收入水平提高，农户面临大病风险、抚育子女与赡养老人风险、遭受自然灾害风险的抵抗能力明显增加，从风险冲击中恢复的能力更强。

最后，生计资本是农户家庭赖以生存的根本资源。宅基地使用权流转后的农户家庭一方面通过移居城镇，实现生计资本积累；另一方面获得流转宅基地收入，使金融资本提升，家庭拥有的生计资本不断增加。基于以上分析，提出如下假说。

H6.2：宅基地使用权流转后，政府担任经营主体，将加剧农户风险。

H6.3：宅基地使用权流转后，农户家庭购买城镇住房，可以降低生计风险。

H6.4：宅基地使用权流转后，农户家庭总收入提高，可以降低生计风险。

H6.5：宅基地使用权流转后，农户家庭生计资本占有量提高，可以降低生计风险。

H6.6：宅基地使用权流转后，通过购买城市住房，提高家庭收入，增加了生计资本总量，可以降低生计风险。

二、指标数据

（一）数据来源

本书选取的数据均来自 2021 年 3 月至 2022 年 10 月课题组在 10 处典型宅基地试点改革地区的访谈问卷。实地调研区域主要为宅基地使用权流转成果较为显著地区，范围包括东部的浙江义乌市、山东禹城市、广东南海区；中部的黑龙江安达市①、河南长垣县、湖北宜城市、安徽金寨县；西部的重庆大足区、四川泸县、宁夏平罗县。

实地调研发放问卷 2 200 份，收回有效问卷 2 165 份（含电子调查问卷），均通过信度检验，有效问卷样本率为 98.4%。

（二）指标设定

生计风险测度指标在学界基本达成一致。普遍认为农户存在的生计风险与所持生计资本呈一一对应状态，即农户风险可分为农户人力风险、金融风险、

① 为便于统计分析，本书将黑龙江安达市划为中部地区。

物质风险、自然风险、社会风险等。也有学者结合自身研究加入心理预期、认知风险，从物质与精神层面全面考量农户面临的生计风险。因为风险是一个相对抽象的概念，本书在公认的五大类风险基础上，剔除与宅基地使用权流转相关性较小的自然风险，加入养老风险、信息风险，以解读宅基地流转引发的养老、失宅、信息闭塞等生计风险（详细指标如表 6-1 所示）。

表 6-1 农户风险指标体系

准则层	指标层	测度指标	指标含义及赋值
人力风险	暴露度	非农务工人数	您家庭非农务工人数（人）
		就业稳定状况	您是否担心就业风险增加，工作不稳定？不担心=1；一般担心=2；非常担心=3
	敏感性	就业改善预期	您认为就业有改善可能性吗？是=0；不是=1
		健康改善预期	您认为健康有改善可能性吗？是=0；不是=1
	适应力	受教育程度	您的受教育程度。大专及以上=1；高中=2；初中=3；小学=4
		技能培训状况	您是否经常接受农业培训或技能培训？是=0；不是=1
物质风险	暴露度	农房破损程度	农房何时修建？五年内=1；十年内=2；超过 10 年=3
		农房结构	农房结构。钢混结构=1；砖混结构=2；砖木结构=3；土坯房=4
	敏感性	住宅破坏预期	您是否担心流转后住宅被破坏？不担心=1；一般担心=2；非常担心=3
		耕地改善预期	您认为耕地质量和数量有改善的可能性吗？是=0；不是=1
	恢复力	城市购房能力	您是否有能力在城市购房？是=0；否=1
		宅基地利用现状	您的宅基地利用现状。闲置或废弃=1；流转=2；自住=3
养老风险	暴露度	年龄	户主年龄。45 岁以下=0；46～55 岁=1；56～65 岁=2；66～75 岁=3；76～85 岁=4；86 岁以上=5
	敏感性	养老预期	您是否将宅基地作为养老保障？是=1；否=0
	适应力	农村养老保险	您是否购买农村养老保险？是=0；否=1
		商业养老保险	您是否购买商业养老保险？是=0；否=1

（续）

准则层	指标层	测度指标	指标含义及赋值
金融风险	暴露度	是否有贷款	您家庭是否有贷款？否＝0；是＝1
	敏感性	宅基地流转收入预期	您是否担心宅基地使用权流转收益难以收到？不担心＝1；担心＝2；非常担心＝3
	适应力	家庭务工收入	您的家庭务工收入（万元）
		贷款难易度	您家获得贷款难易程度。容易＝1；一般＝2；很难＝3
社会风险	暴露度	亲戚为特殊职业者	家里是否有亲戚为特殊职业？有＝0；没有＝1
		所在村集体经济状况	您所在村集体经济状况。较好＝1；一般＝2；较差＝3
	敏感性	社会压力	您是否担心自己不流转；外界会对自己造成压力？不担心＝1；一般担心＝2；非常担心＝3
		社会矛盾	您是否担心流转会引发社会矛盾？不担心＝1；一般担心＝2；非常担心＝3
	适应力	村干部	您是否担任村干部？是＝0；否＝1
信息风险	暴露度	信息获取程度	您是否了解现行的宅基地使用权流转政策？深入了解＝1；简单了解＝2；不了解＝3
		信息获取渠道	您是否通过政府宣传被动了解相关政策？否＝0；是＝1
	敏感性	地理位置敏感度	您所在宅基地是否处于城镇建设规划区域内或城乡接合部？是＝0；否＝1
		社会信息敏感度	您所在地区的宅基地或农房是否有社会资本参与经营流转？是＝0；否＝1
	适应力	改善能力	您是否认为宅基地流转后新住处会距离县城更近？是＝0；否＝1
		基础设施状况	您所在村基础设施状况。较好＝1；一般＝2；较差＝3

人力风险是农户家庭面临的关键风险之一，人是生计可持续的核心要素。宅基地使用权流转后的人力风险主要有失去稳定工作、劳动力健康水平下降。本书选取了非农务工人数、就业稳定状况用以衡量人力风险暴露度。通常而言，务工风险小于务农风险，因此家庭非农务工人数越多，风险越小。就业状况越稳定，人力风险越小。本书选取就业改善预期、健康改善预期作为人力风

险的敏感性指标。家庭成员就业状况、健康状况越好，心理预期越高，人力风险越低。本书选取了受教育程度、技能培训状况作为人力风险适应力指标。其中，受教育程度越高、技能培训参与越多的农户家庭抵御风险的能力越强，在遭遇生计风险后的恢复能力也越强。

物质风险是农户家庭生计转换的固有壁垒，忽视物质风险将导致农户家庭无法正常延续发展。宅基地使用权流转后的物质风险主要有失去稳定住所、农房被破坏、离耕地距离增加以至撂荒。因此本书选取了农房破损程度、农房结构作为物质资本暴露度指标。农房破损程度越高、结构越脆弱，农户家庭物质风险就越高。本书选取了住房破坏预期、耕地改善预期作为物质风险的敏感性指标。一般而言，越担心住宅被破坏、耕地条件恶化的农户家庭对宅基地的依赖性越强，宅基地使用权流转后面临的物质风险也就越大。本书选取了城市购房能力与宅基地利用现状作为农户物质风险恢复力的衡量指标。有能力在城市购房、宅基地为闲置状态的农户家庭对物质风险的抵抗力较强，在宅基地使用权流转后的物质风险较小。

养老风险是当前农村社会普遍存在的。老年农户对于宅基地的依赖性往往强于青年农户，由于健康水平下降、工作能力丧失、社会养老制度存在缺陷，宅基地使用权流转后的养老风险不容忽视。本书选取年龄作为养老风险暴露度指标，年龄越大的农户，对于养老需求越高，对宅基地依赖性越强。此外，本书选取了养老预期作为养老风险的敏感性指标，对宅基地有养老需求的农户，通常面临着较大的养老风险。最后，选取农村养老保险与商业养老保险作为养老风险的适应力指标，购买保险可以分摊养老风险。

金融风险关乎农户家庭资金存量及流转能力。宅基地使用权流转可以通过增加质押物、增加收入影响农户家庭金融能力。本书选取了是否有贷款作为金融风险暴露度指标，已有贷款家庭的金融风险往往更高，一旦发生资金链条断裂极易陷入困境。另外，选取了宅基地流转收入预期作为农户金融风险的敏感性指标，对宅基地流转收益敏感性不高的农户面临的金融风险更小。最后，选取家庭务工收入与贷款难易度作为金融风险的适应力指标。收入更高、更易获得贷款的家庭将更容易渡过金融风险期，实现自身金融能力的恢复。

社会风险是农户进行生产生活时必然面临的风险。自身积累的社会人脉、资源潜移默化地影响着整个家庭的生计能力与风险。本书选取了是否有亲戚为特殊职业者、所在村集体经济状况为社会风险暴露性的度量指标。如果家庭有亲戚为特殊职业者、所在村集体经济状况较好，农户家庭社会资源将更为丰富，面临更小社会风险。本书选取了社会压力与社会矛盾作为社会风险敏感性指标。宅基地流转会导致社会压力增加，产生社会矛盾，农户往往面临更紧张的社会关系，社会风险较高。

信息风险是较为封闭的农业社会常见的风险。由于信息闭塞、对相关政策了解程度低，导致农户不能很好地获取相关资源、收益，也无法在基于完备信息基础上做出正确生计策略。本书选取了信息获取程度、信息获取渠道为信息风险的暴露度指标。宅基地相关政策作为农村土地制度的重大措施，能够为农户带来巨大收益。而对政策了解较少、仅仅通过政府宣传被动了解政策内容的农户家庭的信息风险较高。另外选取地理位置敏感度、社会信息敏感度来衡量信息风险的敏感性。区位较好、周围存在宅基地使用权流转情况的农户能够更好地获取信息、更直观感受宅基地使用权流转带来的收益。

（三）变量设置

1. 因变量

为找出农户风险在宅基地使用权流转影响下的变化趋势，选用农户风险作为因变量。农户风险是农户实现可持续生计过程中遭遇的各种风险的总和，往往是复合因素综合影响的结果，难以用单一指标衡量。本书基于暴露度—敏感性—适应力结构从农户风险暴露度、敏感性、适应力三个层面，选取代表农户风险的 6 大类风险、31 个细分类指标，并在将数据进行标准化处理后，选用合适的赋权法计算出各风险的数值，加总得到农户总生计风险数值。

2. 自变量

本书选取宅基地使用权流转作为研究的自变量。当前实践中，宅基地使用权流转大多发生在区位较好的村落，由村集体牵头、社会资本与农户签订使用权流转合同而成立。宅基地使用权流转给农户带来相应收益的同时，也引发生计风险。宅基地使用权流转对于经济状况较好的农户家庭呈现正向影响，对于经济状况较差的农户家庭则容易产生负向影响。

3. 控制变量

本书分别从个人层面、家庭层面、环境层面、心理层面选取了 13 个控制变量，具体如表 6 - 2 所示。个人层面选取了户主年龄、性别、务工时间、是否租房等指标。其中，户主年龄越大，风险暴露度越大，更易受到生计风险冲击；相较于风险规避型的女性户主，男性户主往往对风险更为偏好，更愿意尝试风险大的生计策略；户主务工时间越长，对于农村农业的依赖性越低，其抵御农业生计风险的能力越强；租房居住的农户缺乏稳定住所，较容易受到风险冲击。家庭层面选取了耕地数量、宅基地总面积、农房总造价、家庭人口总数、贫困户等指标。其中，耕地数量多、宅基地面积大、农房造价高、家庭人口总数多的农户家庭具有更高质量的生计资本，更能够抵御生计风险的侵害；贫困户家庭通常拥有较少的生计资源，生计风险高于普通农户家庭。环境层面选取了宅基地确权、宅基地流转范例为度量指标。当所在村落集体经济状况较好、对宅基地使用权进行了确权颁证、周围存在宅基地使用权流转范例时，农户更容易接受风险较大的生计抉择，抵御生计风险的能力也更强。心理层面选取了宅基地经营偏好、宅基地价格预期指标。对缺乏经营管理经验的农户而言，宅基地自我经营的生计风险高于他人经营、合作经营。此外，认为宅基地价格低于心理预期的农户往往期待更高的流转收入，进而对现行流转持观望态度，根本原因是其对生计风险的承受力较小，不愿意接受较低价格的宅基地使用权流转。

表 6-2　变量定义、赋值及描述性统计

变量类别	变量名称	含义及赋值	最小值	最大值	均值	标准差
因变量	总生计风险	农户面临的六类风险加权之和	0.152 7	0.812 3	0.490 8	0.111 1
	人力风险	人力风险加权之和	0.002 2	0.214 9	0.094 7	0.063 4
	物质风险	物质风险加权之和	0.004 5	0.125 0	0.078 8	0.025 6
	养老风险	养老风险加权之和	0	0.175 3	0.079 5	0.044 3
	金融风险	金融风险加权之和	0.000 2	0.171 6	0.057 8	0.051 0
	社会风险	社会风险加权之和	0	0.104 0	0.061 4	0.019 6
	信息风险	信息风险加权之和	0	0.208 9	0.118 5	0.045 8
自变量	宅基地使用权流转	宅基地使用权是否流转？流转=1；未流转=0	0	1	0.316 0	0.465 0
个人层面控制变量	年龄	户主年龄（岁）。连续变量	19	82	52.134 9	13.082 1
	性别	户主性别。男=1；女=0	0	1	0.710 4	0.454 2
	务工时间	户主非农务工时间（月）。连续变量	0	12	6.506 9	4.711 0
	是否租房	户主是否租房？是=1；否=0	0	1	0.067 9	0.251 8
家庭层面控制变量	耕地数量	家庭耕地数量（亩）。连续变量	0	10.5	3.253 8	2.287 1
	宅基地总面积	家庭宅基地面积（平方米）。连续变量	0	300	108.066 2	104.750 3
	农房总造价	家庭农房总造价（万元）。连续变量	0	100	13.569 4	12.433 2
	家庭人口总数	家庭人口总数（个）。连续变量	1	16	4.370 2	1.576 3
	贫困户	是否贫困户？是=1；否=0	0	1	0.069 1	0.253 8

（续）

变量类别	变量名称	含义及赋值	最小值	最大值	均值	标准差
环境层面控制变量	宅基地确权	家庭宅基地是否确权登记？是=1；否=0	0	1	0.857 1	0.350 1
	宅基地流转范例	周围是否存在宅基地流转情形？是=1；否=0	0	1	0.417 1	0.493 4
心理层面控制变量	宅基地经营偏好	若流转宅基地，您会选择自己经营还是他人经营？他人经营=1；合作=2；自己经营=3	1	3	1.947 0	0.862 9
	宅基地价格预期	是否因为流转宅基地价格过低，而选择不流转？是=1；否=0	0	1	0.736 2	0.440 9
中介变量	流转政府偏好	若愿意流转宅基地，会选择政府为流转对象？是=1；否=0	0	1	0.563 4	0.496 2
	城镇住房	是否有城镇住房？是=1；否=0	0	1	0.359 4	0.480 1
	家庭总收入	家庭总收入（万元）。连续变量	0	60	9.640 1	7.411 6
	生计资本	生计资本加权之和	0.02	1.043	0.453	0.263 6

4. 中介变量

当宅基地使用权流转显著影响农户风险时，挖掘传导链条与影响机理成为本书的重点。宅基地使用权流转是农户基于生计利益最大化做出的抉择，势必对农户生计资本与生计风险产生影响。宅基地使用权流转对于农户家庭而言，在失去农村住房的同时，也获得相应资金收入。因此，本书选取流转政府偏好、城镇住房、家庭总收入、生计资本作为中介变量。理由如下：①在宅基地使用权流转时选择政府为流转对象的农户大多属于风险厌恶型农户。政府的经营决策会直接影响农户的收益状况，进而对生计风险产生影响。②农户流转宅基地使用权后，可能影响家庭定居或迁徙，宅基地流转收益能为购买城镇住房提供帮助。③宅基地使用权流转后，家庭总收入增加，农业收入占比将显著下降，农户对农业的依赖性降低，有减弱生计风险的趋势。④生计资本是农户家庭赖以生存的支撑和动力，宅基地使用权流转后农户物质资本水平下降，金融资本增加，对于农户风险存在正负两方向的影响。生计风险指标的选取参考已有研究，在农户宅基地使用权流转现状基础上选取若干指标，并采用客观赋权法获得权重，加权之和为农户生计资本。由于本书关注重点为生计风险，因此农户生计资本的指标与处理不再赘述。

三、模型构建

（一）权重测算方法——熵权法

熵权法是一种客观赋权法，可以减少人为因素对评价结果的影响，使评价结果更具科学性，可以更好消除不同生计资本评价指标之间的量纲和数量级。具体步骤为：

（1）对指标数据进行归一化处理，将异质指标同质化。另外，正向指标与负向指标需要进行不同算法的标准化处理。

正向指标：

$$a_{ij} = \frac{a_{ij} - \min\{a_{1j}, \cdots, a_{nj}\}}{\max\{a_{1j}, \cdots, a_{nj}\} - \min\{a_{1j}, \cdots, a_{nj}\}} \quad (6-1)$$

负向指标：

$$a_{ij} = \frac{\max\{a_{1j}, \cdots, a_{nj}\} - a_{ij}}{\max\{a_{1j}, \cdots, a_{nj}\} - \min\{a_{1j}, \cdots, a_{nj}\}} \quad (6-2)$$

其中 j 表示指标个数，i 表示样本个数。为了方便起见，归一化后的 a_{ij} 仍然记为 a_{ij}。

（2）计算第 j 项指标下第 i 个项目的指标值所占比重，得到标准矩阵 $\mathbf{P}$。

（3）计算第 j 个指标的信息熵值 e_j。

（4）计算第 j 个指标的熵权 W_j。

（二）影响效果分析——OLS 模型

参考已有农户风险研究方法，本书首先运用普通最小二乘回归估计来度量宅基地使用权流转对农户风险的影响效果，并分别测算其对农户不同生计风险的影响大小与区别。在可持续生计分析框架下，构建模型 1（公式 6-3），通过引入农户个人、家庭、心理、环境等控制变量，观测宅基地使用权流转对农户风险的具体作用。

$$SJFX = \alpha + \beta TR + \varphi_i K_i + \varepsilon \quad (6-3)$$

其中，$SJFX$ 表示农户总生计风险、人力风险、物质风险、金融风险、养老风险、社会风险、信息风险；TR 表示农户宅基地使用权流转状况；K_i 为控制变量；α、β、φ 为待估计参数；ε 为残差项。

（三）传导机制分析——中介效应模型

宅基地使用权流转对农户风险的影响传导机制较为复杂。在作用机制分析中，不仅要考虑宅基地使用权流转对农户风险的直接作用，还要考虑是否存在其他中介变量，使得流转效应通过第三方变量间接影响农户风险，例如农户生计资本现状、宅基地未来使用预期以及农户宅基地使用权流转后的收入变化。这种第三方变量通常被称为中介变量。存在一个中介变量的模型结构通常如下所示（方杰，2018）：

$$Y = I_1 + cX + e_1 \tag{6-4}$$

$$M = I_2 + aX + e_2 \tag{6-5}$$

$$Y = I_3 + c'X + bM + e_3 \tag{6-6}$$

其中，X 为核心解释变量，Y 为被解释变量，M 为中介变量。I_1、I_2、I_3 分别为待估计常数项，e_1、e_2、e_3 分别为残差项。c 为 X 对 Y 的总效应；a 为 X 对 M 的影响系数；b 为 M 对 Y 的影响系数；c' 为 X 对 Y 的直接效应；a 与 b 的乘积为 X 对 Y 的间接效应。当 a、b、c、c' 均显著，且 $|c'| \leqslant |c|$ 时，中介效应存在。当 c 不显著，且 c' 显著时，存在完全中介效应；反之则为部分中介效应。

为了厘清宅基地使用权流转如何影响农户风险，本书选取了农户的政府流转偏好（PZF）、城市住房（CH）、家庭总收入（Inc）、生计资本（$SJZB$）四个中介变量，并构建如下中介效应模型：

$$SJFX = I_0 + \lambda TR + \varepsilon_0 \tag{6-7}$$

$$PZF = I_1 + a_1 TR + \varepsilon_1 \tag{6-8}$$

$$CH = I_2 + a_2 TR + c_1 PZF + \varepsilon_2 \tag{6-9}$$

$$Inc = I_3 + a_3 TR + c_2 PZF + d_1 CH + \varepsilon_3 \tag{6-10}$$

$$SJZB = I_4 + a_4 TR + c_3 PZF + d_2 CH + e_1 Inc + \varepsilon_4 \tag{6-11}$$

$$SJFX = I_5 + \lambda' TR + b_1 PZF + b_2 CH + b_3 Inc + b_4 SJZB + \varepsilon_5 \tag{6-12}$$

其中，$SJFX$ 表示农户面临的生计风险，TR 表示农户宅基地使用权流转状况，PZF、CH、Inc、$SJZB$ 分别表示农户将宅基地使用权流转给政府的偏好、城市住房、家庭总收入与生计资本。a、b、c、d、e 与 λ 均为待估计系数，I 为常数项，ε 为残差项。公式 6-7 用于测算宅基地使用权流转对农户风险的总效应，其中系数 λ 反映了效用大小。公式 6-8 用于测算宅基地使用权流转中，农户将宅基地流转给政府的偏好的大小；公式 6-9 用于检验宅基地使用权流转与流转偏好对于农户购买城市住房的影响；公式 6－10 用于检验宅基地使用权流转、流转偏好与购买城市住房对于农户家庭总收入的影响；公式 6－11 用于测算宅基地使用权流转、流转偏好、城市住房以及农户家庭总收入对农户生计资本的影响；公式 6－12 用于检验宅基地使用权流转、流转偏好、城市住房、家庭总收入、生计资本对农户风险的影响效果。其中 λ' 表示宅基地使用权流转对农户风险的直接效应。

图 6－1 显示了引入四个中介变量后，宅基地使用权流转对农户风险在理论上存在 4 条平行中介影响路径和 11 条链式中介影响路径，关于中介效应是否存在，下文进行了实证探索与详细分析。

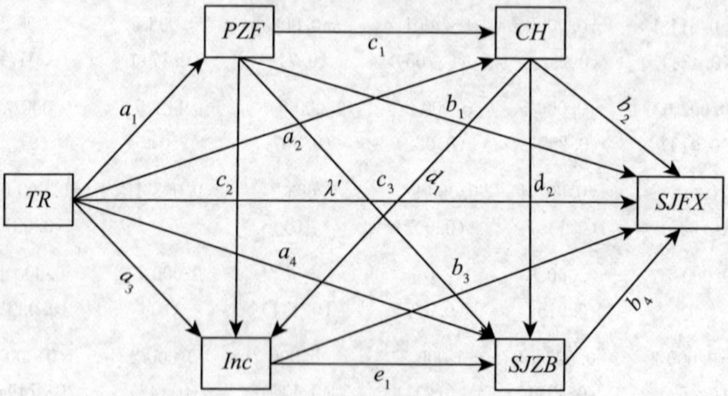

图 6－1　基于多重复合中介效应的风险传导机制

四、宅基地使用权流转对农户风险影响效果分析

本书利用 Stata15.0，使用 OLS 模型对宅基地使用权流转引发的生计风险效果进行回归分析，分别将总生计风险、人力风险、物质风险、养老风险、金融风险、社会风险、信息风险代入模型中，得到如表 6－3 所示的结果。在进行回归分析之前，进行了多重共线性分析，方差膨胀因子 *VIF* 均在 1.02～1.25 之间，平均 *VIF* 为 1.12，表明数据并不存在严重多重共线性。

OLS 模型回归结果（表 6－3）显示，总生计风险回归模型拟合度为 0.091 4，*P* 值为零，表明模型回归效果较好，且通过显著性检验。此外，人力风险、物质风险、养老风险、金融风险、社会风险、信息风险均通过模型显著性检验。除养老风险受宅基地使用权流转影响效果并不显著外，其他五类风险均显著受到宅基地使用权流转的显著影响。

表 6-3　宅基地使用权流转对农户风险 OLS 模型回归结果

变量	总生计风险	人力风险	物质风险	养老风险	金融风险	社会风险	信息风险
	系数（P 值）	系数（P 值）	系数（P 值）	系数（P 值）	系数（P 值）	系数（P 值）	系数（P 值）
宅基地使用权流转	−0.038 2*** (0)	−0.020 2*** (0)	−0.010 4*** (0)	−0.000 2 (0.95)	0.011 6*** (0.002)	−0.004 5*** (0.004)	−0.014 4*** (0)
年龄	0.000 1 (0.616)	0.000 4** (0.02)	0.000 1 (0.634)	−0.000 3*** (0.002)	0.000 1 (0.407)	−0.000 1* (0.061)	0 (0.496)
性别	−0.010 1 (0.214)	0.000 7 (0.868)	−0.002 0 (0.255)	−0.003 0 (0.344)	−0.001 6 (0.639)	0.000 3 (0.841)	−0.004 5 (0.165)
是否租房	−0.011 4 (0.434)	−0.009 9 (0.232)	−0.001 2 (0.705)	−0.002 1 (0.71)	0.008 5 (0.171)	0.005 2 (0.047)	−0.011 8** (0.041)
务工时间	−0.002 0** (0.019)	−0.000 5 (0.299)	0.000 3* (0.082)	0.000 9*** (0.007)	−0.001 5*** (0)	−0.000 7*** (0)	−0.000 4 (0.193)
耕地数量	−0.000 8 (0.623)	−0.001 4 (0.135)	0.000 9*** (0.007)	0.003*** (0)	−0.003 4*** (0)	−0.000 6** (0.03)	0.000 6 (0.326)
宅基地总面积	−0.000 1*** (0)	−0.000 1** (0.015)	0 (0.377)	0 (0.434)	−0.000 1*** (0)	−0.000 1* (0.082)	0 (0.679)
农房总造价	−0.000 2 (0.452)	0.000 1 (0.424)	−0.000 3*** (0)	−0.000 2 (0.137)	0.000 2 (0.142)	−0.000 1 (0.749)	0 (0.997)
家庭人口	0.000 8 (0.712)	−0.000 6 (0.655)	−0.001 1** (0.032)	−0.001 5 (0.104)	0.003*** (0.003)	0.000 5 (0.222)	0.000 5 (0.542)
是否为贫困户	0.027 4* (0.058)	−0.015 9* (0.055)	0.007 3** (0.02)	0.020 9*** (0)	0.008 6* (0.165)	−0.002 7 (0.289)	0.009 2 (0.109)
宅基地确权	−0.016 6* (0.12)	−0.022 3*** (0)	−0.005 9*** (0.01)	−0.003 9 (0.348)	0.008 5* (0.063)	0.000 4 (0.805)	0.006 6 (0.115)
宅基地流转范例	−0.015 9* (0.054)	−0.002 1 (0.649)	−0.011 2*** (0)	0.001 3 (0.672)	0.022 1*** (0)	0.000 2 (0.897)	−0.026 2*** (0)
宅基地经营偏好	−0.016 7*** (0)	−0.008*** (0.001)	−0.000 7 (0.438)	−0.000 9 (0.573)	−0.001 5 (0.393)	−0.000 7 (0.363)	−0.004 6*** (0.007)
宅基地价格偏好	0.014 2* (0.092)	−0.013*** (0.007)	0.006 8*** (0)	0.013 8*** (0)	0.001 6 (0.65)	0.000 2 (0.895)	0.004 7 (0.159)
常数项	0.581 8*** (0)	0.143 6*** (0)	0.091*** (0)	0.09*** (0)	0.051*** (0)	0.075 9*** (0)	0.129 6*** (0)
拟合度	0.091 4	0.095 9	0.194 3	0.102 1	0.218 2	0.063 7	0.153 6
P 值	0	0	0	0	0	0	0

注：*、**、*** 分别表示数据在 10%、5%、1%的水平上显著。

（一）总生计风险影响分析

从回归结果可以看出，农户总生计风险受到宅基地使用权流转、务工时间、宅基地总面积、是否为贫困户、宅基地确权、宅基地流转范例、宅基地经营偏好、宅基地价格偏好的显著影响。宅基地使用权流转在1%的置信水平上能够显著降低农户总生计风险，其影响系数为－0.038，表明参与宅基地使用权流转的农户风险比未流转农户风险低3.8%，满足假设H6.1。

从控制变量来看，务工时间、宅基地总面积、宅基地流转范例、宅基地经营偏好能够显著降低农户风险；现实中，务工时间越长，宅基地总面积越大的农户家庭能够更好地积累生计资本、利用自身资源抵御生计风险；周围存在宅基地流转范例的农户家庭能够获取更多就业机会、社会信息与资源，有助于降低生计风险、实现资源有效利用；宅基地经营偏好能够显著降低农户风险的原因可能是自我经营能够实现利益最大化，还可减少利益分配环节的无谓损失。

是否为贫困户、宅基地价格偏好会显著提升农户风险。显而易见，因为贫困农户家庭普遍收入水平较低、所拥有的生计资本较为匮乏，因此生计风险往往处于较高水平，且遭遇风险冲击后的恢复能力较弱。宅基地价格偏好实则是农户对宅基地价值的主观判断，当过高估计宅基地使用权流转价格，农户家庭表现出来的其实是对当前收入的不满。因此，倾向于高估宅基地使用权流转价格，认为现行流转价格过低的农户面临较大生计风险。

（二）人力风险影响分析

从表6-3可知，宅基地使用权流转能够在1%的水平上显著降低农户人力风险。同时，农户人力风险也受到年龄、宅基地总面积、是否为贫困户、宅基地确权、宅基地经营偏好、宅基地价格偏好的显著影响。

宅基地使用权流转能够降低2%的农户人力风险。一方面，流转宅基地使用权可以通过释放家庭劳动力、提供技能培训所需资金来提高农户人力资本。比如宅基地使用权流转后，释放的农村人口可以通过进城务工、经营第三产业来丰富自身资本，从而降低对农业的依赖性，生计风险随之下降。另一方面，释放宅基地资源就地发展融合产业还能创造农村就业岗位，缓解留守人口就业压力。

从控制变量来看，仅有年龄显著提高农户人力风险，这也符合现实逻辑。年龄越大的农户身体状况越差、参与劳动获得报酬的能力越差，因而人力风险越高。此外，宅基地总面积、是否为贫困户、宅基地确权、宅基地经营偏好、宅基地价格偏好能够显著降低农户人力风险。宅基地总面积越大、宅基地确权颁证完善的农户家庭可参与劳动的人力、物力越充足，因而风险越小。贫困户家庭本身参与劳动获得报酬的机会较少，宅基地使用权流转后，社会资本参与经营，将为村集体内贫困户、低保户提供更多就业岗位与工资收入，因此能降低贫困户的人力风险。倾向于自我经营宅基地的农户通常属于风险偏好型，对于新政策的接受度高于普通农户，因此人力风险更低。宅基地价格偏好越高的农户对于宅基地的价值更为看重，能够充分发挥宅基地的住房保障功能，为家庭劳动力成长提供帮助，降低人力风险。

（三）物质风险影响分析

根据表 6-3 可知，宅基地使用权流转能够显著降低农户物质风险。与此同时，务工时间、耕地数量、农房总造价、家庭人口、是否为贫困户、宅基地确权、宅基地流转范例、宅基地价格偏好显著影响农户物质风险。

宅基地使用权流转能够在 1%的水平上显著降低农户物质风险，这表明农户在做出流转抉择后，农户家庭面临的物质风险不会随之上升。流转农户通常有除宅基地以外的住房保障，因此流转并不会导致农户生计受损。相反，宅基地使用权流转后的收入可以用于购置生产工具，提高物质资本水平，降低物质风险。此外，在进行经营前投资主体会对宅基地进行修葺或重建，因此宅基地使用权流转能够改善房屋受损程度，提高地上房屋的价值，增强家庭物质资本，减少破旧农房引发的物质风险。

从控制变量看，务工时间、耕地数量、是否贫困户、宅基地价格偏好会显著提高农户风险水平。务工时间越长，农房闲置或废弃程度越高，农房毁损导致农户家庭物质资本损失，进而引发物质风险；耕地数量更多的农户面临更繁重的农业耕作压力，因此农业生产工具、设备损耗将大幅提升，导致农户物质风险增加。

农房总造价、宅基地确权、宅基地流转范例显著降低了农户物质风险。农房造价越高表明农户家庭物质资本越丰厚、面临的物质风险越小；宅基地确权能够加强农户住宅保障，降低物质风险；周围存在宅基地使用权流转范例的农户能够更好了解相关政策信息及相关产品、市场行情，有助于降低农户家庭物质风险。

（四）养老风险影响分析

从表 6-3 可知，宅基地使用权流转并不显著影响农户养老风险，但年龄、务工时间、耕地数量、是否为贫困户、宅基地价格偏好对农户养老风险产生显著性影响。

根据回归结果可知，年龄增长会显著降低养老风险，可能的原因有：农户年龄越大，来自政府的补贴和社会的养老帮助越多，因此养老风险相应降低。而刚刚步入退休阶段的老年农户因并未丧失劳动能力，来自子女、政府、社会的养老补贴并不会显著增加，但身体状况下降引发养老风险。根据回归结果可知，务工时间显著提高农户养老风险。在外务工的时间越长，与农村的牵绊与归属感就越少，但在目前城市房价一路高升的状况下，大部分进城务工农户难以定居城市。因此，对于长期在外务工的农户而言，其养老风险高于在本村发展的农户，所享受的养老补贴与政策也不尽相同。耕地数量可能会加重农户养老风险，原因在于耕地越多的农户对于农业的依赖性也越强，同时，过多的耕地会产生繁重的农业耕作压力，对于农户身体健康并无益处。贫困户家庭的养老风险也高于普通农户家庭，低收入制约了农户家庭的养老需求，导致老年农户只能依靠国家补贴养老。宅基地价格偏好会提高农户养老风险，有养老需求的农户对宅基地价格预期更高，并希望流转收入能够支付养老需求，但现实中，高额的宅基地使用权流转价格预期会限制宅基地转出，导致农户面临养老风险。

（五）金融风险影响分析

宅基地使用权流转能够在1%的水平上显著提高农户金融风险。一方面，农户家庭在宅基地使用权流转后城镇住房需求量升高，家庭贷款可能增加，导致金融风险加剧。当前实践中，存在宅基地入股、质押情形。当宅基地使用权可流转时，其隐含的财产功能被开发出来。从农户心理角度分析，当宅基地使用权流转后，其稳定的流转收入可作为还贷依据，因此会增加贷款可能性，金融风险随之上升。另一方面，农户家庭进入城镇后的消费水平将高于农村的消费水平，家庭面临较高收入压力，因此金融风险加剧。

务工时间、耕地数量、宅基地总面积可以显著降低农户金融风险。务工时间越长，农户工资性收入占比越高，金融风险越低；耕地数量越多，农户可以通过承包地流转获取相应收入，降低金融风险；宅基地面积越大的农户家庭物质资产越丰富，收入更为可靠，因此金融风险较低。

家庭人口、是否为贫困户、宅基地确权、宅基地流转范例会显著提高农户金融风险。家庭人口越多，需要抚养的人口越多，对于资源的需求量越大，支撑家庭所需开支越高，金融风险越高；贫困户家庭收入低下，面临着严峻的金融风险；宅基地确权后，宅基地财产性功能显化，农户贷款可能性提升，金融风险提高。当周围存在宅基地使用权流转范例时，更多社会资本参与经营会激发农户经营欲望，因此金融风险增加。

（六）社会风险影响分析

宅基地使用权流转能够显著降低农户社会风险，其原因在于社会资本下乡经营，能够提升农户社会关系与人脉，提高农户人际交往能力，改善邻里关系，从而降低社会风险。从农户社会资本积累来看，宅基地使用权流转后可以缓和农户家庭与村干部关系、提升对村内事物的了解程度和参与能力，能够多维度提升农户家庭社交能力，降低社会风险。

年龄越大的农户社会风险越小。通常来说，年轻的农户往往在外读书、务工，对于村内的社会关系网络参与不足。年长农户通过在本村养老，积累人脉，提升社会资本，降低了社会风险。务工时间也能显著降低社会风险，务工时间越长的农户在本村的时间越少，对于易引发人际矛盾的耕地问题、宅基地问题关注甚少，因此社会风险较低。耕地数量与宅基地总面积也能够显著降低农户社会风险，耕地更多、宅基地更大的农户在本村的地位和声望相对更高，务农收入也较高，因此能够对村庄发展起到正向作用，社会风险较低。

（七）信息风险影响分析

宅基地使用权流转能够在1%的水平上显著降低农户的信息风险。这表明宅基地使用权流转不仅在物质层面给农户带来收益，更通过资本进入、政策实施使农户对相关信息有了更清晰的了解，对于涉及自身利益的政策信息有更深入的认识。此外，宅基地使用权流转后，可以促使本村经济大力发展，提高村基础设施建设，以便农户更方便快捷地获取信息。

租房居住能够显著降低农户的信息风险。首先，租房区位条件较农房而言，更为优越，基础设施建设更好，获取信息更为便利，因此信息风险较小。此外，租房对于农户获取、筛选、识别信息的能力有促进作用，因此，租房居住的农户往往比定居乡村的农户面临的信息风险更低。

宅基地流转范例能够显著降低农户信息风险，因为当周围存在宅基地使用权流转范例时，出于从众心理，农户会对宅基地使用权流转进行主动了解，增强政策敏锐度，提高流转意愿，降低信息风险。

宅基地经营偏好能够显著降低农户信息风险。农户对于宅基地价格的心理预期往往离不开其他宅基地使用权流转范例的影响。因此，通过获取其他宅基地流转信息，能够更好地估计宅基地使用权流转价格。

五、宅基地使用权流转对生计风险的传导机制分析

（一）中介效应分析

根据上述分析结果可知，宅基地使用权流转对农户风险有明显削弱效果。为探寻宅基地使用权流转引发生计风险弱化效果的作用路径，本书根据公式6-12，引入四个中介变量，对宅基地使用权流转作用于农户风险的影响机制进行了回归分析。结果如表6-4所示，模型P值均小于0.01，表明回归结果在1%的水平上显著。其次，各系数均在1%～5%的水平上显著，表明间接效应显著存在，并在宅基地使用权流转对农户风险的影响中发挥作用。

中介效应模型显示流转给政府的偏好（*PZF*）、城市住房（*CH*）、家庭总收入（*Inc*）、生计资本（*SJZB*）在其中起着显著的传导作用，满足假设H7.2～H7.5，其中存在的平行中介效应与链式中介效应分析如下。

（二）平行中介效应分析

中介效应是指自变量通过一个中介变量来影响因变量，这种影响效果被称为间接效应，而自变量直接对因变量产生影响则为直接效应。当存在多个中介变量同时发挥间接效应时，则称这种影响效果为平行中介效应。

如表6-4所示，本书中存在四个平行中介效应，分别为：①宅基地—流转政府偏好—生计风险；②宅基地—城市住房—生计风险；③宅基地—家庭总收入—生计风险；④宅基地—生计资本—生计风险。

表6-4　宅基地使用权流转对农户风险中介效应模型回归结果

变量	公式6-7 *SJFX*	公式6-8 *PZF*	公式6-9 *CH*	公式6-10 *Inc*	公式6-11 *SJZB*	公式6-12 *SJFX*
TR	−0.038** (−4.702)	0.083* (2.307)	0.243** (7.129)	3.201** (5.981)	0.112** (5.744)	−0.019* (−2.292)
PZF			0.058 (1.821)	−1.266** (−2.593)	−0.055** (−3.161)	0.021** (2.859)
CH				2.580** (4.978)	0.039* (2.057)	−0.023** (−2.918)

（续）

变量	公式 6-7 *SJFX*	公式 6-8 *PZF*	公式 6-9 *CH*	公式 6-10 *Inc*	公式 6-11 *SJZB*	公式 6-12 *SJFX*
Inc					0.003** (2.611)	−0.002** (−3.690)
SJZB						−0.059** (−4.129)
常数	0.503** (111.617)	0.537** (26.441)	0.250** (9.728)	8.416** (20.402)	0.404** (22.504)	0.538** (56.810)
R^2	0.025	0.006	0.061	0.087	0.077	0.089
调整 R^2	0.024	0.005	0.059	0.083	0.073	0.084
F 值	F (1 866) =22.106, P=0.001	F (1 866) =5.322, P=0.021	F (2 865) =28.256, P=0.001	F (3 864) =27.304, P=0.001	F (4 863) =18.053, P=0.001	F (5 862) =16.944, P=0.001

注：* 表示 $P<0.05$；** 表示 $P<0.01$；括号里面为 T 值。

1. 宅基地—流转政府偏好—生计风险

回归结果显示，宅基地使用权流转对流转给政府偏好的影响在 1%的水平上显著，系数为 0.083，表明 $a=0.083$。流转给政府偏好对于农户风险的影响在 1%水平上显著，系数为 0.021，表明 $b=0.021$。a 与 b 的乘积则是流转给政府偏好引起的间接效应。通常情况下，宅基地使用权流转过程中，农户出于“趋利避害”“厌恶风险”的心理，多选择将使用权流转给政府，以统一规划经营，规避社会主体经营引发的风险和收入动荡。但在实践当中，政府对于流转的宅基地使用权难以进行统一规划管理。因为宅基地分布零星、区位条件有别，进行统一规划经营时势必会牺牲部分宅基地利益；此外，政府对于盈利的需求小于社会主体，规划周期长，前期投入资源分散、有限。以上因素导致了政府对流转来的宅基地使用权无法做到很好的规划安排、统筹经营，因此导致农户风险增加。

2. 宅基地—城市住房—生计风险

回归结果显示宅基地使用权流转能够在 1%的水平上显著提高 24.3%的城市住房购买量，这表明 $a=0.243$。同时，城市住房的持有也能在 1%的水平上显著降低 2.3%的农户风险，这表明 $b=-0.023$。宅基地使用权流转对农户家庭财产性收入和心理预期都有明显作用，它能够刺激农民购买城市住房的需求。另外，宅基地使用权流转后农户对于农村依赖性进一步降低，更多选择购买城市住房，在城市获得优良教育、医疗等社会资源。城市住房对于农户风险的降低是显而易见的。一方面，城市能够提供更优良的社会资源，使农户家庭接受教育和技能培训，快速积累人力资本与金融资本；另一方面，农户风险的主要来源在于收入的不确定性与农业的不稳定性，定居城市能够获得更多就业机会，彻底摆脱靠天吃饭的农业经济，因此城市住房可以减少农户风险，增强其可持续生计能力。

3. 宅基地—家庭总收入—生计风险

回归结果显示宅基地使用权可以显著提高农户家庭总收入 3.2 倍，在 1% 的显著性水平上 $a=3.2$。家庭总收入的提高能够显著降低农户风险 0.2%，$b=0.002$。宅基地使用权流转对农户收入的增长效应符合现实逻辑。农户在宅基地使用权流转后可以获得来自流入方的流转收入、经营增值收入，或者依靠宅基地使用权入股获得股息红利等。当前学界对于宅基地使用权流转给农户带来的增收效应始终热切关注。本书认为宅基地使用权流转是基于农户宅基地综合素质与农户综合素质的社会资本利益与农户利益博弈的结果。区位优势突出、生态环境良好、交通便利、可开发性强的宅基地才能与资本进行资源置换。因此，宅基地使用权流转后农户往往可以取得更多收入，这也是符合宅基地使用权流转的基本逻辑。农户家庭收入对于生计风险的影响则更为直接，收入越高的农户家庭，拥有社会资本与金融资本越多，对生计发展的掌控力越强，更容易抵御生计风险。

4. 宅基地—生计资本—生计风险

进行宅基地使用权流转能够显著提升 11.2% 的农户生计资本；农户生计资本增加一单位能够降低 5.9% 的生计风险。宅基地使用权流转后能够增加农户家庭收入，提高金融资本；还能够获得更多就业机会，提高人力资本；更能够提升对村集体经济的参与度，增加社会资本。生计资本本身就是农户家庭进行可持续发展必不可少的资本，农户基于自身资本存量，制定生计策略，规避生计风险，降低生计脆弱性。因此，生计资本质量与数量的提升均能够降低农户家庭的生计风险。

（三）链式中介效应分析

链式中介效应是自变量通过中介变量 1 来影响中介变量 2，最终对因变量产生影响的一种中介效应。链式中介效应主要特征是多重中介变量相互影响、相互作用。从表 6－5 中可知，本书理论上存在 11 条链式中介效应路径，但仅有 3 条路径的系数显著且有意义。为了简化内容，本书仅详细介绍这 3 条显著存在的链式中介效应路径，即：①宅基地流转—城镇住房—家庭总收入—总生计风险；②宅基地流转—城镇住房—生计资本—总生计风险；③宅基地流转—家庭总收入—生计资本—总生计风险。这表明假设 H6.6 成立。

表 6-5 中介效应模型检验结果

效应	路径	结果	BootSE	BootLLCI	BootULCI
直接效应	TR⇒SJFX	−0.019	0.008	−0.035	−0.003
平行中介效应	TR⇒PZF⇒SJFX	0.002	0.004	0.002	0.017
	TR⇒CH⇒SJFX	−0.006	0.002	−0.019	−0.011
	TR⇒Inc⇒SJFX	−0.006	0.003	−0.023	−0.011
	TR⇒SJZB⇒SJFX	−0.007	0.005	−0.036	−0.018
链式中介效应	TR⇒PZF⇒CH⇒SJFX	0	0	−0.001	0
	TR⇒PZF⇒Inc⇒SJFX	0	0	0	0.001
	TR⇒PZF⇒SJZB⇒SJFX	0	0.001	0	0.002
	TR⇒CH⇒Inc⇒SJFX	−0.001	0.001	−0.005	−0.002
	TR⇒CH⇒SJZB⇒SJFX	−0.001	0.001	−0.005	−0.001
	TR⇒Inc⇒SJZB⇒SJFX	−0.001	0.001	−0.005	−0.001
	TR⇒PZF⇒CH⇒Inc⇒SJFX	0	0	0	0
	TR⇒PZF⇒CH⇒SJZB⇒SJFX	0	0	0	0
	TR⇒PZF⇒Inc⇒SJZB⇒SJFX	0	0	0	0
	TR⇒CH⇒Inc⇒SJZB⇒SJFX	0	0	−0.001	0
	TR⇒PZF⇒CH⇒Inc⇒SJZB⇒SJFX	0	0	0	0
总效应	TR⇒SJFX	−0.038	0.008	−0.053	−0.022

注：BootLLCI 指 Bootstrap 抽样 95%的区间下限，BootULCI 指 Bootstrap 抽样 95%的区间上限。

1. 宅基地流转—城镇住房—家庭总收入—总生计风险

宅基地使用权流转后，农户获得租金与分红收入可用于购买城镇住房，提高城镇住房持有量。定居城镇能够获取更多就业信息，实现更灵活的就业，同时也能提高非农收入占比与家庭总收入。收入变化给农户家庭带来的影响是多重的，收入提高既能改善家庭居住环境，还能通过购置房、车等固定资产增强家庭生活水平，减弱生计风险对家庭的影响。

2. 宅基地流转—城镇住房—生计资本—总生计风险

宅基使用权的流转会提高农户对城镇住房的需求。城镇住房能够使农户家庭生计资本结构和质量得以改善，例如通过降低农业生产频率，减少农业生产工具持有量，降低物质资本；通过加强子女教育，提升自我就业技能培训，可以使人力资本得到优化；还可以通过基础设施改善，获取信息渠道更为便捷，使认知水平得到提高。总之，在城镇购房有助于农户生计资本升级。生计资本提升对农户家庭的可持续发展具有正向促进作用，有助于降低生计风险，提高适应力水平。

3. 宅基地流转—家庭总收入—生计资本—总生计风险

宅基地使用权流转可以通过增加家庭总收入，提高农户生计资本的路径，来减少农户风险。宅基地使用权流转后农户面临着进城务工或者留守农村、租房务农的生计抉择。普遍而言，城市工业、服务业收益远高于农业收益，因此大部分流转宅基地的农户倾向于进城务工来获取生计可持续收入。非农收入的提升能够带来家庭总收入的增加，对于农户家庭而言，生计资本随之增加。宅基地使用权流转后，农户生计资本结构与质量的提升导致农户固有的生计脆弱性得以改变，农户家庭抵御风险冲击的能力增强，生计风险进一步降低。

（四）中介效应检验

本书拟采用偏差校正的百分位 Bootstrap 方法对中介变量效应进行检验（方杰，2018）。原因有三点：①Bootstrap 不需要分布假设，因此可以避免违反正态分布的假设。②Bootstrap 可直接检验中介变量系数的显著性，可以避免逐步回归只能对连续型因变量进行分析的不足。③Bootstrap 不依赖理论标准误差，避免了因标准误公式不同而导致结果不一致等问题。本书重复抽样 5 000 次，以 95%为置信区间来检验变量的中介效应。若置信区间（BootLLCI—BootULCI）包含 0 值，则表示中介效应不显著；若不包含 0 值，则表示中介效应显著。

本书中直接效应与总效应均显著，表明中介效应属于部分中介效应，而非完全中介效应。其中直接效应为−0.019，总效应为−0.038，直接效应占总效应的 50%（−0.019/−0.038）。而宅基地使用权流转对农户风险的削弱效应剩余 50%，通过中介变量效果检验。

四个平行中介的系数显著性均落在可接受置信区间内，不包含 0 值。这表明宅基地使用权流转分别通过流转给政府的偏好、城镇住房、家庭总收入、生计资本来影响农户风险。其中，城镇住房的间接效应约为 15.8%（−0.006/−0.038）；家庭总收入的间接效应约为 15.8%（−0.006/−0.038）；生计资本的间接效应约为 18.4%（−0.007/−0.038）。值得关注的是，流转给政府偏好（*PZF*）的间接效应约为－5%（0.002/－0.038），由于间接效应与总效应异号，此时的中介效应为遮掩效应，即在宅基地使用权流转过程中，遮掩了其对生计风险的削弱作用。

三个链式中介的系数置信区间均不包含0值，说明链式中介效应显著存在。“宅基地流转—城镇住房—家庭总收入—总生计风险”“宅基地流转—城镇住房—生计资本—总生计风险”“宅基地流转—家庭总收入—生计资本—总生计风险”三条作用路径的间接效应均为2.6%（－0.001/－0.038）。

根据以上分析可知，包含四个中介变量的链式中介变量并不存在，表明农户宅基地使用权流转给政府的偏好（*PZF*）并不能显著影响农户家庭收入、城镇购房与否、生计资本水平，因此无法通过影响这些中介变量来影响农户风险。

六、本章小结

农户风险是一个与家庭生计发展水平和经济能力密切相关的重要指标。这一风险水平的高低直接影响着农户的生计状况、生计决策以及生计资本的有效运用，同时也关系生计的代际可持续性。在这个背景下，宅基地使用权流转成为农村地区面临的一个新挑战和机遇。这种流转不仅取决于流转前已有的风险水平，还受到农户自身的风险认知、应对措施以及风险敏感程度的影响。

本章通过对2 165份实地调研数据的分析，采用普通最小二乘法和中介效应模型，对宅基地使用权流转对农户风险的影响进行了回归分析和机制检验。

首先，宅基地使用权流转对降低农户家庭的生计风险具有显著的效果。宅基地使用权流转同样显著影响了农户的人力风险、物质风险、社会风险和信息风险。但宅基地使用权流转也会增加农户的金融风险，对农户的养老风险的削弱效果并不显著。

其次，流转给政府的偏好、城镇住房、家庭总收入和生计资本等因素在宅基地使用权流转对农户风险的影响中存在显著的中介效应。这些因素之间存在平行中介效应、链式中介效应。流转政府偏好的增加会显著提高宅基地流转后农户的风险水平，在总体效应中具有遮蔽作用。城镇住房、家庭总收入和生计资本则显著削弱了宅基地使用权流转后的农户风险，这些效应是与总效应方向一致的间接效应。

最后，宅基地使用权流转对农户生计资本的影响通过三个链式中介效应实现。第一，城镇住房可以提高家庭总收入，从而影响宅基地使用权流转的风险缓解效果。第二，城镇住房影响了生计资本的存量和比例，进一步减少了农户在宅基地使用权流转后的生计风险。第三，家庭总收入的提高影响了农户家庭生计资本结构，提高了家庭人均生计资本，进一步降低了宅基地流转风险。

总的来说，研究结果表明，宅基地使用权流转可以在一定程度上降低农户的生计风险。尤其是在面临养老和重大疾病等风险时，农户可以选择流转宅基地使用权作为筹备资金的来源。此外，定居城镇的农户在宅基地使用权流转中具有较低的风险水平，因为他们对宅基地的居住需求相对较小，同时流转后收入有望提高，有助于家庭抵御风险能力的提升。

这一研究为理解宅基地使用权流转对农户风险的影响提供了重要的实证支持，有助于政府和农村社区更好地制定政策和措施，以提高农村居民的生计安全和可持续发展水平。同时，这也为进一步探讨宅基地制度改革与城乡共同富裕目标之间的关系提供了有益的参考。

第七章 三权分置改革中农户宅基地市场化流转风险感知及其影响因素分析

推进土地要素市场化流转是当前自然资源管理领域改革的重要命题，推进宅基地要素市场化改革是宅基地三权分置改革的重要目标。当前我国宅基地低效利用问题突出，“一户多宅”“建新不拆旧”“城乡两栖占地”等现象普遍存在。2019 年中国社科院发布的农村绿皮书显示，2018 年我国农村宅基地闲置率为 10.7%，其中空置率高达 71.5%，而宅基地及农房通常被认为是农户家庭最大的财富，大量宅基地闲置造成农村资源严重浪费，应推动放活宅基地使用权流转，建立并完善农村闲置宅基地交易市场，充分盘活农村闲置宅基地。为此，2018 年中央 1 号文件提出实施以宅基地三权分置为目标的宅基地有限市场化改革探索；2020 年中共中央发布《关于构建更加完善的要素市场化流转体制机制的意见》提出“深化农村宅基地制度改革试点”，2022 年 10 月党的二十大报告中指出“深化农村土地制度改革，赋予农民更加充分的财产权益”“防范化解重大风险”，以上文件均为我国未来农村宅基地制度改革和市场化流转指明了方向。宅基地制度作为我国基础性的住房保障制度，在推进市场化过程中面临诸多风险，如农民无房养老与利益受损风险、乡村利益冲突与治理风险、耕地和粮食保障风险等（吴丽，2020）。因此，农村闲置宅基地市场化流转过程必须稳慎推进。

农户作为低收入群体对各类风险的抵御能力都较弱（王兆林，2021），当其直接参与土地资源配置时，会对入市后收益与风险进行理性思考（孔祥智，2010），若感知到生计、生产等方面有发生风险的可能性，将抑制农户入市积极性。因此，宅基地市场化流转过程中所伴随的风险需严格把控，并通过完善相关政策和社会保障等措施降低农户市场化流转宅基地后的风险感知，同时探索合理的市场化流转模式实现收益最大化，调动农户入市积极性，在更大程度上显化闲置宅基地财产价值。

当前学界关于宅基地市场化的研究主要集中于市场化流转路径构建（王艳西，2022）、制约因素与对策研究等理论层面的探讨（瞿理铜，2020），相关风险研究主要集中于宅基地流转及退出风险评价（李景刚，2022；梁发超，2019）、农户对宅基地退出的风险认知（王兆林，2013）、宅基地制度改革风险与防范（林津，2022）等方面，对于市场化流转过程中农户视角的风险研究尚不完善。同时，由于各试点地区在经济发展水平、政策制度等方面存在不同，各地在改革过程中探索出了差别化的市场化流转模式（上官彩霞，2017），其存在的风险也有差异。此外，现有的研究方法主要以传统 Logistic、Probit 等计量模型为主，而传统回归模型不能有效处理无法直接观测的变量，缺少对评估结果的信度与效度分析，难以保证回归结果的准确性。鉴于此，本章尝试以成渝典型宅基地改革试点地区调查数据为基础，以计划行为理论（TPB）和风险感知理论（RP）为理论基础，运用结构方程模型（SEM）探究农户闲置宅基地市场化风险感知以及影响因素，旨在深化农户对闲置宅基地市场化流转过程的认识，分析农户在入市过程中各影响因素对其风险感知的影响程度，针对各类风险提出具体解决意见，指导未来入市管理方向，进而提升农户参与宅基地市场化流转的积极性，并降低农村宅基地闲置率、增加农户收入水平，推动乡村振兴。

一、TPB-RP 分析框架与假设

（一）农村闲置宅基地市场化流转

闲置宅基地即对拥有宅基地的农户而言，其居住保障功能不断弱化或消失，财产价值逐渐显现，如已进城落户、拥有稳定住房的农户，或“一户多宅”的农户将其利用效率较低的闲置宅基地及住房盘活流转，但若宅基地对农户仍是一种保障，那便不能完全进行市场化流转，因此市场化流转潜力更多体现在进城落户或“一户多宅”农民所占用的那部分闲置、废弃宅基地。农村闲置宅基地市场化流转即通过引入市场机制，使农村宅基地使用权能够按照市场价格的方向流向利用效率更高的主体，核心是农村宅基地使用权交易，目的是把宅基地当作一种财产进行配置，配置对象是农村闲置、废弃的宅基地资源（瞿理铜，2020）。

通过梳理相关理论与总结实践经验发现，三权分置下宅基地市场化流转模式根据宅基地流转用途差异，主要分为两种：就地入市配置和异地入市配置（刘丹，2017）。所谓就地入市配置是指在符合规划前提下，将农村闲置宅基地和住宅，通过出租、抵押、联建或其他方式在原闲置宅基地位置进行经营性利用与产业发展等，如浙江精品民宿、农户自主经营民宿、农家乐等；异地入市配置是指通过将原有偏远、闲置废弃、零星分布的存量闲置宅基地通过复垦、复绿或其他方式，实现指标的异地置换，如重庆“地票”、浙江“集地券”等（杨庆媛，2022）。为探究不同配置模式下农户风险感知程度及影响因素差异，本节将根据不同配置模式分别构建 SEM 模型，针对不同模式下各类风险提出合理意见，为政府相关工作提供重要参考。

（二）基于 TPB－RP 的研究假说

风险感知（Risk Perception，RP）指个体对存在于外界的各种客观风险的感受和认识，并强调个体由直观判断和主观感受获得的经验对认知的影响（孟博，2010），常伴随决策的产生，可作为评估、决策与行为的重要研究工具（赵宝春，2016）。农户闲置宅基地行为分析中，该理论较多用于农户退地意愿与退地行为研究（万亚胜，2017）。在宅基地市场化流转过程中由于农户对流转结果存在不可预知性，如对“失宅”“生活成本增加”“补偿不到位”等问题的担忧，其行为决策也具有不确定性。通过文献总结与实地调研，将农户入市过程中所面临的风险分为生计风险、生产风险、生活风险、契约风险和文化风险五方面。生计风险指面对潜在风险时生计要素结构的缺失可能导致其难以适应未来风险冲击（徐旭初，2010），入市过程中部分农户由于暂时或永久放弃原住宅，当面对外部压力和冲突时，其自身能力和资产的保持和增强受到限制，即可持续生计面临风险（韩峥，2004）。此外，当农户闲置宅基地位置较好，则入市可能会带来其发展权的损失，资产增强受损，进而引发生计风险。生产风险指农户直接从事农业生产的各种风险和为防范这些直接生产风险而借助外部力量所衍生的各种风险（胡江霞，2021），本书中生产风险主要包括农户入市后耕地的位置不可移动性带来新居住地与原耕地的距离增加，田园经济成本提高风险和就业情况可能恶化的风险（张慧利，2021）。生活风险指农户由于入市给生活带来的不利影响，如农户暂时或永久性失去住房带来的住房及养老问题、居住环境改善后的生活成本提高、进城后无法和当地居民在教育、医疗等方面拥有同等权利的风险（龚宏龄，2017）。契约风险指农户与政府或其他宅基地转入方因契约签订带来利益受损风险，如契约规定的宅基地市场化流转后所得收益在各权利主体间分配不合理或农户与他人因契约责任不明确产生纠纷的风险（孔祥智，2010）。文化风险指农户市场化流转宅基地后，随着外来人口进入或当地人口搬离，带来原民俗活动减少、家族成员居住距离增加的风险（严金海，2022）。

计划行为理论（Theory of Planned Behavior，TPB）是 Ajzen 在多属性理论和理性行为理论基础上修正而来的（AJZEN，1985），主要基于行为态度、主观规范与知觉行为控制等方面对人们的某一行为倾向进行系统解构，进而探究人们的行为选择，该理论在行为科学领域应用广泛，主要用于解释人的行为动机、意向以及行为预测（史恒通，2019）。在农户宅基地行为研究中，主要用于退地意愿及行为或发展权转移意愿研究（鄂施璇，2022），且已有研究证明该理论符合农户行为的基本分析框架。本书认为农户风险感知主要由行为态度、主观规范和知觉行为控制决定，进而影响农户是否入市及入市模式选择。具体而言，行为态度指农户参与闲置宅基地市场化流转的意愿；主观规范指农户在参与闲置宅基地市场化过程中感受到的社会压力；知觉行为控制是农户参与市场化过程时受家庭禀赋、外部环境和行为能力等因素影响时所感知到的难易程度。因此，通过观察农户闲置宅基地市场化流转的实际情况，将风险感知引入计划行为理论，揭示农户入市行为的内在规律。

依据以上分析，结合两种理论模型，构建出“农户闲置宅基地市场化流转过程中风险感知影响机理分析框架”（图 7-1），并提出以下假说。

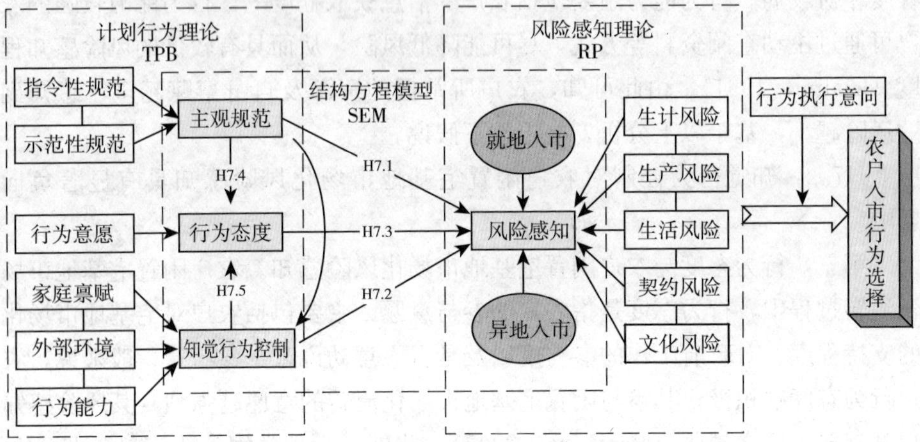

图 7-1　TPB-RP 理论分析框架

第一，主观规范与农户闲置宅基地市场化风险感知。主观规范是农户在参与闲置宅基地市场化过程中感受到的社会压力，一般建立在亲友、邻居及政府组织或社会团体对宅基地市场化的满意度或支持度上，由于羊群效应和集体决策的影响，农户在宅基地市场化流转过程中，不仅仅依靠自身的福利变化做决定，还受到来自政府、集体、亲朋等因素综合影响。因此，主观规范主要包括指令性规范与示范性规范（Cialini，1991），指令性规范主要来源于政府人员，他们运用强有力的组织协调能力领导农户行为，对农户决策产生重要影响。当政府政策鼓励宅基地市场化行为、集体积极配合市场化政策实施及宅基地交易市场健全时，农户的风险感知程度越弱，反之更强。而示范性规范是指农户的周围邻居及家庭成员对其行为的示范作用，当周围邻居都积极参与、家庭成员支持闲置宅基地入市交易时，农户的风险感知程度越弱，反之更强（Cialini，1991）。基于以上分析，提出如下假说。

H7.1：主观规范对农户闲置宅基地市场化风险感知具有显著负向影响。

第二，知觉行为控制与农户闲置宅基地市场化风险感知。知觉行为控制是指农户在参与宅基地市场化过程时受家庭禀赋、外部环境和行为能力等因素影响所感知到的行为控制难易程度，农户若认为手中的资源和机会多而预期的困难少，则行为控制能力就强，对风险感知程度就相对较弱（Senger，2017）。家庭禀赋是指以家庭为单位所掌握的资源数量，如收入结构、劳动力数量、宅基地面积等，当农户所掌握的家庭禀赋越多时，抵御风险的能力越强，风险感知程度越弱。外部环境主要包括农户所生活地区的自然资源及政策环境等，当外部环境较好时，农户参与市场化流转后的社会保障机制更加完善，风险感知程度相对较弱。行为能力主要包括农户的信息获取程度等，行为能力较强的农户可通过主动查阅资料等方式，尽可能降低风险，从而具有较低的风险感知程度（Cialini，1991）。由此可知，农户所掌握的资源及自身禀赋越多，感知到的风险越小，基于以上分析，提出如下假说。

H7.2：知觉行为控制对农户闲置宅基地市场化风险感知具有显著负向影响。

第三，行为态度与农户闲置宅基地市场化风险感知。农户闲置宅基地市场化流转过程中，行为态度是指农户的参与意愿，主要包括农户对宅基地市场化的支持程度、对政府工作的参与度以及是否愿意劝说亲友参与。一般来说，农户行为态度越积极，其参与闲置宅基地市场化流转的意愿越强烈，其风险感知程度越弱，反之越强（Bamberg，2007）。此外，心理学家认为态度不是天生的，而是通过与周围环境的互动逐渐形成的，具有社会属性，因此，TPB 理论中的行为态度、主观规范和知觉行为控制之间并不是相互独立的关系（FIELDING，2008）。已有学者研究证实主观规范与知觉行为控制均对行为态度有正向影响（张圆刚，2021）。本书中，亲朋及政府对宅基地市场化的支持（主观规范）以及农户所具有的资源禀赋、外部环境等因素（知觉行为控制）可能影响农户对闲置宅基地市场化流转的行为态度，进而影响农户风险感知，且随着主观规范与知觉行为控制的加强，其行为态度会更积极（朱长宁，2016）。基于以上分析，提出如下假说。

H7.3：行为态度对农户闲置宅基地市场化风险感知具有显著负向影响。

H7.4：主观规范对农户行为态度有显著正向影响。

H7.5：知觉行为控制对农户行为态度有显著正向影响。

H7.6：行为态度在主观规范与风险感知间存在中介作用。

H7.7：行为态度在知觉行为控制与风险感知间存在中介作用。

二、实证分析

（一）数据来源

本节调查区域为成渝典型宅基地改革试点地区，为全面客观研究各试点村庄农户在不同模式下的宅基地市场化流转行为及风险感知影响因素，本书课题组于 2021 年 3 月至 8 月按照分层随机抽样原则对重庆市大足区棠香街道五星社区、邮亭镇复兴村、高升镇旭光村，永川区大安街道、何埂镇石笋山村、茶山竹海街道茶竹村，成都市郫都区唐昌镇钓鱼村和永安村、友爱镇青冈村和石羊村等 24 个开展农村宅基地制度改革试点的村庄开展问卷调研，样本选择总体上涵盖经济发达、中等、欠发达区县，研究区域具有良好代表性。采用参与式农村评估法（PRA）就农户入市参与意愿、村庄外部环境、政府与集体的公信力、个体资源禀赋与行为能力、入市行为风险感知等方面进行随机问卷调查。共发放问卷 1 240 份，剔除部分核心数据缺失或数据前后矛盾的问卷，得到实际有效问卷 1 208 份，有效问卷率为 97.4%（就地入市 577 份，异地入市 631 份）。问卷大部分指标测度参考 Likert 五点量表的有序分类变量设计，1 表示“完全不同意”，5 表示“完全同意”。

（二）模型构建与变量说明

1. 结构方程模型构建

结构方程模型（SEM）利用协方差矩阵和因素分析法构建潜变量与潜变量以及潜变量与测量变量间的结构关系。运用 SEM 可以通过图形的方式清晰地描绘农户闲置宅基地市场化过程中风险感知程度及影响因素，本书构建的模型符合结构方程模型的一般形式。设定参数与方程具体形式如下。

结构方程：

$$\eta = B\eta + \Gamma\xi + \zeta \tag{7-1}$$

测量方程：

$$x = \Lambda_x \xi + \delta \tag{7-2}$$

$$y = \Lambda_y \eta + \varepsilon \tag{7-3}$$

公式（7-1）中，$B\eta$ 表示内生变量 η 之间的彼此影响；$\Gamma\xi$ 表示外生潜变量 ξ 对内生潜变量 η 的影响；ζ 表示残差项。公式（7-2）为外生潜变量的测量方程，公式（7-3）为内生潜变量的测量方程。在本书的结构方程模型中，内生潜变量 η 为农户在闲置宅基地市场化过程中的风险感知、行为态度、主观行为规范和知觉行为控制，外生潜变量 ξ 包括指令性规范、示范性规范、家庭禀赋、环境禀赋、行为能力等。

2. 变量说明

依据分析框架，参考文献资料并结合实地调查，本书选取了农户行为态度、主观规范、知觉行为控制与农户风险感知 4 种变量类型和 28 个观测变量。调查过程中，首先对农户参与的宅基地市场化流转类型分为“就地”或“异地”，然后进行表 7-1 问题的 PRA 调查与作答。

表 7-1 农户市场化风险感知问卷测量表

变量类型	潜在变量	观测变量	赋值说明	文献来源
行为态度 B	农户意愿 BH	我对闲置宅基地入市持肯定态度 BH_1	1=完全不认同；2=不太认同；3=一般或不表态；4=比较认同；5=完全认同	鄂施璇等
		我对政府相关宅基地入市工作满意 BH_2		鄂施璇等
		我愿意劝说亲友进行闲置宅基地入市 BH_3		王兆林等
主观规范 S	指令性规范 SN	政府政策鼓励闲置宅基地市场化转移 SN_1	1=完全不同意；2=不太同意；3=一般或不表态；4=比较同意；5=完全同意	张慧利等
		集体积极配合宅基地市场化政策实施 SN_2		张慧利等
		闲置宅基地交易市场与政策健全 SN_3		万亚胜等
	示范性规范 SM	周围邻居都愿意将闲置宅基地入市交易 SM_1		万亚胜等
		家庭成员支持我将闲置宅基地入市交易 SM_2		鄂施璇等

（续）

变量类型	潜在变量	观测变量	赋值说明	文献来源
知觉行为控制 C	家庭禀赋 CF	家庭拥有宅基地面积（平方米）CF_1	1＝100平方米以内；2＝100～150平方米；3＝150～200平方米；4＝200～250平方米；5＝250平方米以上	兰勇等
		家庭年收入水平（万元）CF_2	1＝3.5万元以下；2＝3.5～5万元；3＝5～9万元；4＝9～15万元；5＝15万元以上	兰勇等
		家庭非农务工人数 CF_3	1＝0人；2＝1人；3＝2人；4＝3人；5＝4人及以上	王淇韬
	外部环境 CE	闲置宅基地区位条件较好 CE_1	1＝完全不同意；2＝不太同意；3＝一般或不表态；4＝比较同意；5＝完全同意	万亚胜等
		村集体经济发展水平较好 CE_2		万亚胜等
		宅基地入市后相关保障机制完善 CE_3		万亚胜等
	行为能力 CC	宅基地入市相关政策信息获取渠道较广 CC_1		王淇韬
		对宅基地入市相关政策比较了解 CC_2		王淇韬
风险感知 R	生计风险 RL	我担心宅基地入市后发展权损失导致生计问题 RL_1	1＝完全不同意；2＝不太同意；3＝一般或不表态；4＝比较同意；5＝完全同意	龚宏龄
		我担心宅基地入市后生计可持续保障降低 RL_2		兰勇等
	生产风险 RP	我担心宅基地入市后耕作地点距离增加 PR_1		张慧利等
		我担心宅基地入市后带来就业情况恶化 PR_2		张慧利等
	生活风险 RLI	我担心宅基地入市后会带来居住不稳定风险 RLI_1		兰勇等
		我担心宅基地入市后会提高生活成本 RLI_2		龚宏龄
		我担心宅基地入市后进城获得公共服务困难 RLI_3		张慧利等
	契约风险 RI	我担心宅基地入市后补偿不能及时到账 RI_1		王兆林等
		我担心宅基地入市后增值收益分配不合理 RI_2		王兆林等
		我担心宅基地入市后会带来纠纷增加 RI_3		梁发超等
	文化风险 RC	我担心宅基地入市后传统民俗活动次数减少 RC_1		严金海等
		我担心宅基地入市后家族成员居住距离增加 RC_2		严金海等

三、结果与分析

结构方程模型（SEM）利用处理变量的协方差矩阵，分析潜变量间的假设关系，需根据理论事先建立好测量模型与结构模型，再收集数据对模型进行验证。由于分析数据是实际调查得来，在作路径分析前衡量数据是否具有一定的信度、效度很有必要，因此本书首先利用 SPSS26.0 和 Amos26.0 对测量模型进行信度、效度检验。

（一）信度与效度检验

利用 SPSS26.0 软件对数据进行信度和效度检验，首先采用 *Cronbach's α* 系数对问卷的信度，即可靠性进行分析；其次，检验问卷的 *KMO* 值和巴特利特（Bartlett）球形检验，对问卷的效度进行分析。检验结果如表 7-2、表 7-3 所示。

表 7-2　变量信度指标值

潜在变量	观测变量符合值	*Cronbach's α* 值	
		异地入市	就地入市
行为态度 *B*	3	0.730	0.759
主观规范 *S*	5	0.652	0.630
知觉行为控制 *C*	8	0.658	0.656
风险感知 *R*	12	0.895	0.891

表 7-3　KMO 和 Bartlett 检验

	KMO 值	Bartlett 球形度检验值		
		近似卡方	自由度	显著性
就地入市	0.870	6 748.884	378	0.000
异地入市	0.878	5 897.652	378	0.000

如表 7-2 所示，学界通常采用 *Cronbach's α* 系数大于 0.6 的标准来衡量各因子信度，在两种入市模式中，各潜变量的 *Cronbach's α* 系数均大于 0.6，表明问卷具有良好的信度。

效度检验指结构效度有效性（表 7－3），首先进行 *KMO* 值检验，就地入市和异地入市的 *KMO* 值分别为 0.870、0.878，均大于 0.6 且接近 1，表明变量间的相关性较强。此外，两种模式下的巴特利球形检验值均为 0，通过显著性检验，可进行因子分析，变量的结构效度良好。

（二）结构方程模型分析

1. 模型检验与修正

利用 AMOS24.0 软件，进行结构方程模型适配度检验，依据结构方程模型适配度标准值范围，经过模型修正与适配度检验，对模型进行调整。在就地入市的 SEM 模型中，删除载荷值过小的观测变量 RLI_3，并对协方差修正指数 *MI* 进行修正，按照每次释放一个参数的原则并结合实际调研情况依次对模型进行修正，增加了一个残差相关路径。同理，在异地入市模式中删除观测变量 RL_1 与 RC_1，并对协方差修正指数 *MI* 进行修正，一共增加了两个残差相关路径，分别得到最优模型（图 7－2、图 7－3），修正后的模型适配度指标值如表 7- 4 所示。

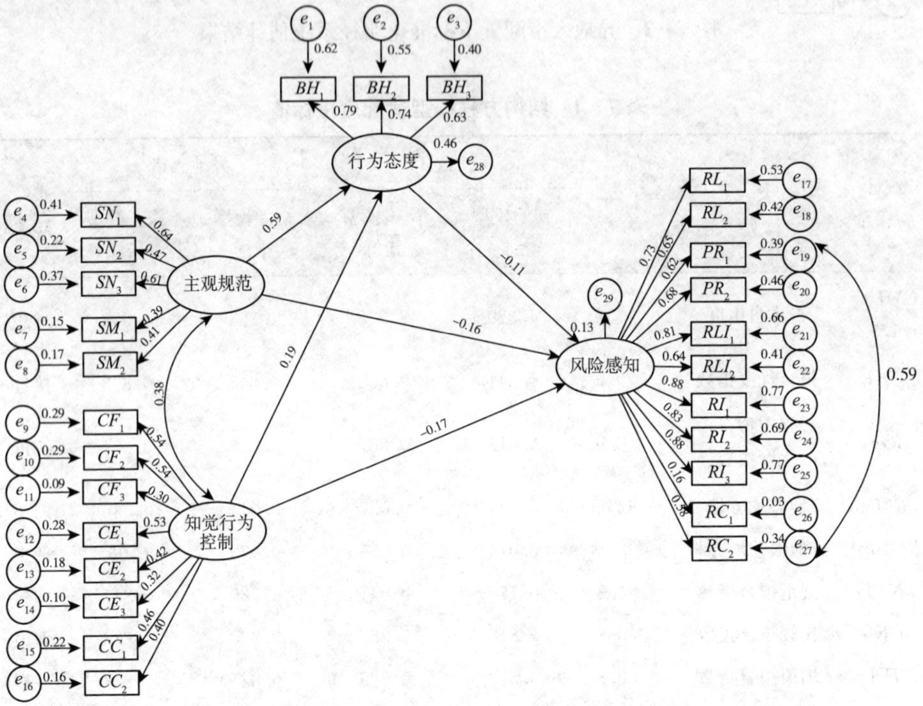

图 7－2　就地入市配置下标准化路径系统估计结果

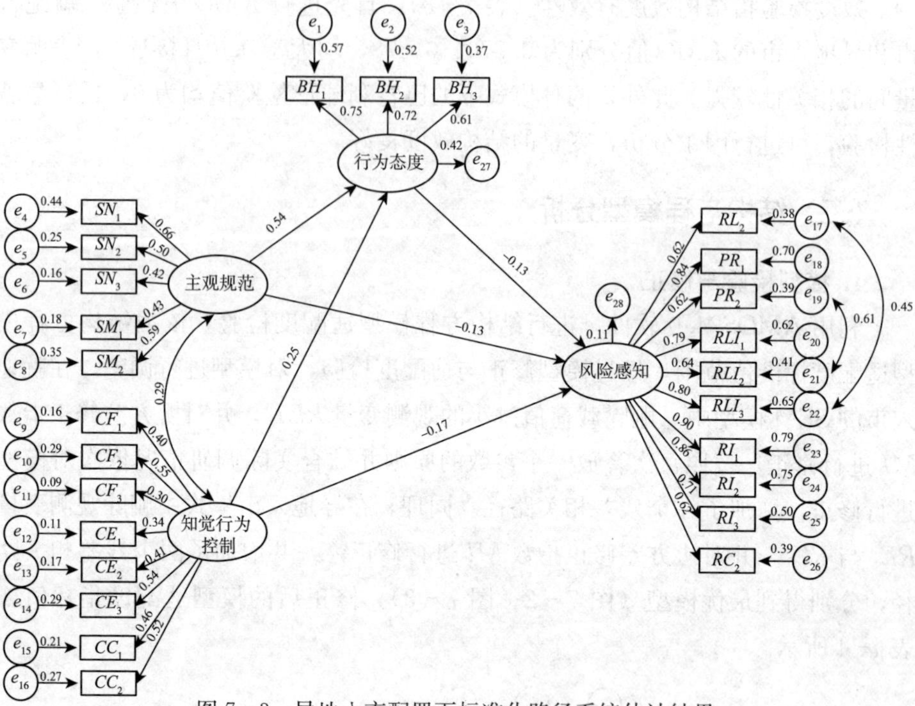

图 7-3　异地入市配置下标准化路径系统估计结果

表 7-4　结构方程模型适配度指标值

统计检验量	含义	标准	就地入市		异地入市		拟合结果
			初始模型指标	修正模型指标	初始模型指标	修正模型指标	
CMIN/DF	卡方自由度	<3	4.329	2.978	4.383	2.923	理想
GFI	拟合优度指数	>0.9	0.841	0.888	0.843	0.898	接近
AGFI	修正拟合优度指数	>0.9	0.813	0.867	0.815	0.877	接近
RMR	残差均方根	<0.05	0.041	0.037	0.041	0.038	理想
RMSEA	近似误差均方根	<0.08	0.074	0.059	0.073	0.06	理想
NFI	规范拟合指数	>0.8	0.777	0.841	0.780	0.847	理想
CFI	比较拟合指数	>0.8	0.818	0.888	0.820	0.888	理想
IFI	增值拟合指数	>0.8	0.819	0.889	0.821	0.888	理想
RFI	相对拟合指数	>0.8	0.755	0.824	0.758	0.830	理想

由表 7－4 可知，两种模式下，修正后的模型比初始模型拟合程度更好，*CMIN/DF* 均小于 3，表明修正模型与样本数据的契合度较好，模型适配程度高。绝对指标中，*GFI*、*AGFI* 修正后均接近 0.9，*RMR* 均小于 0.05，*RMSEA* 均小于 0.08，表明模型的绝对拟合较好。相对指标中，*NFI*、*CFI*、*IFI*、*RFI* 均大于 0.8，表明模型相对拟合较好，修正后的模型整体通过适配度检验。

2. 直接效应检验

从两种市场化流转模式下农户风险感知的直接效应检验结果看出（表 7－5），两种配置模式下，各假说均成立。就地入市模式中，主观规范、知觉行为控制、行为态度分别在 5%、5%、10%的显著性水平上显著负向影响农户的风险感知，假说 H7.1、H7.2、H7.3 成立，标准化路径系数分别为－0.16、－0.17、－0.11。此外，主观规范、知觉行为控制分别在 1%、5%的显著性水平上显著正向影响农户的行为态度，标准化系数分别为 0.59、0.19，假说 H7.4、H7.5 成立。异地入市模式中，主观规范、知觉行为控制、行为态度分别在 10%、5%、10%的显著性水平上显著负向影响农户的风险感知，假说 H7.1、H7.2、H7.3 成立，标准化路径系数分别为－0.13、－0.17、－0.13。此外，主观规范、知觉行为控制均在 1%的显著性水平上显著正向影响农户的行为态度，标准化系数分别为 0.54、0.25，假说 H7.4、H7.5 成立。

表 7－5　直接效应检验结果

假说	就地入市				异地入市			
	标准化路径系数	标准误	显著性	检验结果	标准化路径系数	标准误	显著性	检验结果
H7.1：风险感知←主观规范	－0.16	0.110	**	成立	－0.13	0.112	*	成立
H7.2：风险感知←知觉行为控制	－0.17	0.118	**	成立	－0.17	0.121	**	成立
H7.3：风险感知←行为态度	－0.11	0.111	*	成立	－0.13	0.094	*	成立
H7.4：行为态度←主观规范	0.59	0.075	***	成立	0.54	0.081	***	成立
H7.5：行为态度←知觉行为控制	0.19	0.085	**	成立	0.25	0.098	***	成立

注：*、** 和 *** 分别表示数据在 10%、5%和 1%的水平上显著。

3. 中介效应检验

通过求解结构方程模型，不能检验中介效应是否存在，因此需要单独做中介效应检验。本书利用 Bootstrap 法计算中介效应，即采用 Hayes 编制的 SPSS 宏中的 PROCESS 工具在 95%置信区间条件下对样本进行 5 000 次重复抽取，当置信区间不包含 0 时，中介效应存在且显著，检验结果如表 7-6 所示。结果表明，在就地入市过程中，主观规范→行为态度→风险感知、知觉行为控制→行为态度→风险感知两条路径的各置信区间均未包含 0，表明行为态度的中介效应存在且显著，两条路径的中介效应分别占总效应的 36.02%和 34.23%，H7.6、H7.7 成立。同理，在异地入市模式中，主观规范→行为态度→风险感知、知觉行为控制→行为态度→风险感知两条路径的各置信区间也均未包含 0，表明行为态度的中介效应在异地入市过程中存在且显著，两条路径的中介效应分别占总效应的 35.84%和 32.75%，H7.6、H7.7 成立。综合来看，无论是就地入市还是异地入市过程中，主观规范和知觉行为控制对风险感知的直接作用显著，且当加入中介变量行为态度后，其中介效应也显著，即在拓展的 TPB 模型中，行为态度在两种入市模式下对风险感知的影响路径均具有较强的中介作用。

表 7-6　中介效应检验结果

路径关系			结果	BootSE	下限	上限	效应占比
就地入市	主观规范→行为态度→风险感知	中介效应	−0.127	0.027	−0.183	−0.079	36.02%
		直接效应	−0.226	0.056	−0.338	−0.118	63.98%
		总效应	−0.35	0.050	−0.451	−0.255	
	知觉行为控制→行为态度→风险感知	中介效应	−0.103 3	0.022	−0.150	−0.065	34.23%
		直接效应	−0.199	0.054	−0.305	−0.095	65.77%
		总效应	−0.302	0.051	−0.402	−0.202	
异地入市	主观规范→行为态度→风险感知	中介效应	−0.107	0.023	−0.155	−0.066	35.84%
		直接效应	−0.192	0.050	−0.291	−0.093	64.16%
		总效应	−0.299	0.046	−0.391	−0.210	
	知觉行为控制→行为态度→风险感知	中介效应	−0.094	0.020	−0.136	−0.059	32.75%
		直接效应	−0.193	0.053	−0.294	−0.091	67.25%
		总效应	−0.287	0.052	−0.392	−0.187	

（三）结果与分析

1. 不同配置模式下风险感知影响因素分析

就地入市配置：①主观规范对农户风险感知的影响。主观规范对风险感知的直接效应为－0.16，在5%的水平下通过检验，H7.1成立。由图7-2可知，主观规范各因子载荷系数分别为0.64、0.47、0.61、0.39、0.41，表明在就地入市模式下，当政府和集体鼓励闲置宅基地市场化交易、宅基地交易市场与政策健全、邻居及家人支持时，农户入市风险感知将显著降低，并且指令性规范各观测变量的因子载荷均大于示范性规范，说明相较于亲朋的示范性行为而言，政府及集体等指令性行为对农户的风险感知影响作用较大。所以在就地入市配置过程中，政府作用尤为重要，应充分发挥政府在闲置宅基地市场化过程中的指导作用。②知觉行为控制对农户风险感知的影响。知觉行为控制对风险感知的直接效应为－0.17，在5%的水平下通过检验，H7.2成立，且其路径系数相较于其他两个潜变量更大，说明知觉行为控制对农户的风险感知程度影响最大。知觉行为控制各观测变量的因子载荷系数分别为0.54、0.54、0.30、0.53、0.42、0.32、0.46、0.40，表明就地入市模式下，农户家庭禀赋资源越多、闲置宅基地所处外部环境越好、农户自身关于信息获取的行为能力越强时，农户对于市场化风险的感知程度越低。在各观测变量中，CF_1、CF_2、CE_1的载荷系数均大于0.5，其对风险感知的影响程度更大，分析原因发现，当家庭拥有的宅基地面积更大、闲置宅基地区位条件更好时，农户更倾向于选择市场化流转宅基地，并以此带来更大的经济收益。此外，家庭年收入水平越高，其抵御风险的能力越强，农户越偏向于市场化流转宅基地，其风险感知越小。因此政府在开展就地入市工作时应更加关注宅基地面积大、区位条件好、家庭收入高的那部分农户。③行为态度对农户风险感知的影响。行为态度对风险感知的直接效应为－0.11，在10%的水平下通过检验，H7.3成立。主观规范、知觉行为控制对行为态度的直接效应分别为0.59和0.19，分别在1%和5%的水平上显著，H7.4、H7.5成立。行为态度在主观规范和知觉行为控制与风险感知间存在中介作用，H7.6、H7.7成立。行为态度是农户闲置宅基地市场化风险感知最直观的评价因素，农户对市场化的参与越积极，表明其对市场化的满意度越高，进而说明其风险感知程度越低。其中农户意愿的观测变量BH_1、BH_2、BH_3因子载荷系数分别为0.79、0.74、0.63，均大于0.5，表明农户对宅基地市场化是否持肯定态度、对政府工作是否满意等因素都将显著影响农户就地入市行为的意愿，进而影响其风险感知。此外，由于行为态度的中介效应显著，说明主观规范和知觉行为控制可通过影响农户的行为态度间接影响其风险感知程度，且中介作用对风险感知具有正向增强作用，表明在就地入市过程中，应当通过政府宣传或其他途径提升农户对入市行为的肯定态度，进而达到更大程度降低农户入市风险感知的目的。

异地入市配置：①主观规范对农户风险感知的影响。主观规范对风险感知的直接效应为－0.13，在10％的水平下通过检验，H7.1成立。由图7-3可知，异地入市模式下，主观规范各观测变量因子载荷系数分别为0.66、0.50、0.42、0.43、0.59，表明政府的指令性行为与亲邻的示范性行为均对农户的主观规范产生显著影响，其中，SN_1和SM_2的因子载荷系数显著高于其他观测变量，说明在异地入市模式中，政府政策鼓励以及家庭成员支持度将在更大程度上降低农户异地入市风险感知，进而倾向于将闲置宅基地入市交易。②知觉行为控制对农户风险感知的影响。在该模式下，知觉行为控制对风险感知的直接效应亦为－0.17，且在5％的水平下通过检验，H7.2成立。同时，该潜变量的直接效应大于其他两个观测变量，表明其对农户在异地入市模式下的风险感知影响较大。在各观测变量的因子载荷系数中，CF_2、CE_3、CC_2的数值明显大于其他观测变量，分别为0.55、0.54、0.52，可见与家庭宅基地面积、家庭非农务工人数、闲置宅基地区位条件等因素相比，农户的家庭年收入水平、入市后相关保障机制以及对宅基地政策是否了解等因素会在更大程度上影响农户评估其异地入市的风险程度。分析原因发现，当家庭年收入更高，宅基地入市后相关保障机制更健全时，农民对宅基地异地入市交易更信任，风险感知程度更低。此外，当农户对相关政策了解程度越高，越有利于农户了解入市给其带来的经济利益，从而吸引其进行入市活动。因此，在未来工作中政府应注重提高农户收入，同时积极宣传入市相关政策，提升农户异地入市积极性。③行为态度对农户风险感知的影响。行为态度对风险感知的直接效应为－0.13，在10％的水平下通过检验，H7.3成立，行为态度对农户异地入市行为的风险感知程度具有显著负向影响。主观规范、知觉行为控制对行为态度的直接效应分别为0.54和0.25，均在1％的水平上显著，H7.4、H7.5成立。行为态度在主观规范和知觉行为控制对风险感知的影响中存在中介作用，H7.6、H7.7成立。异地入市模式中，行为态度的各观测变量BH_1、BH_2、BH_3的因子载荷系数分别为0.75、0.72、0.61，表明农户对宅基地入市的态度以及对政府相关工作的满意程度等农户意愿因素均会显著影响农户态度。同时，由于行为态度在各路径中的中介效应显著，且中介作用对风险感知具有正向增强作用，表明政府集体应当从农户态度方面入手，增强农户对就地入市行为的满意度，解决异地入市风险感知较高问题。

2. 同一变量在不同配置下的影响的异质性分析

主观规范：与就地入市相比，异地入市下主观规范对风险感知的影响程度更大。主观规范的各观测变量中，SN_1、SN_2、SM_1 在两种模式下对潜变量的影响程度差异较小，因为在两种入市模式下，通过政府和集体的引导作用以及周围邻居的示范作用均能加强农户对宅基地入市的信任程度，降低农户的风险感知，进而促进其市场化交易行为。由于政府和集体的引导性行为具有更强的公信力，影响程度相较于周围邻居的示范性行为更为显著。而 SN_3、SM_2 的因子载荷系数差别较大，对于交易市场与政策健全（SN_3）而言，其在就地入市模式下比重更大，究其原因，就地入市中部分农户直接参与市场交易行为，交易市场与政策健全能更好地保证就地入市农户的财产权益，减少纠纷等其他风险产生，而异地入市是由政府或集体统一收回宅基地后进行市场交易，农户用偏远闲置住房换取城镇住房或补偿金，在此过程中农户更注重自身的居住保障权与闲置宅基地的财产权是否充分发挥，较少关注宅基地交易市场情况。从家庭成员支持程度（SM_2）来看，其在异地入市中比重更大，因为异地入市意味着放弃原区位条件或住房情况较差的闲置宅基地及住房，而中国农村“乡土社会”的传统导致部分年龄较大的家庭成员仍保留着“落叶归根”的乡土情结，希望将原闲置宅基地留以养老，因此异地入市模式下需更多考虑家庭成员是否支持闲置宅基地入市交易。

知觉行为控制：两种模式下，知觉行为控制均是对风险感知影响程度最大的潜变量，各观测变量中，CF_2、CF_3、CE_2、CC_1 在两种模式下对潜变量的影响程度差异较小，其中家庭年收入水平（CF_2）的因子载荷系数在两种模式下均最大，说明家庭经济状况对农户风险感知程度以及对是否选择入市行为影响最大，当家庭收入水平更高时，抵御风险能力更强。观测变量 CF_1、CE_1、CE_3、CC_2 的因子载荷系数在两种模式下差别较大，相较于异地入市，家庭拥有宅基地面积（CF_1）、宅基地区位条件（CE_1）在就地入市中比重更大。实地调查中发现，在就地入市模式下，拥有宅基地面积较大的农户可选择出租部分闲置宅基地获取收益，留存少量住房保障其基本居住条件。因此，家庭拥有宅基地面积大小会对是否就地入市产生较大影响。对于宅基地区位条件而言，区位条件更好的农户由于具有地理优势，就地入市的可能性更大，家庭可获得的经济收益更多。而对宅基地入市相关政策的了解（CC_2）和入市后相关保障机制完善（CE_3）在异地入市中所占比重大于就地入市，因为农户对政策了解越完善，相关保障机制越健全，越会强化农户对政府集体和入市交易的信任程度。因此，多渠道宣传宅基地入市的相关政策，降低农户的信息不对称性，建立健全相关保障机制，将显著降低异地入市模式下农户的风险感知程度。

行为态度：农户行为态度在两种模式下对闲置宅基地市场化风险感知程度具有显著负向影响，在异地入市模式下对风险感知的影响程度略大于就地入市，各观测变量因子载荷系数相差不大，且行为态度在两种模型下的中介效应均显著，说明主观规范和知觉行为控制均可以通过影响行为态度间接影响农户对宅基地入市交易的风险感知程度。因此，在未来宅基地入市工作中应通过保障农户权益实现、减少信息不对称等方式提升农户对入市行为及政府工作的满意度与参与热情，增强农户参与宅基地入市的意愿，降低农户的风险感知程度。

风险感知：担心补偿不能及时到账（RI_1）与收益分配不合理（RI_2）两个观测变量在不同模式下因子载荷系数均较大。分析原因发现，在闲置宅基地市场化流转过程中，农民总是缺少话语权而成为弱势群体，且农民作为理性经济人从效用最大化角度出发，在选择是否将闲置宅基地市场化流转时重视宅基地的财产属性能否真正体现，即入市能给自身带来多少收益。此外，实际调查中发现，农户选择将闲置宅基地市场化的主要目的在于满足其闲置资产变现的需求，从而带来财产性收入增长，或通过“宅基地换房”等形式改善其居住条件，收益能否及时到账以及收益分配是否合理将显著影响农户入市信心。部分试点地区也积极探索入市收益分配制度，尝试建立如宅基地增值收益分配调节金、“三分两不分”等机制，使入市所得收益在各主体间公平分配，以降低农户对入市交易的风险感知程度。

农户在不同市场化流转模式下风险感知存在差异。在就地入市模式下，RL_1、RI_3 的因子载荷系数明显大于异地入市。就发展权损失（RL_1）而言，首先，就地入市的宅基地不仅自身区位价值较高，还存在由于政府或社会资本投资整改所带来的投资性增值及周围环境改善带来的辐射性增值，而异地入市的宅基地大多处于偏远、交通不便的地区，未来发展潜力较小，因此农户认为宅基地异地入市损失发展权的可能性更大。其次，对于纠纷增加风险（RI_3）而言，就地入市大多为农户直接与转入方签订流转合同，隐性流转普遍存在，但目前相关监督管理机制尚不健全，农户因收益房屋受损等问题与他人产生纠纷的可能性更大，而异地调整入市中农户先统一退出宅基地资格权，由集体统一收回宅基地再将其复垦或复绿，其中政府的参与保障了农户的基本权益，同时减少纠纷产生的可能性，因此农户异地入市产生纠纷的可能性低于就地入市。而耕作地点距离增加（PR_1）、进城获得公共服务困难（RLI_3）的因子载荷系数在异地入市配置下较大，因为异地入市农户大多搬迁至城镇，而耕地具有位置不可移动性，仍保留在原居住地附近，住宅与耕地距离增加。此外，进城定居的农户虽然在空间位置上从农村转移到城市，但却未能完全实现农民向市民的身份转变，他们在教育、医疗、养老等方面很难与城镇居民享有同等权利，始终担心有朝一日在城里无法持续生活而可能会再次退居乡村，因此 PR_1 和 RLI_3 在异地入市配置中对农户风险感知的影响更大。因此，就地入市中政府可通过针对不同区位条件制定不同补偿标准，充分发挥其监督管理职能，降低农户风险；而异地入市中政府应将重心放在入市农户的生产生活保障上。

四、本章小结

本章构建了宅基地市场化流转的 TPB－RP 分析框架，利用成渝典型宅基地改革试点地区 1 208 份农户问卷数据，借助结构方程模型（SEM）探究不同市场化流转下农户风险感知的影响因素，主要结论如下。

（1）不同模式下，主观规范、知觉行为控制和行为态度均对农户风险感知产生负向影响，且知觉行为控制对风险感知的影响程度更大。此外，行为态度可通过“主观规范→行为态度→风险感知”“知觉行为控制→行为态度→风险感知”两条路径发挥作用。

（2）不同模式下，同一观测变量对风险感知的影响存在异质性。就地入市配置模式下，农户重点关注政府、集体的引导性作用。同时，当农户拥有较高资源禀赋时会降低其市场化流转风险；而异地入市配置中，农户对家庭成员支持度与退地保障机制关注程度更高。

（3）不同模式下，农户对于各类风险感知程度存在差异。具体而言，就地入市配置模式下，农户更关注宅基地发展权损失风险和与他人产生纠纷的风险；异地入市配置模式下，农户更担心入市带来的耕作距离增加和进城困难。而补偿收益能否及时到账和收益分配是否合理在两种模式下因子载荷系数均较大。

基于上述分析，未来宅基地市场化流转改革过程中，应注重以下几方面。

首先，政府或集体可通过多渠道宣传宅基地市场化流转相关政策，保障农民宅基地处置知情权、参与权等基本权益，缓解市场化交易过程中的信息不对称，进而降低农户入市行为的风险感知程度。其次，为入市农户职业转化提供技术支持，增强其生存发展能力，同时对自主创业的农户在政策、资金上予以支持，提高农户非农收入，进而促进宅基地流转。再次，建立并完善闲置宅基地交易市场，健全相关保障措施与纠纷解决办法，建立城乡统筹的包括医疗、养老、失业、最低生活保障在内的社会保障体系，从根本上解决农户宅基地流转的后顾之忧，增强农户对政策制度的信任程度，弱化农户入市的风险感知。最后，因地制宜选择入市模式，根据不同区域发展状况、区位差异、区域内人群不同特征等，制定相应的入市政策，同时关注不同类型农户对于宅基地资产功能及社会保障功能的异质性需求，并据此为农户提供多种选择空间，有效提升其流转意愿。

第八章 三权分置改革中宅基地流转对农户财产性收入影响分析

“完善分配制度，增加低收入者收入，缩小城乡差距，规范收入分配秩序，规范财富积累机制，从而增进民生福祉、推进共同富裕”是新时代背景下我国需要攻克的难题。在经济新常态下，传统农户收入持续提升空间越来越窄，面临的约束条件越来越多，“拓宽增加农户财产性收入的渠道”已成为农民创收的突破口（王小莹，2013；朱岩，2006；王明成，2010）。本章基于三权分置背景，以土地财产性收入为切入口，提出宅基地使用权流转能够显著促进财产性收入的假说，并采用倾向得分匹配方法进行实证研究，以期为农户财产性收入增加开拓渠道，促进城乡共同富裕。

一、本章研究假说

根据我国统计局对农户财产性收入的定义，可将其分为八个细目：利息收入，红利收入，储蓄性保险收入，转让承包土地经营权租金收入，出租房屋财产性收入，出租机械、专利、版权等资产的收入，其他财产净收入和房屋虚拟租金。整理《中国统计年鉴》近五年数据，发现在农户财产性收入各来源细目中，前四大收入来源分别为红利收入、出租房屋财产性收入、利息收入和转让承包土地经营权租金净收入，这四部分收入占农户财产性收入的比例近90%。当前宅基地流转普遍实行“房地一体化”原则，盘活农村宅基地不仅可获得土地增值收益，还能获得地上附属建筑的红利收入。基于以上分析，提出假说H8.1。

H8.1：宅基地流转能显著促进农户财产性收入增长。

有学者认为宅基地转入与转出均能对农户财产性收入产生正向作用。对于转入户而言，其家庭住宅要用于成员的居住，一般不进行流转，因此无法通过土地、房产直接获取财产性收入。转入户流转宅基地能够扩大自身土地规模，发展新型农业经营主体，因此通常拥有较为完备的农业生产工具，除满足自身农业生产需要外，可以对外出租为其他小农户提供农业生产性服务，获取财产性收入（孟俊红，2011；万广军，2011；Li，2020）。从上述分析可知，转入户主要通过出租农具等资产获取财产性收入。

对于转出户而言，流转宅基地对其财产性收入的影响主要有以下两方面：一是转出宅基地能获得土地流转收益。农户财产性收入来源渠道单一，农村宅基地流转收益是农户财产性收入的重要来源，农户转出宅基地可以获得租金、红利股息等，从而实现财产性收入增长。二是宅基地流转有利于土地价值增值。第一，通过流转宅基地，可以大大推动农业产业化的发展，有效提升农村经济的整体水平，实现更大的社会效益。当前推进农业新业态已成为农村一二三产业融合的重要实现形式，通过发展旅游农业、生态农业、体验农业等新业态产业，能够极大促进宅基地价值的增值。第二，宅基地流转促进了生产要素的自由流动与合理配置，进而推动了土地价值增值。宅基地被政府或企业统一收购后，经过复垦改造重新流回市场，实现了级差地租的转变（祁黄熊，2010；Li，2014）。同时宅基地流转为城市资本、人才及技术向农村流动提供了契机，激发了农业农村发展新动能。鉴于以上分析，提出假说H8.2、H8.3。

H8.2：宅基地转入能促进农户财产性收入增长。

H8.3：宅基地转出能促进农户财产性收入增长。

根据马太效应理论，相同投资回报率下，高收入群体能获得比低收入群体更多收益。基于该理论，对于不同收入层级的农户家庭，宅基地流转行为对农户财产性收入具有不同程度的拉动作用，这可能会进一步加剧贫富差距问题。对于低收入群体而言，宅基地可能是唯一的生活保障，转出宅基地意味着失去基本居住、养老保障，未来就业、居住的不确定性也可能会加重农户风险，让农户陷入生存困境（吕军书，2014）。转入宅基地以扩大生产规模同样存在巨大风险，农户不仅需要承担租金费用，而且可能背负因加大生产投资成本而借贷的银行贷款。对于高收入群体而言，转出闲置宅基地收益高于经营成本，因此转出宅基地能带来明显的促进作用。同时生产效率较高的生产者，通过转入农地以扩大土地规模效应，从而为增收提供更多可能性。鉴于以上分析，提出假说H8.4。

H8.4：高收入群体宅基地财产性收入效应大于低收入群体。

不同经济水平地区的宅基地财产性收入效应可能存在差异，这是因为东部地区和中西部地区相比，在政策改革、设施情况、地理位置上都具有一定优势，促进了区域经济的高速发展，进而使得东部地区农户家庭收入水平普遍高于中西部地区（李文谦，2009；郑风田，2019）。此外东部地区的农村社会保障体系建设更为健全，宅基地流转补偿制度更为完善，维护了失地农户的基本权益，降低了生计风险发生的可能性。因此农户对宅基地保障功能的依赖性降低，主动流转宅基地的概率提高，更有利于盘活土地资产价值，实现农户土地增值收益，进而促进农户财产性收入增加（丁关良，2020；章合运，2010）。

H8.5：发达地区宅基地财产性收入效应大于欠发达地区。

本章提出的宅基地流转影响农户财产性收入的假说思维逻辑图如图8-1所示。

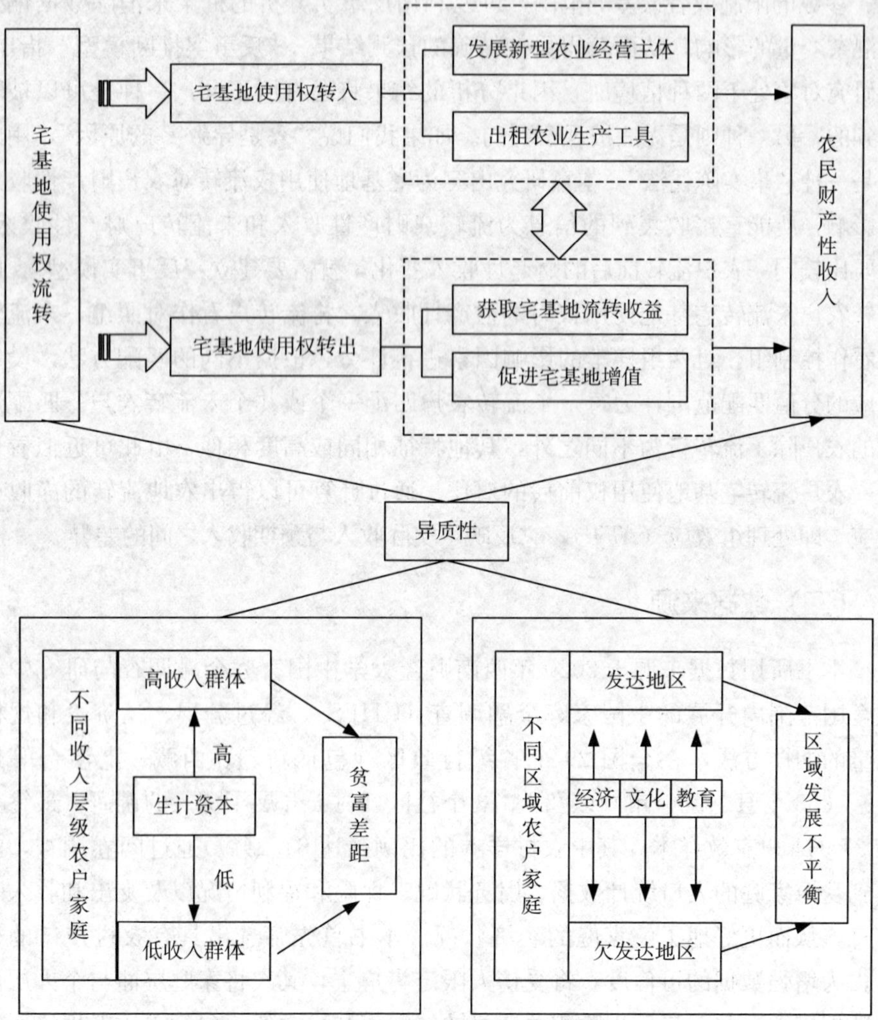

图8-1　宅基地流转影响农户财产性收入的假说

二、研究方法、数据及变量

（一）研究方法选取

倾向得分匹配（PSM）是一种用于研究非实验数据和观察数据对干预结果的影响的统计学方法。这种方法的独特之处在于，它无须先行调整函数的形状、参数的限制或者误差的范围，可以利用反事实分析的框架来消除数据偏差和混杂变量的影响，从而获得更加精确的预测结果。“反事实推断模型”指出，当研究对象处于两种情境时，因果分析的结果将会有所不同：一种是可以被观察到的，另一种则是无法被观察到的。如果我们说“A是导致B的原因”，用的就是一种“事实陈述法”。本章研究内容为宅基地使用权流转对农户财产性收入的影响，所能直接收集到的信息为流转户财产性收入和未流转户财产性收入。想要比较同一农户流转前后的财产性收入变化，就需要建立“反事实模型”，即流转农户未流转宅基地使用权时的财产性收入。将流转户看作对照组，未流转户看作控制组，对两组样本的影响因素进行评分，根据不同的匹配方法，设定相应的分值匹配范围，为每一个流转农户匹配一个或几个未流转农户，匹配成对的农户除了流转行为不同之外，其他特征相同或高度相似，由此可近似看作同一农户流转宅基地使用权前后的对比。通过计算可以得出农地流转的净收入效应，即处理组效应（*ATT*），它反映了实际收入与预期收入之间的差异。

（二）数据来源

本书所用数据来源于2020年西南财经大学中国家庭金融调查与研究中心在全国范围内开展的中国家庭金融调查（CHFS）。经过分层、三阶段和规模度量的抽样方法，在全国29个省级行政区（包括新疆、西藏、港澳台等地区）、353个县（区、市）以及1 373个社区（村）开展了深入的调研，最终获得37 341户有效样本，其中农村样本的比例高达31.2%。通过问卷调查，收集到受访家庭的人口统计数据、财务状况、保险和福利情况以及支出和收入等信息，从而更好地了解家庭的经济状况。本书首先筛选出具有农村户口的样本，为增强数据的可信度，将受访人限定为户主，其次将家庭层面与个人层面的数据横向合并。最后剔除相关变量的缺漏值和异常值，包括受访者拒绝回答或回答不知道的结果、与受访者实际情况严重不符的结果。经过以上处理最终得到覆盖全国共计 10 454 户农村家庭的样本。

（三）指标设定

本书从宅基地使用权流转角度出发，研究对农民财产性收入的影响。实证研究的具体指标及赋值主要参照国内学者对宅基地改革影响农民财产性收入的研究（王兆林，2017；周婧，2010；陈美球，2009），将宅基地使用权流转决策结果作为自变量，农民财产性收入作为因变量，基于倾向得分匹配法控制变量选取规则，将共同影响农民财产性收入和农村宅基地使用权流转的因素纳入指标体系，包括：年龄、性别、文化程度、是否担任村干部、是否有一种及以上养老保险、是否是党员、是否是贫困户、身体健康状况、家庭规模、是否存在贷款、宅基地是否确权登记、宅基地地理位置、宅基地数量、宅基地总面积、农房建筑结构、是否新建农房、所处村集体经济状况、所处村集体基础设施状况 18 个细分类指标，以研究宅基地使用权流转的财产效应。指标详细说明如表 8－1 所示。

表 8－1　变量定义及说明

变量名称		定义及赋值	最小值	最大值	均值	标准差
自变量	宅基地使用权流转	是否进行宅基地使用权流转：是＝1；否＝0	0	1	0.25	0.43
	宅基地使用权转入	是否进行宅基地使用权转入：是＝1；否＝0	0	1	0.11	0.32
	宅基地使用权转出	是否进行宅基地使用权转出：是＝1；否＝0	0	1	0.14	0.35
因变量	农民财产性收入（万元）	农民资产性收入	0	90	0.17	1.31
控制变量（个人）	年龄（岁）	户主的年龄	17	80	53.24	12.49
	性别	户主的性别：男＝1；女＝0	0	1	0.85	0.35
	文化程度	户主的受教育程度：小学及以下＝0；中学＝1；大专及以上＝2	0	2	1.12	0.83
	是否担任村干部	户主是否担任村干部：是＝1，否＝0	0	1	0.97	0.17
	是否有一种及以上养老保险	户主是否有一种及以上养老保险：是＝1，否＝0	0	1	0.26	0.44
	是否是党员	户主是否是党员：是＝1，否＝0	0	1	0.89	0.30
	是否是贫困户	户主是否是贫困户：是＝1，否＝0	0	1	0.87	0.33
	健康状况	户主身体健康状况：较差＝0；一般＝1；较好＝2	0	2	0.83	0.75

（续）

变量名称		定义及赋值	最小值	最大值	均值	标准差
控制变量（家庭）	家庭规模（人）	家庭总人口	2	13	4.30	0.92
	是否有贷款	家庭是否有贷款：是=1；否=0	0	1	0.47	0.49
控制变量（宅基地及农房）	是否确权登记	宅基地是否确权登记：是=1；否=0	0	1	0.33	0.47
	宅基地地理位置	宅基地所处位置离城镇距离：较远=0；一般=1；较近=2	0	2	0.99	0.81
	宅基地面积	宅基地总面积：150m² 及以下=0；150～250m²=1；250m² 以上=2	0	2	1.17	0.61
	是否有多处宅基地	是否有一处以上宅基地：是=1；否=0	0	1	0.33	0.47
	农房结构	农房建筑结构：砖木结构=0；砖混结构=1；钢混结构=2	0	2	0.91	0.81
	是否新建农房	农户今年是否新建农房（包括翻新）：是=1；否=0	0	1	0.58	0.49
控制变量（村落）	村集体经济状况	所在村集体经济状况：较差=0；一般=1；较好=2	0	2	0.95	0.84
	村集体基础设施状况	所在村基础设施状况：较差=0；一般=1；较好=2	0	2	0.95	0.85
其他变量	地区	宅基地所在地区：西部=0；中部=1；东部=2	0	2		
	农户收入（万元）	非农收入+农业收入	0.02	102.81	2.43	4.16

（四）变量设置

1. 因变量

本书将农民财产性收入作为因变量。农民财产性收入是指农民家庭依靠拥有的动产、不动产所获得的现金或者非现金收入，包括出让财产使用权所获得的租金、利息、专利收入以及财产营运所获得的收入、财产增值收益等，财产性收入是在现有财产基础上通过一定途径获得的额外收入。当前我国农民的财产性收入主要通过储蓄利息、房屋租赁和土地流转等方式实现。

2. 核心自变量

本书主要研究宅基地使用权流转对于农民财产性收入的影响，因此本书选取“农户家庭是否存在宅基地使用权流转”为核心自变量。宅基地是我国农民根本的生活资料和安身立命的根基，宅基地使用权指农村居民对集体所有的土地占有和使用，自主利用该土地建造住房及其附属设施以供居住的用益物权。作为一项重要的用益物权，农户可通过流转宅基地使用权来实现经济利益的转换。

3. 个人层面控制变量

个人层面控制变量选取了户主的“年龄”“性别”“文化程度”“是否担任村干部”“是否缴有一种及以上保险”“是否是党员”“是否是贫困户”“身体健康状况”8个指标来反映农户家庭个人层面对农户财产性收入的影响。一般来说，年龄越大的农户越看重宅基地的居住功能、养老保障功能，因此倾向于保留宅基地。男性户主的风险偏好强于女性，且多为外出劳动力，对宅基地居住保障功能依赖性不强，因此倾向于流转宅基地。户主受教育程度越高，流转宅基地增加财产性收入的意识越强，因此更倾向于流转宅基地。户主为村干部的家庭对于宅基地政策的了解程度可能更为深入，同时作为干部其行为存在示范效应，因此可能会主动流转宅基地以响应国家政策号召。购买养老保险的农民，可能将宅基地提供的保障功能转嫁到农村保险上，从而产生替代效应，减小对宅基地的重视程度，从而促进宅基地使用权的流转。户主为党员的家庭相较于群众政策认知水平会更高，因此更容易接受政策的引导。作为贫困户的家庭对于宅基地的依赖性更强，因为宅基地承载了他们更多的生计功能，因此流转意愿更低。户主身体状况越差，往往倾向于轻体力的务农工作，因此更看重宅基地的保障功能。

4. 家庭层面控制变量

家庭层面控制变量选取了“家庭规模”“是否存在贷款”2个指标来衡量宅基地使用权流转对农户财产性收入的影响。家庭总人口是影响农户家庭劳动力的重要指标，一般来说，家庭规模越大，劳动力规模越大，家庭总收入越多。家庭收入越高的农户家庭，越不依赖宅基地的保障功能。本书通过统计“农户是否存有一种及以上贷款”来统计其贷款行为，贷款包括教育贷款、住房贷款、农业贷款等。存在贷款行为的家庭，对资金的需求更大，因此流转宅基地提高收入的意识更强。

5. 宅基地及其建筑物层面控制变量

宅基地及其建筑物层面控制变量选取了“宅基地是否确权登记”“宅基地地理位置”“宅基地数量”“宅基地总面积”“是否新建农房”“农房建筑结构”6个指标衡量宅基地使用权流转对农户财产性收入的影响作用。宅基地确权登记有利于明确宅基地的权利属性，肯定了宅基地的财产属性，有助于农民宅基地物权的实现。本书对宅基地地理位置的考察，主要看宅基地是否处于城镇建设规划区域内或城乡接合部。越靠近城镇的村落，宅基地商业价值越高，越容易实现使用权的流转。宅基地面积越大，其可开放空间越大，利用价值便越大，因此越利于流转。本书用“是否有一处以上宅基地”来衡量农户宅基地数量，宅基地数量越多，农户流转宅基地的倾向越大。农户新修住宅表明农户有长期利用宅基地的倾向，因此流转意愿较低。本书依据普遍农房结构将其分为砖木结构、砖混结构及钢混结构，农房单位面积成本依次增加，因此农户宅基地及附属建筑物会提高流转价格预期以补偿前期成本投入。

6. 村庄层面控制变量

村落层面控制变量选取了农户家庭所处集体经济组织的“村集体经济状况”与“村基础设施状况”两个指标来考察村落层面对农户生计资本的影响。村集体的经济状况对于农民的生产和生活有着重要的影响，它不仅会改变他们的居住意愿，还会影响他们的土地使用权的流通。另外，村集体的经济状况越好，农户的抗风险能力也会更强。农村的基础设施是衡量一个地方政府管理能力的重要指标，它不仅会影响农民的生活质量，还会决定他们是否愿意将土地转让或者出租。

（五）描述性统计

1. 因变量

由表 8-1 可知，农民财产性收入最小为 0 元，最大为 90 万元，贫富差距显著。财产性收入指的是资产产生的收益，包括转让资产（如房屋、土地、车辆）获得的收入、理财获得的收入（如定期存款利息、股票收入、基金收入）。拥有不同资产总量的农户所能创造的财产性收入存在显著差异。此外，农户间金融资产的差距也较大，由于文化程度受限、金融知识匮乏，许多农户拥有的金融资产较少，这进一步加剧了农户财产性收入的差距。

2. 自变量

宅基地使用权流转程度为 14%，其中转出行为的均值为 0.25，转入行为的均值为 0.11。各地宅基地流转程度相对较低，这与个人认知、家庭关系、政策措施等多方面因素相关，宅基地使用权流转改革存在一定程度的阻碍。转出行为多于转入行为，这是因为农户转入宅基地多用于发展规模化农业生产，但随着科学技术的进步和社会经济的发展，农村农业生产结构由纯农业型向兼业型和非农型转变，农村人力结构发生较大变动，年轻劳动力大量涌向城镇，中老年人成为农村生产活动的主要群体，因此大多数农户会选择放弃宅基地并将其进行流转。

3. 个体特征

受访者平均年龄为 53 岁，最小的 17 岁，最大的 80 岁，60 岁以上的受访者超过受访者总数的 52%，农村老龄化、年轻劳动力缺乏问题显著。户主大多为男性，家庭男性较女性对于宅基地使用权流转行为的决策作用可能更大。户主文化程度大多为中学水平，整体受教育程度偏低，这与农村老龄化现象有一定关系。被调查者大多为村干部，这是由于相较于其他村民，村干部配合调研的积极性较高。宅基地使用权流转对于农村居民的保障功能主要体现于其养老作用，因此本书引入“是否有一种及以上养老保险”作为协变量。结果显示，农户养老保险的普及率较低，仅为 26%。大多被访者为党员，这与村干部比例较高有一定关系。87%的农户为贫困户，且健康状况较差。综合来看，样本所涉的被调查者以中老年人为主，男性居多，且文化程度普遍较低，健康状况不佳。

4. 家庭特征

农户家庭总人口最少 2 人，最多 13 人，平均为 4 人。47%的家庭存在贷款行为，说明农户资金需求量较大，应开拓农民增收渠道，减轻家庭经济负担。

5. 宅基地特征

大约 33%的农户参与了宅基地确权登记，这表明不同地区在这方面的推进进度存在差异。确权登记是实施乡村振兴战略、推动农村制度改革、促进城乡融合发展、推动三权分置改革等工作的基础。各地应加快确权登记工作的开展。宅基地地理位置指宅基地所处位置距城镇的距离，本书用宅基地地理位置代替常规的村落地理位置，能够更好地反映宅基地的外部特征。宅基地总面积大多在 150 平方米以上，部分宅基地面积甚至达到 300 平方米，说明农村宅基地普遍存在超标现象。目前部分地区已开展“收回宅基地超标面积”试点改革，这对于治理宅基地乱象具有重要意义。根据《土地法管理法》，宅基地应实行“一户一地”制，但数据显示，仍有部分农户存在拥有多处宅基地的现象，而这些宅基地大多处于荒废限制状态，这与当前所倡行的“节约集约用地”理念相悖，因此宅基地退出机制的建立尤为重要。农户农房结构大多为砖混结构，钢混结构建筑较少。砖混结构常见于农房建设，因造价较低、技术性低，农户通常自己便能完成农房的搭建，但年久失修容易出现坍塌的危险，因此被访农户中过半的人数翻修了农房。

6. 村落特征

村集体经济状况与村集体基础设施状况为中等水平，可见各地对于乡村建设的重视程度存在差异，东部地区乡村发展多依托产业、资本，形成集群化效应，现代化程度较高。其中北京农业科技进步贡献率已达到75%。中部地区乡村发展主要依靠文化和区位条件，多呈现“亦工亦农”状态。西部地区则多受自然条件制约，乡村产业发展同质化现象严重。因此各地应因地制宜，结合当地实情，制定出具有地方特色的乡村振兴方案。

三、结果分析

（一）基于Logit模型流转因素分析

在进行回归分析之前，笔者仔细检查了各个控制变量的相互影响程度，以识别出潜在的多重共线性现象。经过计算，方差膨胀影响因子（*VIF*）的平均值为8.06，低于10，这表明变量之间没有多重共线性的存在。模型的拟合优度为0.274 7，在1%的水平上通过显著性检验。由表8-2可知，户主文化程度、是否有一种及以上养老保险、家庭规模、是否存在贷款、是否确权登记、村集体经济状况和村集体基础设施状况等因素对农户宅基地流转行为有不同程度的影响。

表8-2　基于Logit模型倾向得分估计结果

变量	系数	$P>Z$	标准误
年龄	−0.002 8	0.249	0.002 5
性别	0.239 6	0.005**	0.084 8
文化程度	0.417 4	0.000***	0.034 0
是否为村干部	0.212 5	0.201	0.166 2
是否有一种及以上养老保险	0.055 5	0.386	0.063 9
是否为党员	0.050 2	0.598	0.095 2
是否为贫困户	0.302 7	0.000***	0.086 1
家庭规模	0.052 8	0.103	0.032 4
是否存在贷款	0.687 8	0.000***	0.056 9
是否确权登记	0.955 5	0.000***	0.056 7
宅基地地理位置	0.010 7	0.751	0.033 9
宅基地数量	0.333 6	0.000***	0.041 5

（续）

变量	系数	$P>Z$	标准误
宅基地总面积	0.381 3	0.000***	0.044 9
农房结构	0.547 0	0.000***	0.035 5
是否新修农房	−0.626 0	0.000***	0.056 9
村集体经济状况	0.336 7	0.329	0.034 5
村集体基础设施状况	0.505 1	0.000***	0.033 5
R^2		0.274 7	
P 值		0.000 0	

注：*、**、*** 分别表示数据在 10%、5%、1%的水平上显著。

性别对宅基地使用权流转的影响在 5%的水平上显著为正，即男性更倾向于流转宅基地使用权。这是因为农村传统家庭中，男性多为决策行为人，且男性作为家庭主要劳动力，对于宅基地的依赖程度较低。文化程度对宅基地使用权流转的影响在 1%的水平上显著为正。相较于文化程度低的农民，文化程度更高的农民对于宅基地的利用不再局限于居住、养老等传统保障功能，更加关注宅基地的财产属性，因此流转意识更强。贫困户对宅基地使用权流转的影响在 1%的水平上显著为正。参考文献综述发现，贫困户对宅基地使用权流转的影响既存在正向促进的可能，也存在反向阻碍的可能，这取决于农户更重视宅基地的资产功能还是保障功能。若更在意宅基地的资产功能，则会倾向于流转宅基地，从而提升农户家庭收入水平；若更在意宅基地的保障功能，则会倾向于保留宅基地，从而降低生计风险。本书调研结果显示农户对宅基地资产价值更为重视。

家庭存在贷款行为对宅基地使用权流转的影响在 1%的水平上显著为正。有贷款的家庭对于资金的需求较大，因此相较于保留宅基地，更愿意流转宅基地获取收入以减轻经济压力。

宅基地确权登记对宅基地使用权流转的影响在 1%的水平上显著为正。这是因为确权一方面会强化农户的私有产权观念，从而让农户更愿意、更敢于流转宅基地使用权；另一方面确权颁证还会增加农户获得抵押贷款的可能性，进而拓展农户流转宅基地使用权的渠道。宅基地数量对宅基地使用权流转的影响在 1%的水平上显著为正，这可能存在以下原因：一是农户体能、精力有限，难以发挥多块宅基地的价值，这势必会造成宅基地的闲置与浪费；二是家庭承包责任制下的土地分配，使宅基地资源碎片化、分散化，尽管农户拥有多块宅基地，但宅基地之间距离甚远，难以发挥土地规模效应。宅基地总面积对宅基地使用权流转的影响在1%的水平上显著为正，宅基地面积越大，其可开发空间越大，如置办民宿、农家乐、物流基地等，从而创造更大的利益收入。农房结构对宅基地使用权流转的影响在1%的水平上显著为正，目前宅基地流转主要为“房地一体”形式，宅基地地上附属建筑物同样会影响宅基地的流转价格，因此较好的农房结构更利于宅基地的流转。是否新修农房对宅基地使用权流转的影响在1%的水平上显著为负，农户重整住房表明其有长期利用宅基地的意愿，且其活动环境多为农村，因此流转意愿较弱。

村集体基础设施状况对宅基地使用权流转的影响在1%的水平上显著为正。马克思的地租理论指出，级差地租Ⅱ是一种投资收益，它是通过不断增加投资，从而使投资者获得超额收益，形成地租。村集体基础设施状况的提升实质上是政府对于该村落的追加投资，通过改善村容村貌间接提升了宅基地的地租价值，从而促进了宅基地使用权的流转。

（二）倾向得分匹配效果检验

1. 共同支撑域检验

只有当处理组与控制组的共同支撑域满足特定要求时，才能确保质量的可靠性。若未流转农户与转入户（转出户）的解释变量的重叠范围太小，将使得那些没有被纳入其中的转入户（转出户）很难被发现，这将导致大量的数据被浪费，从而影响估算的精确性。使用最近邻匹配（$k=1$）来评估匹配的准确性。从图8-2中可以看出，处理组和非处理组的观测值几乎完全一致，这说明经过匹配处理后的样本质量极高，可以有效地验证结论的正确性。从图8-3中可以看出，变量没有被匹配之前，其标准化偏差介于−80%～100%；变量被匹配之后，其标准化偏差则显著减少为−5%～5%，表明变量的匹配结果是可靠的。通过对比图8-4中的核密度数据，我们可以清晰、精确地比较出处理组和未经处理组之间的偏好得分的变化。

2. 平衡性检验

倾向得分匹配质量的检验除了需要满足共同支撑域外，还应对各种匹配方法的平衡性作出检验。通过最近邻配比法、半径匹配法和核匹配法，可以更准确地进行倾向得分匹配。

最近邻匹配是将两组研究对象分离，并根据协变量的 *PS* 值来确定它们的关系。根据 *PS* 值的大小对这两组研究对象进行排序，并在每组中挑选1个（或多个）个体，以便在比较结果时发现它们的偏好。基于最近邻匹配法，半

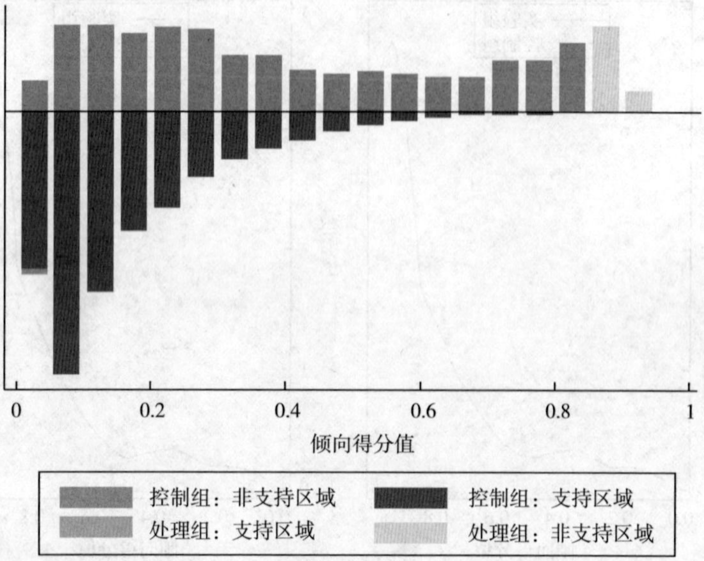

图 8-2　宅基地流转样本共同取值范围

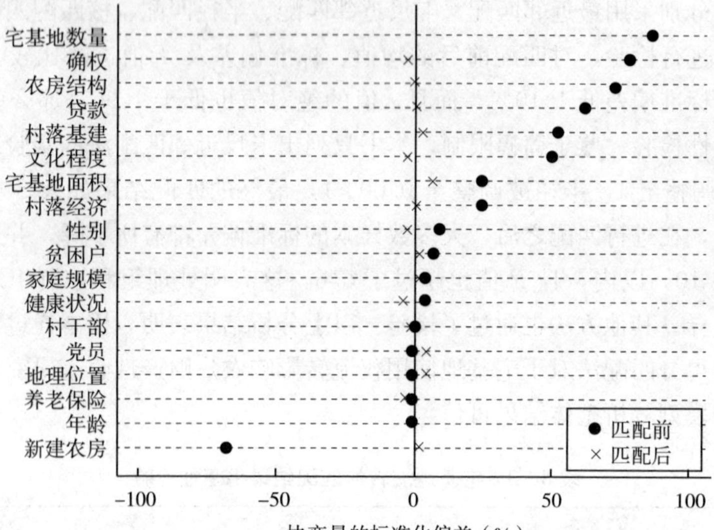

图 8-3　宅基地使用权流转匹配前后标准偏差对比

径匹配可以将得分差异的绝对值 ε 作为半径范围，从而实现对不同组个体的有效配对，提高匹配效率。核匹配是根据对照组和处理组个体 i 之间的距离给予不同的权重。这些权重可以通过核函数来计算，距离越近权重就越高，而距离越远权重就越低。

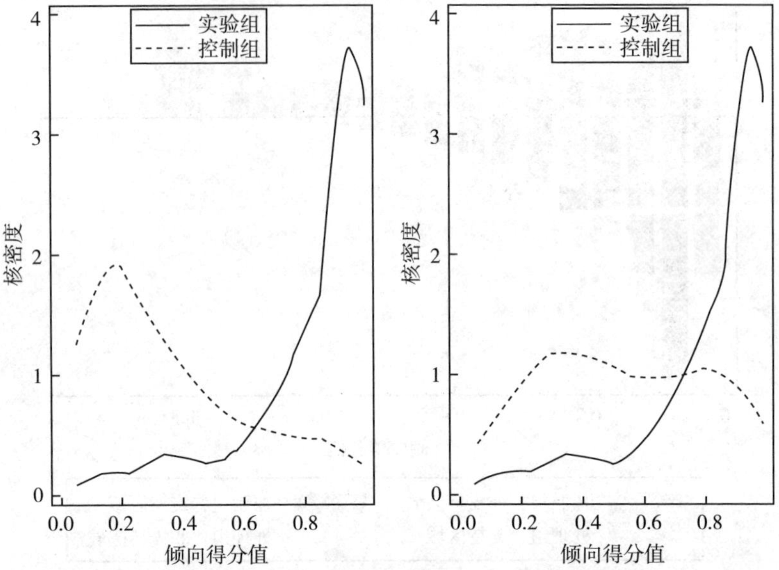

图 8-4　宅基地流转匹配前后核密度

本书分别采用最近邻匹配、卡尺近邻匹配、半径匹配、核匹配四种方法依次对样本进行检验，对匹配前后的均值、标准偏差及 T 值进行比较。如果匹配结果的标准偏差低于 10%，而且 t 值的绝对值也低于 1.96，那么就认为通过了平衡性检验。鉴于篇幅限制，本书只列出卡尺近邻匹配法的实验结果。其中，n 被调整至 4，半径被调整至 0.000 1，最终的匹配结果如表 8-3 所示。观察发现，在进行匹配之后，大多数样本的标准偏差都有所下降，并且偏差都被控制在 10%以内，且 P 值也超过了 5%，这表明处理组和控制组之间没有显著的差异。其他方法也通过了检验。以上分析结果表明，样本通过平衡性检验，倾向得分匹配法对于宅基地使用权流转影响农户财产性收入研究具有统计学意义，模型分析整体结果可信。

表 8-3　宅基地流转的匹配结果平衡性检验

变量	匹配前后	标准化偏差	偏差减少	T 值	$P>T$
年龄（岁）	匹配前	−1.1	−231.3	−0.48	0.629
	匹配后	−3.8		−0.97	0.332
性别	匹配前	8.4	54.1	3.57	0.000
	匹配后	−3.9		−1.05	0.294

（续）

变量	匹配前后	标准化偏差	偏差减少	*T* 值	*P*>*T*
文化程度	匹配前	48.8	94.5	21.11	0.000
	匹配后	−2.7		−0.65	0.513
村干部	匹配前	−0.1	−1 167.6	−0.03	0.978
	匹配后	−0.8		−0.19	0.848
是否有一种及以上养老保险	匹配前	−1.0	24.9	−0.44	0.659
	匹配后	−0.8		−0.19	0.849
是否是党员	匹配前	−0.8	−385.9	−0.34	0.734
	匹配后	3.8		0.99	0.321
是否是贫困户	匹配前	6.4	93.2	2.75	0.006
	匹配后	0.4		0.11	0.912
家庭规模	匹配前	3.4	92.4	1.47	0.141
	匹配后	0.3		0.07	0.948
是否有贷款	匹配前	60.8	99.5	26.06	0.000
	匹配后	0.3		0.07	0.947
是否确权登记	匹配前	76.5	95.5	34.49	0.000
	匹配后	−3.4		−0.81	0.416
宅基地地理位置	匹配前	−1.0	−219.9	−0.43	0.665
	匹配后	3.2		0.80	0.422
宅基地数量	匹配前	23.9	89.0	11.29	0.000
	匹配后	−2.6		−0.85	0.398
宅基地总面积	匹配前	24.0	80.1	10.78	0.000
	匹配后	4.8		1.18	0.240
农房结构	匹配前	72.6	99.2	31.13	0.000
	匹配后	−0.6		−0.14	0.887
是否新修农房	匹配前	−67.9	99.0	−29.48	0.000
	匹配后	0.7		0.16	0.848
村集体经济状况	匹配前	23.8	97.8	10.32	0.000
	匹配后	−0.5		−0.13	0.896
村集体基础设施状况	匹配前	51.1	93.7	22.15	0.000
	匹配后	3.2		0.81	0.420

3. 稳健型检验

为使研究结果更具有说服力，对样本分别采用最近邻匹配、半径匹配、卡尺近邻匹配、核匹配四种方法检测宅基地使用权转出与转入对农户财产性收入的平均处理效应（*ATT*）。

由表 8-4 可知，宅基地流转运用四种匹配方法匹配后，所得到的计量结果基本一致，说明样本具有较好的稳健性，且均在 1%水平上显著。求得四种方法处理组、控制组的平均值，作差得到 *ATT*。分析可知，农户如果没有流转宅基地使用权，其家庭财产性收入为 375 元，流转后财产性收入增加到 5 386 元，增收效应为 5 011 元。接着对宅基地转出与转入产生的收入效应进行分析。首先，农户如果没有转出宅基地使用权，其家庭财产性收入为 1 172 元，转出后，收入增加到 7 253 元，增收效应为 6 081 元，农户财产性收入得到大幅度提升，表明宅基地使用权转出对农户财产性收入具有显著的促进作用。其次，农户转入宅基地前的财产性收入为 2 205 元，转入宅基地后为 3 399 元，增收效应为 1 194 元，表明宅基地使用权转入对农户财产性收入具有显著的促进作用。因此假说 H8.1、H8.2、H8.3 得以证实。

表 8-4　倾向得分匹配的平均处理效应

宅基地流转	匹配方法	处理组	控制组	*ATT*	标准误差
宅基地转出	最近邻匹配法	0.725 9	0.116 2	0.609 7***	0.062 2
	半径匹配法	0.725 9	0.115 4	0.610 6***	0.062 0
	卡尺近邻匹配法	0.723 8	0.118 6	0.607 3***	0.064 6
	核匹配法	0.725 9	0.118 6	0.607 2***	0.064 4
	平均值	0.725 3	0.117 2	0.608 1	
宅基地转入	最近邻匹配法	0.340 1	0.147 2	0.192 9***	0.040 9
	半径匹配	0.339 8	0.296 8	0.042 9**	0.029 9
	卡尺近邻法	0.340 2	0.147 2	0.192 9***	0.040 9
	核匹配法	0.339 8	0.291 1	0.048 7**	0.028 7
	平均值	0.339 9	0.220 5	0.119 4	
宅基地流转	最近邻匹配法	0.539 4	0.058 9	0.480 5***	0.119 8
	半径匹配	0.539 8	0.023 3	0.517 5***	0.054 1
	卡尺近邻法	0.536 2	0.044 8	0.491 3***	0.073 3
	核匹配法	0.539 3	0.023 1	0.516 3***	0.050 7
	平均值	0.538 6	0.037 5	0.501 1	

注：*、**、*** 分别表示数据在 10%、5%、1%的水平上显著。

4. 组群差异

前文已经对样本采取不同匹配方式进行匹配检验，通过处理组的 *ATT* 可以了解宅基地使用权流转对农户财产性收入的影响净效应，但 *ATT* 仅能反映流转农户家庭财产性收入变化的平均值，无法判断不同收入层级和不同经济水平地区的农户家庭参与宅基地使用权流转的组群差异。一般来说，高收入农户家庭生计资本更高，更容易实现财富的自增长，因此宅基地流转对高收入农户家庭的增收效应更大。另外，发达地区农户家庭经济水平普遍高于欠发达地区，且政府给予的流转赔偿金更多。因此有必要以农户年均收入与地区为分组依据，研究宅基地使用权流转对农户财产性收入影响的组群差异。

本书将样本根据农户家庭年收入划分为 2 个样本组别，取收入均值为 2.43 万元，将农户年均收入高于 2.43 万元的分为高收入组，年均收入低于 2.43 万元的分为低收入组。对两个组群进行最近邻匹配，结果如表 8－5 所示。高收入农户家庭在流转前的财产性收入为 677 元，流转后这一数字增加至 7 698 元，从而产生了 7 021 元的增收效应。低收入农户家庭流转前财产性收入为 66 元，流转后增加到 4 018 元，财产性收入增收效应仅为 3 952 元。高收入农户家庭财产性收入增收效应约为低收入农户家庭的两倍，因此假说 H8.4 成立。

表 8－5　宅基地使用权流转对农户财产性收入影响的组群差异

分组变量	分组变量	分类标准	控制组	*ATT*	标准误差
家庭年收入	≤2.43 万元	0.401 8	0.006 6	0.395 2***	0.011 8
	>2.43 万元	0.769 8	0.067 7	0.702 1***	0.103 4
地区	西部	0.492 7	0.017 3	0.475 5***	0.042 2
	中部	0.518 7	0.018 7	0.499 9***	0.084 3
	东部	0.572 8	0.045 3	0.527 5***	0.114 9

注：*、**、*** 分别表示数据在 10%、5%、1%的水平上显著。

根据我国 20 世纪 80 年代经济区域划分办法，将全国地区划分为西部、中部、东部三大经济带。由表 8－5 可知，流转宅基地后，西部地区农户财产收入由 173 元增加到 4 927 元，财产性收入效应为 4 754 元；中部地区农户财产性收入由 187 元增加到 5 187 元，财产性收入效应为 5 000 元；东部地区农户财产性收入由 453 元增加到 5 728 元，财产性收入效应为 5 275 元。得到宅基地财产性收入效应大小“东部＞中部＞西部”的结论，假说 H8.5 得以证实。

四、讨论

（一）宅基地流转对农户财产性收入影响效应

由表8-4可知，农户流转宅基地使用权后，财产性收入效应为5 011元，收入较流转前增加了约13倍，农户财产性收入得到显著提升。

于转入户而言，首先，宅基地流转有利农业经营性收入增长。一是宅基地流转有利于发挥土地规模效应，促进发展规模化农业生产经营模式，从而降低单位固定生产成本。相比于传统农业生产经营主体，家庭农场、农民合作社等新型农业经营主体拥有更先进的科学发展理念，更注重农业技术的学习与积累，能更好传承农耕技术及经验，从而提高农业生产效率，促进经营性收入增长（万广军，2011）。二是宅基地流转有利于提高农户生产效率。随着城镇化、工业化进程的加快，农户就业形式逐渐从“纯农业”过渡为“兼农业”“非农业”“城乡两栖”兼业模式，导致农村农业产业生产效率低下，宅基地周期性闲置，农业经营边缘化问题严重。通过发展新型农业经营主体，扩大宅基地土地规模，引入现代化农业技术，以较少人力资本经营更多土地，能有效避免土地粗放种植及抛荒等农业“兼业化”问题（祁黄熊，2010）。三是宅基地流转有利于促进农业技术进步。宅基地规模扩大有助于发展现代化农业生产。一方面，新型农业经营主体具备较完备的知识结构及良好的农业经营经验，会加大农业生产的机械化资本投入，从而提高整体生产技术水平。另一方面，土地规模的扩大增加了农户的生产负担，引入先进的农业技术可以有效地减轻农户的压力，提升农业总体生产水平，促进农业经营性收入的增长。

其次，宅基地流转促进转入户转移性收入增长。一是宅基地流转有利于提升扶农政策效能。宅基地流转能促进农村人力资本要素向城镇流动，有利于扶农支农政策发挥更大户均政策效能。二是宅基地流转有利于增加农户话语权。随着工业的迅猛发展，农业在国民经济中的地位不断受到削弱，农民作为弱势群体，经济利益容易受到侵害。宅基地流转制度以农业生产为导向，以维护农户基本权益为宗旨，促进土地资源向少数农户集中，促进农户转移性收入增长，有利于增强农户在政策制定中的话语权，能够强化农户的社会主体地位，有利于“三农”的发展（李文谦，2009）。

于转出户而言，首先，宅基地流转促进工资性收入增长。一是宅基地流转有利于农民非农就业。农村农业生产发展受多方面因素限制，如土地数量、农业技术等，因此农户个体发展农业生产时往往容易达到上限，难以提升收入水平。以现代工业生产为主的城市部门的生产规模可以不断扩张，对劳动力有很大的需求，农户从事非农产业更有利于收入水平的提升（Li，2014）。二是宅基地流转有利于农村产业发展，创造更多就业机会。宅基地流转能够吸引社会工商资本，有利于农村第二、三产业的发展并且促进其与农业融合发展，从而方便农户就近就业。此外，对于阶段性进城务工农户，农村产业发展有利于为其提供暂时性就业机会，满足间歇性就业要求。

其次，宅基地流转有助于财产性收入增长。一是转出宅基地能获得土地流转收益。农户财产性收入来源渠道单一，农村宅基地流转收益是农户财产性收入的重要来源，农户转出宅基地可以获得租金、红利股息等，从而实现财产性收入增长。二是宅基地流转有利于土地价值增值。一方面，宅基地流转能够加快培育农业产业化联合体，促进农村产业的深度融合发展。当前推进农业新业态已成为农村一二三产业融合的重要实现形式，通过发展旅游农业、生态农业、体验农业等新业态产业，能在极大程度上促进宅基地价值的增值。另一方面，宅基地流转促进了生产要素的自由流动与合理配置，进而推动了土地价值增值。宅基地被政府或企业统一收购后，经过复垦改造重新流回市场，实现了级差地租的转变。同时宅基地流转为城市资本、人才及技术向农村流动提供了契机，激发了农业农村发展新动能（丁关良，2020）。

最后，宅基地流转有利于转移性收入增长。城乡社会保障体系具有很大差异，农村养老、医疗等各项服务水平远低于城镇。据调查，城镇居民的人均退休养老金是农村居民养老保险金的数倍。此外，许多医疗报销项目也仅针对城镇居民开放。农户流转宅基地有助于实现农村居民向城市居民的身份转换，从而享受更高水平的社会福利保障制度，获取更高额度的转移性收入（章合运，2010）。

对比宅基地转出与转入的财产性收入效应，发现宅基地转入财产性收入平均效应为 1 194 元，农户转出宅基地财产性收入效应约为转入的 5 倍。这是因为不同流转形式对财产性收入的影响机制有所不同。就宅基地转入而言，宅基地面积的增加扩大了农业生产规模，通过引入现代化农业技术提升了农业生产效率，降低了固定生产成本。转入宅基地可以有效缓解土地碎片化和分散化的问题，节约土地资源，促进规模化农业生产经营，同时也为家庭农场、种田大户等新型农业经营主体的发展提供了良好的环境，从而提高了家庭经营性收入。

就转出户而言，能够获得高于生产价值的流转收益，提升了财产性收入。同时释放了农村剩余劳动力，促进劳动力资源由第一产业流向第二、三产业，优化了劳动力分工结构，提升了农户工资性收入。就宅基地转出户而言，首先，能获取宅基地流转收益，提高农户资产性收入（吕军书，2014）。流转收益表现形式主要有股息分红、资金管理收益、房地租金、转让收入、城镇住宅居住权等。其次，能够释放农村剩余劳动力，提升家庭财产性收入。我国农业劳动力转移虽已迈过第一个“刘易斯拐点”，但农业劳动力总量仍然是过剩的，农业劳动力向非农部门转移的潜力是巨大的。通过宅基地流转将农村劳动力由第一产业向第二、三产业转移，能推动农户工资性收入增加，进而产生资本效应。农户进城务工有助于拓宽视野、增长见识，为提高工资性收入和经营性收入提供更多可能性。最后，发挥示范效应。外出务工行为可能会促进乡村形成“进城风”，从而推动农村宅基地的流转（王兆林，2017；周婧，2010）。

比较两种影响机制发现，首先，增收途径不一样，农户转入宅基地的增收途径比较单一，而转出宅基地能通过工资性收入、非农经营性收入和转移性收入共同促进财产性收入增长。其次，增收作用不一样，农户转入宅基地能提升农户收入，间接促进财产性收入增长，而转出宅基地能从直接影响和间接影响两方面共同促进财产性收入增长。最后，增收力度不一样，农产品价格低廉、初级农产品溢价空间不高、政府补贴难以落实到位等问题限制了农业经营性收入增长空间，因此农业经营性收入对农户收入的促进作用自然不及非农经营性收入。

（二）农户宅基地财产性收入的内部差异

表 8-5 已证实高收入农户家庭的宅基地财产性收入效应大于低收入农户家庭。这是因为财产性收入是一种资产衍生性收入，因此家庭财富总量是影响财产性收入的关键要素。家庭财富积累主要受资本市场的客观因素与家庭内部劳动的主观因素的影响。一方面，随着社会经济水平发展，家庭财富总量逐渐会表现出库兹尼茨“倒 U 形曲线”的特点；另一方面，家庭内部劳动创造的剩余产品价值对家庭财富积累存在正向作用。从财富分配不均的角度研究收入差距发现，农户家庭收入与财富总量存在正相关关系，即收入层级越高的农户家庭持有的土地资产越多，越容易提升财产性收入。通过对宅基地的财产性收入进行研究，发现高收入农民拥有了更多的经济资源，这使得他们更愿意把这些资源投入到农业生产中，并且积极采用先进的农业技术，以此来降低生产成本，提升经济效益。

宅基地财产性收入效应同样受区域发展影响（表8-5）。东部地区的农民宅基地财产性收入效应远高于西部地区，这和该区域的经济发展情况紧密相关。东部地区的政治、经济、文化水平处于全国一流位置，较高的城市化水平和创新的政策制度导致东西部的发展差距不断拉大。尽管我国对西部地区加大了政策扶持力度，囿于西部地区的地理位置、产业结构、政策文化，其发展水平仍较低。由于社会保障体系的欠缺，农民对于宅基地的需求日益增长，这也导致了宅基地的使用权无法有效流转，从而限制了他们最终从土地中获取经济利益。

因此，应重视经济欠发达地区的宅基地流转工作，充分发挥政府的引导帮扶作用，因地制宜制定流转政策，切实关注流转农户利益，做好流转后续保障工作。同时加大对贫困地区宅基地制度改革的财政支持力度，利用区域发展的辐射效应，使发达地区带动欠发达地区发展，缩小东、中、西部的贫富差距（陈美球，2009；郑风田，2019）。

五、本章小结

作为农民最重要的土地资产，宅基地由于其流转形式、范围的局限性以及农民的传统认知观念，未能充分发挥其财产效益。随着三权分置改革的不断推进，各地积极探索宅基地流转路径，以期实现资源要素的合理配置，从而盘活农村沉睡土地资产、优化城乡劳动力配置结构。尽管宅基地使用权流转能在一定程度上增加农民收益，但其对于农户财产性收入的影响仍然存在争议，需要进一步厘清。为深入研究农户流转宅基地使用权前后的财产性收入变化，本章借助倾向得分匹配法，采用四种匹配方法对样本进行评估，对宅基地使用权流转影响农户财产性收入的贡献度进行了精准度量，为宅基地使用权流转改革及增加农户财产性收入途径提供了参考借鉴。

研究发现：①宅基地使用权流转会对农户财产性收入产生显著的正向效应，宅基地转出和宅基地转入对农户财产性收入均有显著的正向效应，因此推进宅基地流转制度有助于农户增收。②高收入农户家庭土地财产性收入效应大于低收入家庭，因此应警惕宅基地使用权流转引起的马太效应，政府应加大对重点地区、贫困群体的倾斜力度，有针对性地开展技能培训，提高低收入人群收入，完善社会救助机制，兜底低收入群体最低生活保障水平，加大普惠性人力资本投入，减轻贫困家庭财政负担。③不同地区农户土地财产性收入效应不同，依次为“东部>中部>西部”。应重视经济欠发达地区的宅基地流转工作，充分发挥政府的引导帮扶作用，因地制宜制定流转政策，切实关注流转农户利益，做好流转后续保障工作。

基于上述结论，提出以下综合性、针对性政策措施：第一，政府应普及宅基地政策法规，加强农户流转认知，加强农民文化教育，提升农户的专业技能培训，加强进城务工人员的竞争力，缓解农户生计脆弱性；第二，应加强农村社会保障体系建设，加大保障资金投入，保障覆盖面逐步扩大，加强农村社保资金监管力度，并进一步探索城乡社会保障制度的有效衔接；第三，“确权是基础，流转是核心”，应确保宅基地确权颁证在流转工作中的主体地位，加强确权颁证政策的宣传与解读工作，消除农户的认知误解，同时省级财政应考虑各区县经济水平的差异，强化经费支撑力度。

第九章　三权分置改革中农户宅基地流转政策优化策略研究

在全面实施乡村振兴战略和城乡融合发展的背景下，增加农民财产性收入，改善农民生计资本结构，缩小城乡居民收入差距，在发展中逐渐消除贫困，改善民生，逐步实现全体人民共同富裕是当前的重要任务。而农业生产的脆弱性与低附加值性使得我国农民生计资本远低于城市水平，要缩小城乡生计资本差距，实现全体人民共同富裕就要不断挖掘农民财产性收入增加的潜力，通过激活农民既有的固定资产，带动农户家庭增收。对此，国家出台了一系列政策推动宅基地制度改革。2015 年 1 月中共中央办公厅和国务院办公厅联合印发的《关于农村土地征收、集体经营性建设用地入市、宅基地制度改革试点工作的意见》，2015 年 11 月中共中央办公厅和国务院办公厅联合印发的《深化农村改革综合性实施方案》等中央文件，以及党的十八大、党的十八届三中全会均明确了推进宅基地制度改革，增加农民财产性收入。党的十九大报告进一步明确了要“深化农村集体产权制度改革，保障农民财产权益，壮大集体经济”。2018 年中央 1 号文件要求“完善农民闲置宅基地和闲置农房政策，探索宅基地所有权、资格权、使用权‘三权分置’”。党的二十大报告更是明确提出要“深化农村土地制度改革，赋予农民更加充分的土地权益，鼓励依法自愿有偿转让”。根据国家有关政策，以农村宅基地为重要组成部分的土地权益资源正在政府宏观调控下逐步进入市场调节范围，成为提高农民生计资本、改善农民生计脆弱性的新契机。基于前述理论分析、实证研究以及当前宅基地使用权流转与农户生计资本结构存在的问题，结合先进经验总结，本书将从宅基地使用权确权登记、完善产权权能；加强综合整治、提高整体规划；完善配套措施、健全流转体系；搭建流转机制、规范流转秩序；加强体制建设、健全保障体系；提高能力素养、拓宽融资渠道等方面对宅基地使用权流转与农户生计改善提出建议。

一、推进确权登记、完善产权权能

（一）加快推进宅基地使用权确权登记

加快推进宅基地使用权确权登记，明确农户权利主体身份性。当前各地应按照《关于进一步加快推进宅基地和集体建设用地使用权确权登记发证工作的通知》及《国土资源部关于进一步加快宅基地和集体建设用地确权登记发证有关问题的通知》的要求，结合《不动产登记暂行条例》等相关法规政策规定，颁发统一的所有权、资格权、使用权三权分置证书，落实确权登记，保障宅基地使用权人权益，维护农户宅基地流转过程中的主体地位。

完善宅基地使用权确权登记立法规范，对宅基地使用权的申请、使用方式、确权登记、流转等内容进行立法规范，以法律形式明确农户宅基地权益，从源头打击宅基地使用权私下流转、隐形流转、多占等情形。以法律形式明确宅基地使用权的主体、权益范围、价值增值等内容，为宅基地使用权流转、经营性开发打下坚实基础。

加快农村宅基地使用权确权登记工作是关系农民、村集体与国家三方利益的关键举措，有序进行宅基地使用权确权登记能够有力解决农村宅基地治理漏洞，还能够保障农户宅基地发展权益，维系农村社会的基本稳定，因此要妥善解决当前农村地区宅基地使用权确权登记工作中存在的各种问题。

针对面积超标或“一户多宅”情形，应合理区分造成此状况的现实原因，对合法购入、理由正当的超额宅基地进行依法登记并颁证，对违规、不正当理由购入宅基地使用权的超额使用现象，应当不进行确权颁证，由村集体协调处理。此外，依法继承的超额宅基地应当根据国土资源部2008年发布的通知进行依法确权颁证。针对权属存在争议的宅基地使用权，应当由村集体设立专项部门，进行宅基地权属纠纷调解工作，在各方调节结束后方可进行宅基地使用权的确权登记工作。针对乱搭乱建、私占宅基地、改变宅基地用途等侵害集体组织权益的情形，一律不进行宅基地使用权确权登记颁证，并对违建建筑逐步进行整改，或进行相应罚款。

由于我国农村存在地形复杂、居民点分散、教育水平高低不一等问题，宅基地使用权确权登记工作存在许多问题，因此要因地制宜制定适当的宅基地使用权确权登记方案。首先，要提高农户确权登记意识，通过加强使用权登记宣传，提高人民群众对宅基地权益的相关认识，主动参与确权登记，维护自身宅基地权益。其次，要提高相关工作人员素质素养与工作能力，通过加强工作人员的技能培训，实现宅基地使用权信息化管理、无纸化登记。

（二）完善宅基地使用权产权设计

产权完备是当今市场经济发展的必然要求，明晰的产权关系也是明确宅基地使用权流转过程中各方参与主体在收益分享过程中的关系和地位的前提条件。宅基地使用权是农户无偿占有的一项用益物权，在明确界定宅基地使用权行使范围的前提下，在占有和使用的基础上添加处分权、发展权、收益权，赋予农民宅基地使用权以完整的用益物权权能，在法律范围内肯定农户对宅基地享有收益分配权利，为后续宅基地使用权流转中收益分配与增值收益联结机制夯实基础，促进宅基地使用权健康、自由流转。

完整的使用权权益在法理角度上包括占有、使用、收益的权能，为凸显宅基地“户有所居”的保障功能，制度设计时限制了部分宅基地使用权上的收益权能，农民无法对宅基地进行自由买卖、出租、抵押等。流转权受限导致进城务工农户只能闲置农村宅基地，从而无法满足农民现代化生活需求；发展权受限导致农户无法通过宅基地使用权进行贷款抵押、参股分红等增殖性投资活动，也不能提供收益功能，导致宅基地使用权增值效率大大降低，打击了农户对自身宅基地使用权权益保护的积极性。

在加快理顺宅基地农民资格权立法表达，完善宅基地使用权登记制度的同时，需要完善宅基地的产权确认，为农民颁发“房地一体”的不动产产权证书。在权属完整、公示清晰的产权制度支撑下，提高农民对宅基地的心理“所有权”，激发农民对所拥有宅基地使用权的保护意愿与增值追求。积极探索宅基地使用权在市场中的“可转让性”“可出租性”“可抵押性”等一定范围内的财产权能，适当允许农民将一定年限的宅基地使用权流转，盘活闲置与低效利用的宅基地。尝试搭建与产权制度相呼应的宅基地使用权交易平台，实现使用权的高效流转，依托市场价格机制与社会资本，实现产权制度首尾相接。

二、加强综合整治、提高整体规划

（一）因地制宜加强农村规划整治

宅基地作为农村发展必不可少的生产要素，是乡村治理的重要对象。要实现宅基地使用权市场化改革就必须因地制宜对农村宅基地资源进行区分，有效管理、整治。我国幅员辽阔，地形差异大，不同地区的宅基地在分布形态、财产价值方面存在差异。内陆欠发达农村地区因经济落后，位置闭塞，整治资金欠缺，加上缺乏相应的宅基地规划与执行能力，与沿海发达地区农村宅基地整治存在根本性差异。因此需因地制宜提高农村地区宅基地综合整治能力，为建立宅基地流转制度奠定基础。

政府作为农村宅基地整治的决策主体，应当对宅基地整治内容、规划方案及目标范围进行整体把控，以农村产业发展为导向进行宅基地整治规划，响应农村新产业、新业态发展用地诉求。农村集体经济组织作为宅基地整治的主要执行者，应当对本村集体内宅基地确权登记进程、闲置废弃状况及宅基地发展的经济潜力进行综合考量，综合本地农业、工业、服务业发展现状与规划，确定宅基地整治的基本方向与目标，在解决农房、宅基地闲置困境，整合现有宅基地资源的同时，积极引入社会资本进行产业发展。企业与农户作为宅基地整治的参与主体，分别提供整治资金与土地要素，在市场引导下实现双赢。宅基地整治过程中要存优去劣，依托本地资源禀赋优势，例如优越的地理环境、丰富的旅游资源、浓厚的历史底蕴、完备的基础等，以产业发展为导向，以优势禀赋为抓手，兼顾宅基地整治多方权益，在积极的政策支持下，对农村宅基地进行有序整治规划，为后续宅基地使用权流转、经营发展打下坚实基础。

（二）探索宅基地多功能利用途径

既要因地制宜探索宅基地整治方案，更要开发其生产经营功能，积极探索多样化宅基地使用权经营项目，开拓农业观光、农产品加工、乡村民宿与农家乐等三产融合发展形式，引导农户参与宅基地经营，获取分红与股息，并通过宅基地使用权流转为农村留守人口创造更多就业机会，使高度依赖宅基地而无法流转其使用权的农户的生计资本得到同样提升。

经济发达，产业完备，基础建设完善，农户经营意愿强烈的地区可将整治、盘活、利用与宅基地入市相结合，促进土地集约节约利用。由于这些地区经济发展情况较好，农户留守本村建设的意愿强烈，产业项目发展前景也较好。政府应当进一步提高农民退地补偿标准，强化村集体整治与规划力量，通过有利政策条件吸引外资，以集体力量带动整村发展，形成产业集聚效应，承接城市部分工业产业大力发展环境友好型文旅产业，加大宅基地整治盘活宣传，注重基层治理，积极动员农户转出闲置农房参与经营，提高乡村整体经营水平。

城市近郊，乡村人口外流突出的地区，可以在不改变耕地和宅基地性质的情况下，对原有宅基地进行修葺，在发展当地生态经济、带动就业的同时提升村容村貌。通过为城市提供生态农业，承接城市生态旅游、养老需求，以宅基地使用权流转为契机，实现宅基地使用权能流转，吸引城市资本进入乡村建设，也为城市企业解决用地难、劳动力少的问题，同时为本村居民提供就业机会，减少农村宅基地闲置情形。

居民点比较分散，小农经济较为发达的地区可以根据资源禀赋条件进行开发，先通过宅基地整治修建特色民宿，打造悠居田园招牌吸引游客，再通过自然资源、民俗特产留住游客。但前期开发可能缺少资金，因此政府应当提前做好符合实际的乡村规划，同时为引进城市资本大力提供政策支持。

三、完善配套措施、健全流转体系

（一）创新宣传方式、提高农户认知

宅基地流转需充分尊重农户意愿，维护农户权益。集体经济组织需摸清不同农户宅基地情况和流转需求，了解农户的真实意愿。灵活宣传宅基地使用权流转政策，向农民明确宅基地使用权流转与其财产收入、生计资本的关系，提高农户的认知水平及对流转宅基地的价值感知，促进农村宅基地的合理配置和利用。建立以农户为主的流转反馈机制和纠纷调解机制，有效降低农户对流转的社会风险感知。

首先，农户是宅基地使用权流转的主体与经营参与方，积极的宣传政策有助于农户参与宅基地使用权流转，同时也需要强化农户法律意识与契约精神，在宅基地使用权流转的前期工作中，顺利确权登记，使农民具有宅基地使用权的主体意识。其次，使用权流转过程中，农户与社会资本签订合约，需要较强的契约精神，宅基地使用权的有序、长期流转有助于产业的稳定发展。

通过组织政策宣讲会，邀请相关政府部门的官员或专家详细解释宅基地使用权流转政策，回答农民的问题和疑虑。通过制作简明扼要的宣传资料，如小册子、海报、宣传单等，以图文并茂的方式向农民传达宅基地使用权流转的政策信息。举办关于宅基地流转政策的培训课程，帮助农民理解政策的具体内容和流转步骤。对农户进行宅基地使用权流转的法律法规、合同签订、税收政策等方面的培训，帮助农户树立契约意识。基层工作人员可以定期走访农户，与

他们面对面交流，解答疑问，解释政策，并帮助他们了解如何进行宅基地使用权流转。设立热线电话或在线咨询平台，使农民能够随时咨询宅基地问题，获得及时的答复和指导。加大成功宅基地流转项目的宣传力度，将流转后的经济效益进行充分展示，激发农民流转兴趣。鼓励农民之间建立互助团队，分享经验和信息，共同学习和推动政策的落实。为了进一步提高农民对宅基地流转的认知问题，需要持之以恒地进行宣传和教育工作，不断强调政策可行性，以及宅基地闲置可能带来的危害。此外，积极倾听农民的声音和反馈，不断改进宅基地政策宣传重点和细节，以满足他们的需求和关切。最重要的是，建立信任关系，让农民感受到政府和基层工作人员的关怀，让农民真切感受到宅基地使用权流转能够实现农户家庭和社会经济的双赢。

（二）搭建交易平台、畅通流转渠道

农村宅基地市场存在较为严重的信息不对称问题，外来资本缺乏对本地宅基地情况的了解，农户也缺乏对外沟通和展示的渠道，这会造成不公平交易和不合理决策，使得宅基地市场交易范围狭窄，价值实现受限。各地方政府应组织引导搭建宅基地流转平台，详细说明宅基地流转范围、时限及用途，规范各方权责分配，降低农户经济风险感知，畅通交易信息，促进交易双方的信息沟通和互相信任，实现多主体参与，多渠道沟通，满足各方主体差异化需求。

当今社会进入信息化时代，乡村基础设施建设完善，网络设施配置逐步改善，为农村宅基地使用权流转线上交易平台提供了网络便利性，乡村产业发展模式渐趋信息化，宅基地使用权流转线上平台的搭建符合网络时代特征，可以更好地整合相关信息资源，能够有效降低宅基地市场中价格不透明的风险，同时也能推动城乡一体化土地流转市场的建设，能够突破宅基地使用权流转交易的时空限制。总之，构建有序透明的宅基地使用权流转平台，加快使用权流转平台信息化建设进程，能够为农村经济发展提供机遇，实现社会资本、农户的双赢。

在构建宅基地使用权数字化流转平台时，首先，需要进行广泛的宅基地市场需求分析和农户流转意愿调查，了解农户、企业和政府等各方的需求与期望。其次，通过阅读相关法律法规，严格按照土地管理法、宅基地相关流转政策进行流转，谨防城市居民购买宅基地私下修建别墅大院等行为，同时也要在法律法规要求下，最大程度保障农户、宅基地购买方的土地、资金、隐私安全等。再次，运用地理信息系统（GIS）技术，以地图形式展示宅基地相关信息，帮助购买方更好地了解宅基地周边环境、地理位置与特征，用现代科技方

法建立并存储宅基地相关信息数据，包括宅基地数据、流转合同与价格、流转方案与期限等。最后，要为宅基地流转参与双方提供数字化的交易模式，提供包括在线看房、购买、签约、售后等服务，使宅基地交易能够突破空间限制，实现现代化高效交易。

四、搭建流转机制、规范流转秩序

（一）建设有序的宅基地使用权流转市场

适度放活宅基地使用权离不开合理有序的宅基地流转市场。因宅基地流转被严格限制，现实流转需求催生了大量的“隐形流转”和“灰色交易”，产生了大量的产权纠纷和利益纠葛。因此要适度逐步放宽宅基地流转范围、流转对象、流转期限，从宅基地和农房的流转价格形成、抵押担保、利益分配等环节着手，探索建立合理有序的宅基地流转市场体系，促进宅基地优化配置，提高利用效率。

首先，要完善法律法规，政府应建立健全的法律法规框架，明确宅基地流转的权利和义务，保护农户的合法权益。其次，要构建完善的宅基地使用权流转市场，提供信息发布、交易撮合等服务，降低流转成本，促进流转活动。最后，引导流转参与方有序、规范参与流转活动。通过吸引农村企业、外来企业，鼓励规模资本参与宅基地流转，推动农村产业发展，创造更多就业机会，提高农村居民收入；引入城市资本与农村集体合作，带动流转宅基地开发高附加值的第三产业，提高农户收入，增强村集体经济实力。

具体而言，建立有序、完善的宅基地使用权流转市场，公开包括出租、入股、退出等在内的流转信息和服务项目，提供公正、公开、透明的流转信息、流转价格以及办理流转手续流程，设立宅基地评估机构，逐渐形成完备的行业规范制度，促进宅基地流转更加法制化、规范化，规范和引导已经存在的宅基地使用权交易。当前国家需要考虑完善农村宅基地使用权的相关法律，使其体系化，同时适度放松对宅基地使用权流转的约束，允许各地方根据各地实际情况对宅基地使用权流转建立合乎当地特色的宅基地使用权流转市场，同时对其进行严格监督。我国宅基地的地域性差异巨大，并且由于距离城市远近的不同，同一地区的宅基地差异也十分明显，因此可以联合多地政府搭建宅基地使用权流转统一市场，有助于针对同类型宅基地进行比价定价，为宅基地使用权流转提供价格参考、监管与协商平台。

（二）建立科学的宅基地使用权流转价格形成机制

建立科学的宅基地使用权流转价格形成机制需要多方面的研究和政策制定，需要政府、研究机构、土地专家和农民等各方的合作与共识。该机制应该平衡土地资源的合理利用、农村经济的可持续发展和农民的权益保护。农民出于增加财产性收入，改善生计的目的，流转宅基地使用权。从现实层面看，由于各地区经济状况、市场供求各不相同，在流转过程中应根据多样化的流转用途，遵循等价交换原则，综合考虑区位条件、土地适用规划、经济发展水平、宏观经济形势等因素建立反映市场需求与资源稀缺程度的宅基地使用权流转价格机制，在政府宏观调控下根据市场供求流转宅基地。

科学的宅基地使用权流转价格形成机制，能够完善农村宅基地使用权流转市场，为农村宅基地合理有序流转提供价格依据。宅基地使用权作为农户享有的特殊权益，保证了农户取得流转收入的合规性、合法性。《物权法》第一百一十七条规定，用益物权人对他人所有的不动产或者动产，依法享有占有、使用和收益的权利。宅基地使用权是指农民在法律允许范围内对宅基地的占有、使用、收益的权利，从用益物权层面来说农民有权依法流转宅基地使用权。此外，马克思地租地价理论认为，地租是土地所有权在经济上实现的形式，是社会生产关系的反映，因土地肥力、相对位置、开发程度不同而形成级差地租。因此，在相同条件下不同地区宅基地流转价格各异，经济发达地区农村宅基地流转的方式因区位条件差异形成远郊、近郊的流转方式。不同的宅基地使用权，因区位条件等禀赋差异，其市场价格必然存在一定的差异。

在社会主义市场经济条件下，宅基地使用权流转价格主要由供需关系决定。一方面，在限制新批宅基地的情况下，农民建房需求旺盛，集体经济组织内部流转频繁、交易活跃，导致宅基地使用权供给变小；城市住房需求大，人地关系紧张，经济发展用地需求大，导致溢出的住房需求转向农村，则宅基地的需求变大，可能产生较高的宅基地使用权流转价格。另一方面，当地农民利用宅基地进行小本经营或房屋出租，其租金作为宅基地财产性收入，家庭收入增加，农户纷纷转出宅基地使用权，则供给较大；而部分宅基地地理优势微弱，自然条件恶劣，经济开发价值较低，则需求较小，可能出现较低宅基地使用权流转价格。于是，宅基地使用权流转价格在市场调节下趋于高效稳定配置，引入政府监管，制定相对保护农民的宅基地流转价格保护红线，有助于形成更高效的宅基地使用权流转市场。

首先，应开展市场调查，了解不同地区和用途的宅基地流转市场供需状况。这些市场供需状况可以作为使用权流转价格的基准，反映宅基地使用价值与价值及宅基地市场需求。由相关领域专家牵头，参考城市土地价格形成机制，制定统一的宅基地及房屋评估和估价方法，以确定宅基地的合理价格，需要综合考虑宅基地的位置、用途、房屋质量、周边基础设施、自然环境等因素。政府可以根据当地的土地政策和宅基地流转政策，制定政策指导价或定价机制，根据土地用途、地区差异、市场需求等因素来确定价格。宅基地使用权价格形成过程中，必须重视农民的参与和协商，尊重他们的意愿和需求。在确定价格时，可以采取农民参与决策的方式，以确保价格公平合理。其次，不可忽视税收政策和相关流转费用，如转让税、流转手续费、村集体监督协商费等。这些费用应与相关服务、配套设施相协调，与流转价格形成机制相一致。最后，建立完善监督和审计机制，确保价格的合理性和公平性，建立透明的信息披露机制，确保宅基地使用权价格制定过程的透明度，建立相关风险机制，以应对自然灾害、政策变化导致的价格波动。

（三）建立合理的宅基地使用权流转收益分配机制

明确收益分配主体，建立兼顾国家、集体、个人的收益分配机制，平衡各方利益分配关系是促进宅基地有序流转的关键。在确定宅基地流转收益分配时，综合考虑各地区现实情况，根据当地生活水平灵活调整，应避免产生收益过高、争相逐利或收益过低、打击流转热情等问题。同时考虑到农民在流转过程中承受的风险更大、抵御能力较弱，应探索建立保护农民权益的利益联结机制和宅基地经营增值收益分配机制，让农民成为宅基地发展的受益主体。确保宅基地流转后农户生活有改善，各项权益不受损。

合理规范地引导农户制定流转合同，是完善宅基地流转收益分配的第一道防线。流转合同应明确权益分配，包括租金分配、发展权及增值收益分享等，确保农户能够合理分享流转收益。另外，宅基地流转合同应明确期限和续签方式，以避免不确定性为农户家庭带来生计风险，保障宅基地转出后可以为农户提供稳定的流转收益。明确宅基地使用权流转的权属问题，可以避免产生争议，确保农户的合法权益。

在宅基地使用权流转收益分配与管理中，应坚持民主决策、民主管理，并接受民主监督。对于宅基地收益多且村集体经济收入多的村，可实行公司化运作，在保证村民管理费用的基础上，确保集体收益不贬值；对于宅基地收益多但村集体经济收入少的村，应重点保证村民户有所居及村庄基础设施建设，不断提升村民生活水平；对于宅基地收益少但村集体经济收入多的村，应鼓励拿出一部分村集体收入帮助村民住房建设，尤其是保证村中低收入家庭基本住房需求；对于宅基地收益和村集体经济收入都少的村，地方政府应出台相应扶持政策，建立财政引导基金，充分利用村庄现有资源，改善村民的居住环境。

可以根据当地的政策、土地性质、流转用途和市场情况来确定和定义宅基地使用权流转收益的分配比例。通常分配比例可以由政府、农民和流转方协商决定。政府可以通过政策引导，设定最低或最高分配比例，以确保农民权益得到保护。政府还可以提供激励政策，鼓励流转方提供更多的农村公共服务或基础设施。考虑到宅基地的土地资源价值，如地理位置、土地质量和用途等因素，需要对流转收益分配进行更全面的权衡。更有价值的宅基地增值可以分配更高的比例给农民。另外，要确保农民的权益得到保障，不仅包括合理的分配比例，还包括合同的执行和土地使用权的恢复等方面。最终，宅基地使用权流转收益分配机制应该充分考虑当地的经济、社会和土地资源情况，并在政府、农民和流转方之间建立合作和协商机制，以确保各方的权益得到尊重和保护。这需要多方合作和不断的政策调整和改进，以适应不同地区和时期的需要。

五、加强体制建设、健全保障体系

（一）健全社保机制，加大帮扶力度

宅基地是农民生产生活的重要场所，发挥着居住保障功能和财产价值功能。宅基地使用权流转是一项重要的土地制度改革，旨在提高土地利用效率、促进农村产业发展，但同时也需要充分考虑农民的合法权益，确保其生计可持续发展。确保宅基地使用权流转的合法性，明确产权关系，明确产权人的权利和义务。农民应当保留合法的宅基地使用权证，以明确自己的权益。流转时应当签订相关合同，应当充分考虑农民的意愿，并在合同中明确流转的条件、期限、价格和权益分配等内容，以确保农民在流转过程中能够获得合理的经济补偿。在宅基地流转的决策过程中，应当充分听取农民的意见和建议，确保他们能够参与流转决策，维护自己的合法权益。建立有效的监督机制，监督宅基地流转的合法性和公平性，防止滥用权力和侵犯农民权益的行为。为农民提供关于宅基地流转的知识和培训，帮助他们更好地理解自己的权益，提高谈判能力，确保在流转中能够保护自己的利益。

为避免生计资本匮乏、生计风险高的农户盲目流转出宅基地使用权，可建立相关风险评估机制加以限制，在保障农民住有所居的前提下开展宅基地流转，谨防农户家庭陷入失宅、养老风险等生计危机。同时建立健全宅基地流转后的社会保障机制，做好落户安置、就业、养老、医疗、教育等公共服务政策的衔接工作，构建城乡统一的社会保障体系，因地制宜实施差异化的宅基地流转保障政策，维护社会公平与效率。

重点关注农户生计维持与发展能力，通过加强技能培训，创造就业机会，使得留守农户实现生计可持续。当前留守农村的农户大多为老弱妇孺，不适宜进行消耗劳力为主的农业生产；健康状况与教育水平也限制了留守老人、儿童与妇女等群体外出务工获得收入，因此这类群体生计风险尤其突出。宅基地使用权经营性流转应当积极为农村留守人口创造更多就业机会，使高度依赖宅基地而无法流转其使用权的农户的生计资本同样得到提升。可行的措施有以下两点：一是对于生计资本匮乏、生计风险高的农户应当对其盲目流转出宅基地使用权加以限制，谨防农户家庭陷入失宅、养老风险；二是强化留守农户的就业技能，适应当地宅基地产业发展，以便提高农村留守农户就业率，更好保障农户生计与养老需求。

（二）建立法律体系，加强法制保障

当前涉及农村宅基地流转的法律规定散见于《土地管理法》《民法典》等法律法规中，缺乏具有针对性的法律法规，难以解决实际中宅基地使用权流转障碍和纠纷，而健全的法律体系是宅基地使用权流转的依据和保障。因此，可放宽宅基地流转法律限制，加强宅基地流转和农房租赁法制建设，推动宅基地三权分置适时入法，健全完善《土地管理法》《民法典》等关于农村宅基地流转和权益的规定，实现宅基地使用权流转有法可依，有责必究，有权必维。

构建完善的宅基地法律体系并加强宅基地使用权流转相关制度保障，对于规范我国农村宅基地使用、配置，实现农村地区可持续发展，提高农民收入至关重要。首先，法律应当明确规定哪些宅基地可以流转，以及流转的条件和限制。这可能包括流转的最长期限、流转的目的（如农业副业生产、文化旅游、产业融合等）、流转后不得违法变更土地用途等。其次，法律应明确规定宅基地使用权流转的程序和登记要求，包括申请流转、审批程序、登记流转权等。流转程序应具有透明性和法律保障，以防止不当流转或争议。再次，法律应当明确规定流转合同的基本要素和内容，包括租金、权益分配、违约责任等。流转合同应符合法律法规，并为各方提供明确的权益保护。除此之外，法律应明确保障农民的权益，包括确保他们在流转中获得合理的报酬、不受非法强制流转的压力，以及在流转结束后有权恢复相关宅基地使用权。最后，确保农村地区流转后的居民能够继续享受到必要的社会保障和公共服务，如教育、医疗、基础设施等，防止农户因流转出宅基地而陷入生计风险。

六、提高能力素养、拓宽融资渠道

（一）提高农户生产经营能力与素养

宅基地使用权流转后可以发展多种产业以达到增收的目的。可以利用互联网和电子商务平台，推动农产品的线上销售，拓宽销售渠道，提高农产品的市场覆盖面；可以利用自然风光和乡村文化资源，发展农村旅游业，包括农家乐、乡村旅馆、农庄游等，吸引游客，促进当地经济发展；可以促进农村小型工业和手工业的发展，包括农村加工业、家庭工坊等，提高农民的就业机会；可以助力现代农业，提高农业生产效率，社会资本下乡有助于农村生产技术革新，通过采用现代化的农业技术，种植高产、高附加值的作物，发展特色农产品生产，包括有机农业、绿色农业和农产品加工，能够切实提高乡村经济水平和农民收入。

促进农民增收是缩小城乡收入差距、实现共同富裕的关键举措，需要政府主导，发挥市场主体作用，以政策改革为支撑，以农户自身为主体，产业发展与职业技能培训并重。重点关注农村少数群体宅基地权益与可持续生计能力，通过加强职业技能培训参与宅基地经营活动，使得少数群体稳定增收，提高农村留守农户服务水平和就业率，同时拓宽农户生计收入渠道，将宅基地使用权流转经营与农业、服务业生产相结合，形成更为多元的收益来源，以提升农户家庭生计稳固性，更好地保障农户生计与养老需求。

具体而言，农民可以通过以下方式提高职业技能水平以适应宅基地使用权流转后的农村产业发展。①参加相关培训课程，学习现代农业技术、养殖技能、农产品加工等知识，提高农业生产和经营管理水平。②加入农业合作社或农民专业合作社，通过合作模式学习宅基地使用权流转后如何开展经营性产业、分享和交流相关经验。③利用互联网资源和农村图书馆，自主学习管理技能、信息传播方法等，保持对新技术和市场趋势的了解，利用互联网对相关民宿、农家乐进行宣传推广，采取线上营销的方式融入乡村产业链条，并广泛学习和使用网络支付、消费等手段与信息时代接轨。④积极参与农村培训项目，获得相关经验，提高职业技能和就业能力。⑤与社会资本、邻居、集体内成员建立广泛、深度的合作关系，共同投资和分享资源，共同开展宅基地使用权流转、经营活动，促进规模化流转，从而实现规模经济，最终达到增收目的。

（二）加快完善宅基地使用权融资贷款渠道

农户家庭物质、人力资本匮乏，财产性收入占比低，融资贷款渠道远不及市民丰富。宅基地作为农户家庭重要资产长期受制于金融抵押政策，难以成为有效抵押物。应放宽农户宅基地抵押限制，使城市资本注入农村产业发展当中。同时加快农村金融贷款制度改革，提高农村经营生产融资贷款能力，为返乡创业农户、农村大学生、城市资本提供更多元化的融资渠道。

首先，在实践中积极探索宅基地使用权作为融资抵押物的实现，帮助政府出台明确的政策法规，通过规定相关的融资程序和标准，为金融机构提供法律依据，降低融资风险。政府应当建立完善的宅基地登记和权属证明体系，确保宅基地的权益明确、可追溯和可验证，有助于减少融资中的不确定性，政府还可以提供贴息政策、融资担保、风险补偿等政策支持，降低金融机构参与宅基地融资的风险。其次，推动建立和完善农村信用体系，收集和记录宅基地使用权人的信用信息，有助于降低融资风险，吸引金融机构提供融资支持。鼓励金融机构针对宅基地使用权推出特定的融资产品，如宅基地融资贷款、宅基地抵押贷款等，满足农村地区的融资需求。在合法、合理范围内，鼓励农民组建合作社或联合融资平台，集中宅基地使用权，以增强融资的规模和可行性。鼓励社会资本和农村金融合作机构参与宅基地融资，提供更多的融资渠道。最后，建立风险评估和管理机制，确保宅基地融资项目的风险得到有效管理。更要建立监管机构，监督宅基地融资市场，确保金融机构合规运营，保护农民的权益。总而言之，在实施这些措施时，需要政府、金融机构和农民之间的密切合作，以确保融资渠道的稳健发展，同时保障农民的权益。

七、增强乡村内生发展动力，深度挖掘宅基地财产功能

（一）推动宅基地制度改革同巩固脱贫攻坚成果相衔接

宅基地是农户家庭的重要资产，更是基本生活保障。探索宅基地制度改革

不能脱离群众需求，必须以农户家庭基本稳定为基础。一方面，要防止生计脆弱农户家庭因“病”“灾”“养老”等生计困境陷入贫困，而盲目流转出宅基地。另一方面，也要密切关注宅基地使用权流转后农户家庭的生计状况，为流转农户积极提供就业机会，扩大农户就业信息来源，为流转宅基地的脱贫农户提供相应的职业技能培训，以提高其人力资本水平，提升其应对外界环境变化的适应能力、竞争能力与发展能力。

宅基地制度改革为探索脱贫农户的增收渠道提供了新视野。鼓励经济发展适宜地区积极推进宅基地使用权流转，发展物流、康养、文化等产业，探索乡村一二三产业融合发展的全新路径。在改善人居环境、基础设施的双重便利下，还能为乡村脱贫人口提供大量就业岗位。在宅基地流转初期，可以在修葺宅基地上的房屋、民宿时，为乡村无业人员、脱贫人员提供相应粗放型岗位；在经营性发展中后期，可以通过培训乡村留守妇女、老人等生计困难人员，参与旅游、文化产业等岗位，以改善本地就业状况与生计环境，进一步巩固当前脱贫攻坚成果，防止脱贫农户再陷入生计危机。

具体来说，农村地区通常拥有独特的自然风光和文化资源，可以吸引游客。宅基地流转后可以用来兴办农家乐、度假村、采摘园等旅游项目，提供住宿、餐饮和娱乐服务，从而增加脱贫户收入；也可以利用宅基地的一部分建设加工厂房，加工农产品，如果蔬、畜禽产品等，并将加工后的产品销售到城市或者通过电商平台进行线上销售，提高产品附加值和收入，帮助脱贫户实现生计转变。此外，如果宅基地所在地区的土地价值增长，脱贫户可以从土地增值中获得收益。土地增值可能是由于城市扩张、基础设施建设或土地规划变更等因素引起的。宅基地流转可以带来农村就业机会，脱贫户家庭成员可以在相关企业或项目中找到工作，从而增加家庭总体收入。如果流转的宅基地用于农业、林业或养殖等副业经营，脱贫户可能会获得技术支持和培训，帮助他们提高产出和效益，从而增加收入。

（二）以宅基地改革为切入点，探索农村产业融合发展路径

土地是一切经济活动的载体。城乡经济发展差异蕴含着土地要素利用的差异，城市经济发展离不开商业用地与土地市场调节作用。因此，要发展农村经济、产业，势必要释放要素潜力，激活土地要素的财产属性。

宅基地制度改革为探索不同形式的乡村产业融合提供了契机，同时也为农村经济发展、人地融合释放了空间压力。当前农村产业发展的现实困境多来源于乡村人才流失，产业发展动力不足，农产品加工链条短，附加值低，农村产

业园发展同质化严重。宅基地制度改革契机为发展乡村产业、促进产业融合提供了经济地理空间，将宅基地上房屋作为经济活动的空间载体，为乡村文创等第三产业提供办公场所；为加工产业、物流园建设提供员工住所；为康养、乡村旅游、民宿、农家乐等产业提供有偿居住空间。

宅基地制度改革同样为农业现代化、机械化发展提供契机。首先，宅基地使用权流转可以吸引社会资本进入乡村，进行农产品生产、加工、销售，可以促使不同领域的企业或农户合作，形成较为完整的农业产业链、价值链，从生产、加工到销售，提高了附加值和农产品质量。其次，通过流转宅基地，吸引外来资本进入，村集体可以更容易地引入现代农业技术，如智能农业机械、农业物联网、精准农业等，提高农业生产的自动化程度和智能化水平，成功的宅基地流转项目可以成为农村产业发展的示范，鼓励更多地区效仿，推动全国农村、农业现代化进程。最后，宅基地使用权流转能够通过发展壮大本村经济，增加农村就业机会，吸引年轻人返乡创业，有助于农村劳动力结构的优化。

八、本章小结

自 2018 年我国探索宅基地三权分置制度改革以来，宅基地使用权可流转成为农村社会普遍共识，农户不断追寻实现宅基地价值最大化。与此同时，土地制度改革势必会对农村社会经济、生态、人文造成巨大冲击。要积极协调农户、村集体、社会资本三方利益，寻求农户生计策略最优方案，在乡村振兴的根本纲领下，实现农户生计长久持续发展，需要理清宅基地使用权流转对农户可持续生计影响的理论逻辑与作用机制，更要对当前农村社会基本脉络进行准确把握，以实践推动宅基地制度深化改革，进一步推动乡村振兴战略的实施。

宅基地三权分置制度改革通过赋予农民更多的宅基地财产权益，让农民明确自己拥有的权利，使他们更有动力投入宅基地经营和管理中，更自主地做出宅基地流转决策。从宏观层面而言，宅基地的三权分置制度改革有助于推动农村土地的合理利用，进而提高宅基地经济效益。将宅基地使用权进行流转、租赁、经营、入股等，能更好地利用农村宅基地资源，增加村庄经济效益，还能减少宅基地碎片化闲置、废弃现象，有助于提高宅基地利用效率，降低土地管理成本。从微观层面而言，通过宅基地的流转和经营，农民可以获得租金或经营所得，增加收入来源，进而有助于改善农村居民经济状况，提高生活水平。此外，当农户家庭存在稳定的收入来源，可以减少社会、经济不稳定因素。除此之外，还能促进城乡融合、一体化发展，通过吸引城市资金、技术和管理经验进入农村，加快城乡要素流通，进而促进城乡经济融合发展。

在全面实施乡村振兴战略和城乡融合发展的背景下，增加农民财产性收入，改善农民生计资本结构，缩小城乡居民收入差距，逐渐消除贫困，改善民生，逐步实现全体人民共同富裕是当前农村社会发展的重要任务。因此，当前的重点是我国农民生计资本相对不足的问题，特别是在农业生产领域的低附加值性和脆弱性。为了解决这一问题，政府出台了一系列政策，着重推进宅基地制度改革，以增加农民的财产性收入。这一改革计划包括宅基地权益资源进入市场调节范围，成为提高农民生计资本、改善生计脆弱性的新契机。

因此，为更好推进宅基地使用权流转、改善农户收入结构、实现农户家庭生计可持续发展，有必要从国家政策、金融机构、基层单位、社会资本、农民等各个角度进行实践探索，包括宅基地使用权确权登记、完善产权权能；加强综合整治、提高整体规划；完善配套措施、健全流转体系；搭建流转机制、规范流转秩序；加强体制建设、健全保障体系；提高能力素养、拓宽融资渠道；增强内生发展动力，深度挖掘财产功能七个方面，在实践中促进宅基地使用权流转，发挥流转增收、改善农户生计的效果机制。

参考文献

Martha G Roberts，杨国安，2003. 可持续发展研究方法国际进展——脆弱性分析方法与可持续生计方法比较［J］. 地理科学进展（1）.

蔡高强，王进，杨佳浩，2018. 浏阳市农村宅基地制度改革的实证研究［J］. 湖南工业大学学报（社会科学版），23（4）：32－38.

蔡慧敏，2021. 农村宅基地制度改革试点跟踪研究——以河南长垣为例［J］. 农业经济，415（11）：105－107.

陈广华，2020. 农村住房反向抵押的法律障碍与实现路径研究［J］. 南方金融（3）：83－90.

陈美球，何维佳，刘桃菊，2009. 当前农户农村居民点用地集约利用意愿的实证分析——以江西省为例［J］. 中国农村经济（8）：63－69.

陈敏，2006. 分布式认知系统中的协同感知交互设计［J］. 电脑与电信（10）：7－10.

陈卫华，吕萍，2022. 宅基地制度改革的创新动力：困局与突围——基于对两轮试点调研的分析［J］. 农村经济，475（5）：30－39.

陈锡文，2016. 农村宅基地改革的焦点和核心是什么［J］. 中国乡村发现（5）：1－9.

陈小君，蒋省三，2010. 宅基地使用权制度：规范解析、实践挑战及其立法回应［J］. 管理世界（10）：1－12.

陈小君，2019. 宅基地使用权的制度困局与破解之维［J］. 法学研究，41（3）：48－72.

陈耀东，2019. 宅基地三权分置的法理解析与立法回应［J］. 广东社会科学（1）：223－230，256.

陈悦，陈超美，等，2015. CiteSpace 知识图谱的方法论功能［J］. 科学学研究（2）：242－253.

陈振，罗遥，欧名豪，2018. 宅基地三权分置：基本内涵、功能价值与实现路径［J］. 农村经济（11）：40－46.

程秀建，2018. 宅基地资格权的权属定位与法律制度供给［J］. 政治与法律（8）：29－41.

崔宝玉，谢煜，徐英婷，2016. 土地征用的农户收入效应——基于倾向得分匹配（PSM）的反事实估计［J］. 中国人口·资源与环境，26（2）：111－118.

党国英，2016. 论农村宅基地制度改革的正当性基础与深化策略［J］. 新视野（5）：46－52.

翟全军，卞辉，2016. 城镇化深入发展背景下农村宅基地流转问题研究［J］. 农村经济（10）：10－17.

刁其怀，2017. 宅基地退出概念辨析 [J]. 中国土地 (3)：32－33.
刁其怀，2020. 宅基地使用权分层设立与宅基地使用权流转 [J]. 西南民族大学学报（人文社科版），41 (9)：96－99.
丁关良，2020. 三权分置政策下宅基地流转方式运行机理的剖析和思考 [J]. 农业经济与管理 (4)：65－76.
丁国民，龙圣锦，2019. 乡村振兴战略背景下农村宅基地三权分置的障碍与破解 [J]. 西北农林科技大学学报 (1)：39－50.
丁文强，李平，尹燕亭，等，2017. 可持续生计视角下中国北方草原区牧户脆弱性评价研究 [J]. 草业学报，26 (8)：1－11.
董新辉，2019. 新中国70年宅基地使用权流转：制度变迁、现实困境、改革方向 [J]. 中国农村经济 (6)：2－27.
董祚继，2018. 三权分置——农村宅基地制度的重大创新 [J]. 中国土地 (3)：4－9.
杜精博，2022. 宅基地产权关系视角下的传统村落保护研究 [J]. 农村．农业．农民（B版），590 (10)：35－37.
鄂施璇，王兆林，2022. 感知利益对农户宅基地发展权转移行为意向的影响研究——基于成渝地区宅基地改革试点区的实证 [J]. 中国土地科学，36 (7)：43－52.
范乔希，万青，2021. 生计资本对农户可持续生计活动的影响分析 [J]. 统计与决策，37 (10)：65－69.
方杰，温忠麟，2018. 三类多层中介效应分析方法比较 [J]. 心理科学，41 (4)：962-967.
方明，2014. 农村宅基地使用权流转机制研究 [J]. 现代经济探讨 (8)：50－54.
傅倩倩，张全景，彭文龙，等，2021. 宅基地三权分置背景下农户宅基地流转意愿及其影响因素分析——以山东省日照市为例 [J]. 山东农业科学，53 (1)：143－149，156.
高海，2019. 宅基地三权分置的法实现 [J]. 法学家 (4)：132－144，195.
高圣平，2019. 农村宅基地制度：从管制、赋权到盘活 [J]. 农业经济问题 (1)：60－72.
龚宏龄，2017. 农户宅基地退出意愿研究——基于宅基地不同持有情况的实证研究 [J]. 农业经济问题，38 (11)：89－99，112.
关江华，黄朝禧，胡银根，2014. 不同生计资产配置的农户宅基地流转家庭福利变化研究 [J]. 中国人口·资源与环境，24 (10)：135－142.
郭俊敏，2021. 农村宅基地制度改革试点县的成效及其借鉴 [J]. 农业经济，416 (12)：43－45.
韩俊，2014. 依法保障农民宅基地和房屋财产权益 [J]. 农村工作通讯 (20)：48.
韩松，2012. 新农村建设中土地流转的现实问题及其对策 [J]. 中国法学 (1)：19－32.
韩文龙，谢璐，2018. 宅基地三权分置的权能困境与实现 [J]. 农业经济问题 (5)：60－69.
韩峥，2004. 脆弱性与农村贫困 [J]. 农业经济问题 (10)：8－12，79.

郝文渊，杨东升，张杰，等，2014. 农牧民可持续生计资本与生计策略关系研究——以西藏林芝地区为例 [J]. 干旱区资源与环境，28 (10)：37-41.

何仁伟，李光勤，刘运伟，等，2017. 基于可持续生计的精准扶贫分析方法及应用研究——以四川凉山彝族自治州为例 [J]. 地理科学进展，36 (2)：182-192.

何仁伟，刘邵权，等，2013. 中国农户可持续生计研究进展及趋向 [J]. 地理科学进展，32 (4)：657-670.

贺鲲鹏，2020. 论农村宅基地三权分置改革的必要性与实现路径 [J]. 农业经济 (8)：86-87.

贺立龙，曾钰婷，付春生，等，2020. 乡村振兴视角下社会资本参与宅基地盘活的减贫兴农效应——来自农房联建的案例与证据 [J]. 管理学刊，33 (2)：11-24.

贺雪峰，2016. 农村土地制度进一步改革应坚持的原则 [J]. 云南行政学院学报，18 (5)：4.

贺雪峰，2018. 农村宅基地三权分置改革能收获什么 [J]. 决策 (7)：13.

洪德和，程久苗，吴九兴，等，2019. 农户宅基地退出意愿与行为转化研究——基于金寨县的实证 [J]. 中国农业资源与区划，40 (6)：140-148.

胡鼎鼎，李青，2021. 感知价值理论视角下种植户参与“保险＋期货”决策行为分析——以国家现代农业产业园红枣试点区为例 [J]. 资源开发与市场，37 (9)：1092-1098.

胡佳，2020. 农村宅基地三权分置之权利内容与实现形式 [J]. 重庆文理学院学报 (1)：20-29.

胡江霞，文传浩，2021. 生计资本、风险治理能力与农村移民的可持续生计——基于三峡库区的调研数据 [J]. 南方人口，36 (5)：52-67.

黄建伟，2011. 失地农民可持续生计问题研究综述 [J]. 中国土地科学 (6).

黄宗智，1986. 华北的小农经济与社会变迁 [M]. 北京：中华书局.

孔祥智，徐珍源，2010. 转出土地农户选择流转对象的影响因素分析——基于综合视角的实证分析 [J]. 中国农村经济 (12)：17-25，67.

孔祥智，钟真，原梅生，2008. 乡村旅游业对农户生计的影响分析：以山西三个景区为例 [J]. 经济问题 (1)：115-119.

邝佛缘，陈美球，2021. 风险预期、生计资本对农户宅基地退出意愿的影响及其代际差异——基于江西省 456 份农户调查数据 [J]. 农林经济管理学报，20 (1)：92-101.

赖昭豪，陈美球，邝佛缘，等，2019. 基于分布式认知理论的农户生态耕种意愿影响因素分析 [J]. 南方农业学报，50 (4)：905-912.

兰勇，蒋黾，杜志雄，2020. 农户向家庭农场流转土地的续约意愿及影响因素研究 [J]. 中国农村经济 (1)：65-85.

李川，李建强，林楠，等，2017. 农村宅基地使用制度改革研究进展及展望 [J]. 中国农业资源与区划 (1)：74-81.

李凤章，赵杰，2018. 农户宅基地资格权的规范分析 [J]. 行政管理改革 (4)：39-44.

李凤章，2020. 宅基地使用权流转应采用“退出—出让”模式［J]. 政治与法律（9)：110-123.

李广东，邱道持，王利平，等，2012. 生计资产差异对农户耕地保护补偿模式选择的影响——渝西方山丘陵不同地带样点村的实证分析［J]. 地理学报，67（4)：504-515.

李怀，2020. 传统农区宅基地三权分置的权能实现与推进路径［J]. 新视野（2)：54-61.

李景刚，王岚，高艳梅，2022. 农地流转风险形成机制及评价——以广东省为例［J]. 中国农业资源与区划，43（5)：196-206.

李丽，吕晓，张全景，2020. 三权分置背景下宅基地使用权流转的法学视角再审视［J]. 中国土地科学，34（3)：16-23.

李玲玲，贺彦菘，2022. 城乡融合发展中宅基地使用权流转的必要限制与合理扩张［J]. 西北农林科技大学学报（社会科学版)，22（3)：57-64.

李少博，彭海英，2020. 中国农村闲置宅基地研究综述［J]. 农村经济与科技，31（23)：40-43.

李树茁，梁义成，W. feldman MARCUS，等，2010. 退耕还林政策对农户生计的影响研究——基于家庭结构视角的可持续生计分析［J]. 公共管理学报，7（2)：1-10，122.

李婷婷，龙花楼，2019. 中国农村宅基地闲置程度及其成因分析［J]. 中国土地科学（12)：64-71.

李文谦，董祚继，2009. 质疑限制农村宅基地流转的正当性——兼论宅基地流转试验的初步构想［J]. 中国土地科学，23（3)：55-59.

李雯怡，2018. 农村宅基地流转制度研究［J]. 法制与社会（21)：174-175.

李小云，董强，饶小龙，等，2007. 农户脆弱性分析方法及其本土化应用［J]. 中国农村经济（4)：32-39.

李悦，刘铭，2020. 宅基地三权分置的文献综述［J]. 当代经济（1)：80-87.

梁发超，林彩云，2019. 不同模式下农村宅基地退出的风险评价及防范对策研究——以福建省晋江市为例［J]. 农业现代化研究，40（6)：1011-1020.

林超，吕萍，2022. 农村宅基地资格权实现形式及其理论解释——基于义乌、湄潭、余江改革案例［J]. 中国土地科学，36（1)：30-36.

林津，刘向南，吴群，2021. 宅基地制度的优化路径研究——基于财产权益纠偏的分析框架［J]. 农业经济问题（6)：89-99.

林津，吴群，刘向南，2022. 宅基地三权分置制度改革的潜在风险及其管控［J]. 华中农业大学学报（社会科学版)（1)：183-192.

林宣佐，王光滨，郑桐桐，等，2020. 农村宅基地三权分置的实现模式及保障措施分析［J]. 农业经济（11)：94-96.

刘丹，潘远生，2017. 重庆大足：探索集体经营性建设用地入市路径［J]. 中国土地（9)：58-59.

刘定普，2020. 生计资本对农户宅基地退出差异性补偿意愿的影响研究——以江西省为例［D］. 南昌：江西师范大学.

刘国臻，刘芮，2019. 宅基地三权分置下宅基地上房屋转让制度改革路径［J］. 学术研究（2）：54-62.

刘恒科，2021. 宅基地三权分置的政策意蕴与制度实现［J］. 法学家（5）：43-56，192-193，43-56.

刘恒科，2020. 宅基地三权分置的理论阐释与法律构造［J］. 华中科技大学学报（4）：104-114.

刘恒科，2020. 宅基地流转的实践路径、权利结构与制度回应［J］. 农业经济问题（7）：36-46.

刘洪彬，吴梦瑶，马贤磊，等，2021. 基于分布式认知理论的农户保护性耕作技术采纳行为及其影响因素研究［J］. 中国土地科学，35（10）：75-84.

刘庆，关欣，张凤荣，等，2006. 关于农村宅基地使用权流转的思考［J］. 农村经济（1）：37-38.

刘锐，2018. 乡村振兴战略框架下的宅基地制度改革［J］. 理论与改革（3）：72-80.

刘圣欢，杨砚池，2018. 农村宅基地三权分置的权利结构与实施路径——基于大理市银桥镇农村宅基地制度改革试点［J］. 华中师范大学学报（人文社会科学版），57（5）：45-54.

刘守英，熊雪锋，2018. 经济结构变革、村庄转型与宅基地制度变迁——四川省泸县宅基地制度改革案例研究［J］. 中国农村经济（6）：2-20.

刘守英，2015. 农村宅基地制度的特殊性与出路［J］. 国家行政学院学报（3）：18-24，43.

刘双良，秦玉莹，2019. 宅基地三权分置政策的议程设置与推进路径——基于多源流理论模型视角的分析［J］. 西北农林科技大学学报（1）：60-68.

刘双良，2018. 宅基地三权分置的权能构造及实现路径［J］. 甘肃社会科学（5）：228-235.

刘西敏，2020. 农村闲置宅基地盘活利用模式梳理［J］. 合作经济与科技（22）：28-29.

吕军书，豆芳芳，2014. 农村宅基地使用权抵押流转的路径选择——基于河南省新乡市 190 家农户的调查［J］. 吉首大学学报（社会科学版），35（2）：88-92.

吕晓，牛善栋，谷国政，等，2022. 有限市场化的农村宅基地改革：一个“人-地-房-业”分析框架［J］. 中国农村经济，453（9）：24-43.

马彩虹，袁倩颖，文琦，等，2021. 乡村产业发展对农户生计的影响研究——以宁夏红寺堡区为例［J］. 地理科学进展，40（5）：784-797.

马国璇，周忠发，朱昌丽，等，2022. 改进可持续生计框架下易地扶贫搬迁前后农户生计对比分析——以贵州省贞丰县者相镇安置点为例［J］. 中国农业资源与区划，43（5）：207-217.

蒙吉军，艾木入拉，刘洋，等，2013. 农牧户可持续生计资产与生计策略的关系研究——以鄂尔多斯市乌审旗为例 [J]. 北京大学学报（自然科学版），49（2）：321-328.

孟博，刘茂，李清水，等，2010. 风险感知理论模型及影响因子分析 [J]. 中国安全科学学报，20（10）：59-66.

孟俊红，2011. 论平等意义上的农村宅基地使用权流转 [J]. 生产力研究（12）：44-46.

倪静，杨庆媛，鲁春阳，等，2010. 重庆市江津区农村宅基地流转收益分配探析 [J]. 西南大学学报（自然科学版），32（12）：150-153.

祁黄雄，陆建广，2010. 农村宅基地开发利用的案例研究——浙江联众公司“城仙居”模式利弊分析 [J]. 中国土地科学（5）：41-46.

钱龙，陈方丽，卢海阳，等，2019. 城市人“身份认同”对农村宅基地使用权流转的影响研究——基于浙江温州农户的调查 [J]. 农业技术经济（8）：40-52.

钱龙，陈会广，陈方丽，2020. 确权促进了宅基地流转吗？——基于温州农户的调查 [J]. 经济体制改革（2）：186-193.

乔陆印，刘彦随，2019. 新时期乡村振兴战略与农村宅基地制度改革 [J]. 地理研究，38（3）：655-666.

曲福田，田光明，2011. 城乡统筹与农村集体土地产权制度改革 [J]. 管理世界（6）：34-46，187.

曲朦，赵凯，2018. 农户生计资本对其耕地保护行为的影响——基于河南滑县的 473 个农户样本 [J] 农业现代化研究，39（5）：808-816.

瞿理铜，2020. 我国农村宅基地市场化流转的制约因素及破解对策 [J]. 湖南师范大学社会科学学报，49（6）：59-65.

冉成洋，赵新，2020. 三权分置视阈下宅基地管理制度研究 [J]. 青岛农业大学学报（社会科学版），32（3）：9-14.

任立，甘臣林，吴萌，等，2018. 城市近郊区农户农地感知价值对其投入行为影响研究——以武汉、鄂州两地典型样本调查为例 [J]. 中国土地科学，32（1）：42-50.

任立，吴萌，甘臣林，等，2019. 城市近郊区农户土地投入风险认知及影响因素研究——基于分布式认知理论的微观调查实证 [J]. 中国土地科学，33（9）：66-73.

商梦雅，李江，2021. 城乡融合视角下农村宅基地制度改革的价值选择与实现路径研究 [J]. 农村经济（12）：37-45.

上官彩霞，冯淑怡，陆华良，等，2017. 不同模式下宅基地置换对农民福利的影响研究——以江苏省“万顷良田建设”为例 [J]. 中国软科学（12）：87-99.

申建平，2011. 宅基地使用权流转的路径 [J]. 学术交流（5）：48-51.

沈昊婧，冯长春，陈春，2018. 人力资本视角下农民宅基地退出意愿影响因素研究——以河南省新乡市为例 [J]. 北京大学学报（自然科学版），54（3）：680-686.

史恒通，王铮钰，阎亮，2019. 生态认知对农户退耕还林行为的影响——基于计划行为理论与多群组结构方程模型 [J]. 中国土地科学，33（3）：42-49.

史卫民，董鹏斌，2021. 农村闲置宅基地入股利用的制度构建［J］. 西安财经大学学报，34（1）：111-119.

宋志红，2018. 三权分置下农地流转权利体系重构研究［J］. 中国法学（4）：282-302.

宋志红，2019. 宅基地三权分置：从产权配置目标到立法实现［J］. 中国土地科学，33（6）：28-36.

苏芳，蒲欣冬，徐中民，等. 生计资本与生计策略关系研究——以张掖市甘州区为例［J］. 中国人口·资源与环境，2009，19（6）：119-125.

苏芳，宋妮妮，等，2020. 不同资本匮乏型农户的风险应对策略——以陕南秦巴山区为例［J］. 中国农业大学学报，25（9）：215-226.

苏芳，徐中民，尚海洋，2009. 可持续生计分析研究综述［J］. 地球科学进展，24（1）：61-69.

苏群，高君，常雪，2019. 拆迁会影响城镇居民的家庭收入吗？——基于 CHIP2013 的实证分析［J］. 人口学刊，41（1）：58-68.

孙杰，2020. 生计资产异质性视角下宅基地流转对农业转移人口市民化的影响研究［D］. 天津：天津商业大学.

孙鹏飞，高原，赵凯，2020. 宅基地退出对农户收入的影响——基于倾向得分匹配（PSM）的反事实估计［J］. 西北农林科技大学学报（社会科学版），20（2）：69-78.

孙涛，黄少安，2009. 制度变迁的路径依赖、状态和结构依存特征研究——以改革开放以来中国农村土地制度变迁为例［J］. 广东社会科学（2）：19-24.

孙晓勇，2023. 宅基地改革：制度逻辑、价值发现与价值实现［J］. 管理世界，39（1）：116-127，137，128.

汤青，2015. 可持续生计的研究现状及未来重点趋向［J］. 地球科学进展，30（7）：823-833.

唐军，郑泰安，2021. 宅基地使用权：法理解构、价值取向与制度优化［J］. 农村经济（6）：1-7.

田逸飘，廖望科，2020. 三权分置背景下农村宅基地相关主体性关系变化与重构［J］. 农业经济（3）：89-91.

万广军，2011. 宅基地使用权流转的新路径——成都“联建”政策的法经济学分析［J］. 中州学刊（4）：102-104.

万亚胜，程久苗，吴九兴，等，2017. 基于计划行为理论的农户宅基地退出意愿与退出行为差异研究［J］. 资源科学，39（7）：1281-1290.

汪杨植，黄敏，杜伟，2019. 深化农村宅基地三权分置改革的思考［J］. 农村经济（7）：18-25.

王海婷，2018. 城乡接合部宅基地使用权流转的探讨［J］. 法制博览（22）：174-175.

王静，朱琳，2018. 基于可持续生计分析框架的农户宅基地流转意愿研究［J］. 中国农业资源与区划，39（6）：165-170.

王明成，2010. 论成都市宅基地使用权任意第三人受让的普适性与完善［J］. 中国土地科学，24（2）：72－75.

王淇韬，郭翔宇，2020. 感知利益、社会网络与农户耕地质量保护行为——基于河南省滑县410个粮食种植户调查数据［J］. 中国土地科学，34（7）：43－51.

王若男，阮荣平，刘爽，等，2021. 乡村振兴背景下宅基地使用权的资源再配及治理路径——基于定量定性混合研究方法［J］. 中国土地科学，35（7）：51－60.

王习明，2011. 统筹城乡发展与完善农村宅基地制度——以成都市为例［J］. 甘肃社会科学（4）：209－211，238.

王小莹，2013. “保障”功能视域下的农村宅基地流转制度评析［J］. 农村经济（12）：29－32.

王欣，2020. 三权分置下农村宅基地资格权研究——基于四川省泸县宅基地制度改革试点实践［J］. 广西质量监督导报（2）：50－51.

王艳西，2022. 农村宅基地有偿使用渐进市场化路径构建［J］. 西北农林科技大学学报（社会科学版），22（3）：65－72.

王伊帆，Ho Peter，2020. 农民对宅基地权利认知及影响因素研究——以河北省新乐市为例［J］. 中国农业资源与区划，41（12）：66－75.

王瑜，谷晓岩，2021. 乡村振兴背景下农户生计资本融入旅游产业提升路径研究［J］. 农村经济与科技，32（13）：74－76.

王兆林，王敏，2021. 基于TAM－PR的农户宅基地退出决策影响因素——以重庆市为例［J］. 资源科学，43（7）：1335－1347.

王兆林，谢晶，林长欣，2017. 基于动态联盟利益分配模型的宅基地退出增值收益分配研究［J］. 资源开发与市场，33（11）：1300－1305.

王兆林，杨庆媛，范垚，2013. 农户土地退出风险认知及规避能力的影响因素分析［J］. 经济地理，33（7）：133－139.

王兆林，杨庆媛，骆东奇，2018. 农民宅基地退出差异性受偿意愿及其影响因素分析［J］. 中国土地科学，32（9）：28－34.

王子坤，邹伟，王雪琪，2018. 农户宅基地退出的行为与意愿悖离研究［J］. 中国土地科学，32（7）：29－35.

魏程琳，2021. 财产化还是治理化：宅基地三权分置改革的目标厘定与方案构建［J］. 农业经济问题，504（12）：37－49.

魏后凯，黄秉信，2019. 农村绿皮书：中国农村经济形势分析与预测（2018—2019）［M］. 北京：社会科学文献出版社.

魏后凯，姜长云，孔祥智，等，2021. 全面推进乡村振兴：权威专家深度解读十九届五中全会精神［J］. 中国农村经济（1）：2－14.

魏后凯，叶兴庆，杜志雄，等，2022. 加快构建新发展格局，着力推动农业农村高质量发展——权威专家深度解读党的二十大精神［J］. 中国农村经济（12）：2－34.

魏晖，巩前文，2020. 农村宅基地闲置的主要类型及分类治理对策 [J]. 世界农业 (1)：13-19，135.

温世扬，梅维佳，2018. 宅基地三权分置的法律意蕴与制度实现 [J]. 法学 (9)：53-62.

闻倩，2017. 农村宅基地使用权确权登记中的问题及对策研究 [D]. 昆明：云南大学.

吴迪，陈耀东，2021. 宅基地使用权信托制度构建 [J]. 河北法学，39 (3)：137-148.

吴迪，赵素芳，2020. 宅基地使用权流转模式的梳理与试点分析——基于 SWOT 分析法 [J]. 中国延安干部学院学报，13 (5)：129-136.

吴迪，2020. 宅基地制度改革的考量——以宅基地福利性与财产性矛盾为视角 [J]. 天津师范大学学报（社会科学版）(5)：46-50.

吴丽，梁皓，霍荣棉，2020. 制度信任框架下宅基地三权分置改革制度风险研究 [J]. 中国土地科学，34 (6)：41-47.

吴萌，甘臣林，任立，等，2016. 分布式认知理论框架下农户土地转出意愿影响因素研究——基于 SEM 模型的武汉城市圈典型地区实证分析 [J]. 中国人口·资源与环境，26 (9)：62-71.

吴萌，任立，甘臣林，2019. 认知层次对失地农民保障行为响应的影响——基于结构方程模型的实证分析 [J]. 调研世界 (11)：28-34.

吴明隆，2010. 结构方程模型——AMOS 的操作与应用 [M]. 重庆：重庆大学出版社：1-7.

吴郁玲，杜越天，冯忠垒，等，2017. 宅基地使用权确权对不同区域农户宅基地流转行为的影响研究——基于湖北省 361 份农户的调查 [J]. 中国土地科学，31 (9)：52-61.

吴郁玲，石汇，王梅，等，2018. 农村异质性资源禀赋、宅基地使用权确权与农户宅基地流转：理论与来自湖北省的经验 [J]. 中国农村经济 (5)：52-67.

伍山林，2017. 三权分置让农村土地“活”起来. 人民论坛 (8)：52-54.

伍艳，2016. 贫困山区农户生计资本对生计策略的影响研究——基于四川省平武县和南江县的调查数据 [J]. 农业经济问题，37 (3)：88-94，112.

西奥多·舒尔茨，2009. 改造传统农业 [M]. 北京：商务印书馆.

席志国，2018. 宅基地三权分置的法律意蕴与制度实现 [J]. 行政管理改革 (4)：45-50.

夏方舟，鲁平贞，2021. 农村宅基地使用权多元价值分段偏离测度 [J]. 资源科学，43 (7)：1492-1508.

夏沁，2023. 论宅基地制度有偿改革的基础权利构造 [J]. 农业经济问题，518 (2)：50-65.

夏柱智，2020. 有限市场：宅基地财产化改革的制度实践及解释 [J]. 农村经济 (3)：34-40.

肖开红，刘威，2021. 电商扶贫效果评价及可持续反贫政策建议——基于农户可持续生计能力视角的实证研究［J］．河南大学学报（社会科学版），61（5）：41－49．
肖轶，尹珂，2021．农村“三权”抵押贷款融资对农户生计策略的影响——基于重庆城乡统筹试验区5区县562户调查数据［J］．中国农业资源与区划，42（2）：127－135．
徐定德，张继飞，刘邵权，等，2015．西南典型山区农户生计资本与生计策略关系研究［J］．西南大学学报（自然科学版），37（9）：118－126．
徐国良，朱明佳，徐玉婷，2021．农村宅基地非市场价值内涵及影响因素研究——以江西省余江区为例［J］．中国农业资源与区划，42（10）：207－215．
徐建军，2018．生计资产异质性视角下的农户宅基地流转意愿的微观考察［J］．数学的实践与认识（9）：97－105．
徐旭初，吴彬，2010．治理机制对农民专业合作社绩效的影响——基于浙江省526家农民专业合作社的实证分析［J］．中国农村经济（5）：43－55．
徐忠国，卓跃飞，吴次芳，等，2018．农村宅基地三权分置的经济解释与法理演绎［J］．中国土地科学，32（8）：16－22．
许汉石，乐章，2012．生计资本、生计风险与农户的生计策略［J］．农业经济问题，33（10）：100－105．
许庆，杨青等，2019．合久必分，分久必合——新中国农地制度的一个分析框架［J］．农业经济问题（1）：46－60．
闫明华，阮士桂，2014．基于分布式认知理论的AR电子书特征分析及启示［J］．中小学电教（10）：25－27．
严金海，王彬，郑文博，2022．乡土依恋、城市融入与乡城移民宅基地退出意愿——基于福建厦门的调查［J］．中国土地科学，36（1）：20－29．
严金明，蔡大伟，夏方舟，2022．党的十八大以来农村土地制度改革的进展、成效与展望［J］．改革（8）：1－15．
严金明，陈昊，等，2018．深化农村“三块地”改革：问题，要义和取向［J］．改革（5）：48－55．
严金明，迪力沙提，等，2019．乡村振兴战略实施与宅基地三权分置改革的深化［J］．改革（1）：5－14．
杨聪林，2023．新时代共同富裕的理论解析与实践路向——对党的二十大精神的学习与研究［J］．重庆大学学报（社会科学版），29（2）：1－14．
杨钢桥，张超正，文高辉，2018．耕地流转对农户水稻生产技术效率的影响研究——以武汉都市圈为例［J］．中国人口·资源与环境，28（5）：142－151．
杨璐璐，王航航，2022．宅基地整治盘活与乡村产业发展的路径选择——基于两个直辖市七个典型试点村的研究［J］．西北大学学报（哲学社会科学版），52（3）：63－79．
杨璐璐，王怡，2022．宅基地制度改革研究追踪与展望——基于CiteSpace的可视化分析［J］．湖南农业大学学报（社会科学版），23（3）：71－79，89．
杨庆媛，陈鸿基，苏康传，等，2022．中国农村宅基地资产化研究进展与展望［J］．中国土地科学，36（7）：116-126.
杨书萍，2020. 三权分置下农村宅基地流转的困境与出路［J］. 农业经济（1）：99-101.
杨卫忠，2019. 农村城镇化背景下宅基地使用权流转中农户羊群行为与后续效应研究［J］. 农业经济问题（5）：73-84.
杨卫忠，2017. 农户宅基地使用权流转中的羊群行为：私人信息还是公共信息？［J］. 中国土地科学，31（4）：43-51.
杨玉珍，2015. 农户闲置宅基地退出的影响因素及政策衔接——行为经济学视角［J］. 经济地理，35（7）：140-147.
姚树荣，熊雪峰，2017. 以宅基地有偿退出改革助推易地扶贫——四川省泸县“嘉明模式”分析［J］. 农村经济（2）：21-24.
姚树荣，熊雪锋，2018. 宅基地权利分置的制度结构与农户福利［J］. 中国土地科学（4）：16-23.
叶红玲，2018.“宅改”造就新农村——大理、义乌宅基地制度改革试点探析［J］. 中国土地（5）：4-12.
余敬，唐欣瑜，2018. 实然与应然之间：我国宅基地使用权制度完善进路——基于12省30个村庄的调研［J］农业经济问题（1）：44-52.
张成宝，翁贞林，黄玉婷，等，2011. 鄱阳湖生态经济区农户土地流转行为的实证研究——基于273户农户的调研［J］. 中国农学通报，27（29）：177-181.
张德元，2011. 农村宅基地的功能变迁研究［J］. 调研世界，（11）：21-23，54.
张公望，朱明芬，2020. 农村宅基地制度改革与农民增收——基于6个试点县（市、区）面板数据的双重差分分析［J］. 浙江农业学报，32（8）：1475-1484.
张广辉，张建，2021. 宅基地三权分置改革与农民收入增长［J］. 改革（10）：41-56.
张汇明，杨庆媛，苏康传，等，2021. 乡村振兴视角下乡村民宿发展对农户生计资本变化的影响研究［J］. 西南大学学报（自然科学版），43（7）：11-21.
张慧利，夏显力，2021. 风险感知、制度信任与农户宅基地退出行为［J］. 西北农林科技大学学报（社会科学版），21（1）：145-154.
张峻豪，何家军，2014. 能力再造：可持续生计的能力范式及其理论建构［J］. 湖北社会科学（9）.
张克俊，付宗平，2020. 三权分置下适度放活宅基地使用权探析［J］. 农业经济问题（5）：28-38.
张克俊，付宗平，2017. 基于功能变迁的宅基地制度改革探索［J］. 社会科学研究（6）：47-53.
张丽莉，李兴保，2005. 分布式认知视角中的媒介［J］. 软件导刊（11）：13-15.
张钦，薛海丽，唐海萍，2019. 问卷调查法在可持续生计框架中的应用［J］. 统计与决策，35（16）：78-83.

张永强，高延雷，王刚毅，2017. 工商资本与土地置换下的土地流转分析——基于成本-收益理论模型［J］. 江苏农业科学，45（2）：285-288.

张勇，2020. 乡村振兴战略下闲置宅基地盘活利用的现实障碍与破解路径［J］. 河海大学学报（哲学社会科学版）（5）：61-67，108.

张圆刚，陈希，余润哲，等，2021. 自我印象一致对乡村旅游者游憩行为意向的影响研究——理论构建与模型拓展［J］. 旅游学刊，36（4）：70-82.

张占录，张雅婷，等，2019. 土地发展权配置与转移理论对我国宅基地改革的启示［J］. 学习与实践（5）：33-41.

张志国，2018. 中国农村家庭贫困脆弱性影响因素研究——基于可持续生计分析框架［J］. 农村经济与科技，29（5）：144-147.

章合运，王明成，张松，2010. 宅基地使用权流转模式创新研究——以都江堰市“味江模式”为视野［J］. 城市发展研究，17（1）：134-137，142.

赵宝春，2016. 非伦理消费情景下感知风险对行为意愿的影响：直接经验的调节作用［J］. 管理评论，28（2）：116-126.

赵立娟，王苗苗，史俊宏，2019. 农地转出视阈下农户生计资本现状及影响因素分析——基于CFPS数据的微观实证［J］. 农业现代化研究，40（4）：612-620.

赵雪雁，张丽，江进德，等，2013. 生态补偿对农户生计的影响——以甘南黄河水源补给区为例［J］. 地理研究，32（3）：531-542.

赵艳霞，李莹莹，2018. 乡村振兴中宅基地三权分置的内生变革与路径研究［J］. 财经理论研究（5）：1-8.

郑风田，杨慧莲，2019. 村庄异质性与差异化乡村振兴需求［J］. 新疆师范大学学报（哲学社会科学版），40（1）：57-64.

郑风田，2018. 让宅基地三权分置改革成为乡村振兴新抓手. 人民论坛（10）：75-77.

周国梅，傅小兰，2002. 分布式认知——一种新的认知观点［J］. 心理科学进展（2）：147-153.

周婧，杨庆媛，张蔚，2010. 贫困山区不同类型农户对宅基地流转的认知与响应——基于重庆市云阳县568户农户调查［J］. 中国土地科学，24（9）：11-17.

周强，黄臻，张玮，2020. 乡村振兴背景下贵州民族地区扶贫搬迁农户后续生计问题研究［J］. 贵州民族研究，41（7）：21-27.

朱洪革，柴乐，胡士磊，2017. 全面“停伐”背景下重点国有林区职工家庭生计研究——基于生计资本对生计策略的影响视角［J］. 林业经济，39（5）：11-18.

朱凌珂，2014. 农村宅基地抵押试点运行机制研究［J］. 浙江师范大学学报（社会科学版），39（5）：109-116.

朱晓杰，2019. 农村宅基地使用权抵押贷款对农户收入影响：实证与解释［J］. 金融理论与实践（9）：112-118.

朱岩，2006. “宅基地使用权”评释　评《物权法草案》第十三章［J］. 中外法学（1）：

86－91.

朱长宁，鲁庆尧，王树进，2016. 基于拓展计划行为理论的休闲农业旅游行为意向研究［J］. 西北农林科技大学学报（社会科学版），16（5）：143－149.

Ajzen Icek，1991. The theory of planned behavior. Organizational Behavior and Human Decision Processes，50（2）：179－211.

Bamberg S，Huneck M，Blobaum A，2007. Social context，personal norms and the use of public transportation：Two field studies［J］. Journal of Environmental Psychology，27：190－203.

Cialini R B，Kallgren C A，Reno R R，1991. A focus theory of normative conduct ——A theoretical refinement and reevaluation of the role of norms inhuman－behavior［J］. Advances in Experimental Social Psychology，24：201－234.

Cole M，Engeström Y，1993. A cultural－historical approach to distributed cognition［M］//Distributed Cognitions：Psychological and Educational Considerations. Cambridge：Cambridge University Press：47－87.

Eija Soini，2005. Land use change patterns and livelihood dynamics on the slopes of Mt. Kilimanjaro，Tanzania［J］. Agricultural Systems（3）.

FIELDING K S，MCDONALD R，LOUIS W R，2008. Theory of planned behavior，identity and intentions to engage in environmental activism［J］. Journal of Environmental Psychology，28（4）：318－326.

Gina Koczberski，George N Curry，2005. Making a living：Land pressures and changing livelihood strategies among oil palm settlers in Papua New Guinea［J］. Agricultural Systems（3）.

Hatch T，Gardner H，1993. Finding cognition in the classroom：an expanded view of human intelligence［M］//Distributed Cognitions：Psychological and Educational Considerations. Cambridge：Cambridge University Press：171－184.

Ke Yin，Yi Xiao，2020. Impact of Farmers' Livelihood Capital Differences on Their Livelihood Strategies in Three Gorges Reservoir Area［J］. Journal of Coastal Research，103（spl）.

Lester Brown，McGrath Patricia，1976. Twenty－Two Dimensions of the Population Problem［J］. Population reports（1）.

Li Yurui，Liu Yansui，Long Hualou，et al，2014. Community－based rural residential land consolidation and allocation can help to revitalize hollowed villages in traditional agricultural areas of China：Evidence from Dancheng County，Henan Province［J］. Land Use Policy，39.

Li L，Li X J，Hai B B，et al，2020. Evolution of rural settlement in an inland nonmetropolitan region of China at a time of rapid urbanization：The case of Gongyi［J］. Journal of Rural Studies，79：45－56.

Li Y R，Liu Y S，Long H L，et al，2014. Community－based rural residential land consolidation and allocation can help to revitalize hollowed villages in traditional agricultural areas of China：evidence from Dancheng County，Henan Province [J]. Land Use Policy，39：188－198.

Parasuraman，2000. The impact of technology of the quality－value loyalty chain：a research agenda [J]. JOURNAL OF THE ACADEMY OF MARKETING SCIENCE，28 (1)：156－174.

Popkin，2010. The rational peasant [M]. Berkeley：University of California Press.

Robert B W，1997. Marketing in the 21st Century Customer Value：The Next Source for Competitive. Advantage：[J]. Journal of the Academy of Marketing Science，25 (3)：256－256.

Salomon G，1993. Editor′s instruction [M] //Distributed Cognitions：Psychological and Educational Consi－derations. Cambridge：Cambridge University Press：455－456.

Scott J C，2001. The Art of Not Being Governed：An Anarchist History of Upland Southeast Asia [M]. New Haven：Yale University Press.

Senger I，Borges J，Machado A R，et al，2017. Using structural equation modeling to identify the psychological factors influencing dairy farmers′ in-tention to diversify agricultural production [J]. Livestock Science，203：97－105.

Wang Ya，Zhou Lihua，et al，2017. Relationship between the farmers′ livelihoods capital and the desertification reversion trend：a case study in Yanchi County，Ningxia [J]. Acta Ecologica Sinica，37 (6).

Wu Xiaoying，Qi Xinhua，Yang Shan，2019. Research on the Intergenerational Transmission of Poverty in Rural China Based on Sustainable Livelihood Analysis Framework：A Case Study of Six Poverty－Stricken Counties [J]. Sustainability，11 (8)：2341－2341.

Zeithaml V A，1988. Consumer Perceptions of Price，Quality，and Value：A Means－End Model and Synthesis of Evidence [J]. JOURNAL OF MARKETING，52 (3)：2－22.

Zhu H G，Ellis F，2000. Rural Livelihoods and Diversity in Developing Countries [M]. Oxford：Oxford University Press.

图书在版编目（CIP）数据

三权分置改革中农户宅基地使用权流转行为研究 / 王兆林等著. —北京：中国农业出版社，2024.3
ISBN 978-7-109-31922-6

Ⅰ.①三… Ⅱ.①王… Ⅲ.①农村住宅－住宅建设－土地制度－研究－中国 Ⅳ.①F321.1

中国国家版本馆 CIP 数据核字（2024）第 086168 号

中国农业出版社出版
地址：北京市朝阳区麦子店街 18 号楼
邮编：100125
责任编辑：边　疆
版式设计：杨　婧　　责任校对：范　琳
印刷：北京印刷集团有限责任公司
版次：2024 年 3 月第 1 版
印次：2024 年 3 月北京第 1 次印刷
发行：新华书店北京发行所
开本：700mm×1000mm　1/16
印张：12.75
字数：228 千字
定价：78.00 元